掌尚文化

Culture is Future

尚文化·掌天下

Research and Practice of

Capital Financial Management under
the Guidance of Innovation

中国人民银行北京市分行优秀调研成果选编（2025）

创新引领下的首都金融管理研究与实践

杨伟中 主编

经济管理出版社

ECONOMY & MANAGEMENT PUBLISHING HOUSE

图书在版编目（CIP）数据

创新引领下的首都金融管理研究与实践 ／ 杨伟中主编. -- 北京：经济管理出版社，2024. -- ISBN 978-7-5243-0000-7

Ⅰ. F832.71

中国国家版本馆 CIP 数据核字第 2024VD8607 号

组稿编辑：宋　娜
责任编辑：宋　娜
责任印制：许　艳
责任校对：陈　颖

出版发行：经济管理出版社
　　　　　（北京市海淀区北蜂窝 8 号中雅大厦 A 座 11 层　100038）
网　　址：www.E-mp.com.cn
电　　话：(010) 51915602
印　　刷：唐山玺诚印务有限公司
经　　销：新华书店
开　　本：720mm×1000mm/16
印　　张：20
字　　数：327 千字
版　　次：2025 年 3 月第 1 版　　2025 年 3 月第 1 次印刷
书　　号：ISBN 978-7-5243-0000-7
定　　价：98.00 元

编委会

主　编：

杨伟中

副主编：

刘玉苓　曾志诚　姚　力　洪　波

王　晋　周军明

编　审：

贾淑梅　赵婧祎　韩昕彤

目 录｜Contents

第一篇　宏观经济与金融政策篇

第二篇　区域金融篇

第三篇　金融监管与金融稳定篇

第四篇　外汇管理篇

第五篇 综合管理篇

第一篇

宏观经济与金融政策篇

对标 CPTPP 金融服务规则　推进金融开放创新

——从北京视角看我国金融业高水平开放

杨伟中　等①

摘　要：《全面与进步跨太平洋伙伴关系协定》（Comprehensive and Progressive Agreement for Trans-Pacific Partnership，CPTPP）在国际经贸规则方面代表着新一代贸易协定的最高标准，金融服务规则在 CPTPP 中单独成章凸显了国际社会对金融服务市场开放的重视。目前，我国金融领域开放总体成效显著，但在负面清单制度等方面较 CPTPP 仍有差距，应建立与国际经贸规则接轨的负面清单制度、完善法律制度体系、探索研究"例外"措施，利用地区自贸体系进行金融创新试验，实现金融开放创新与防控风险的协调推进。

一、CPTPP 金融服务条款的主要内容和特点

（一）CPTPP 为跨境金融服务贸易和商业存在设置不同的清单结构

一是以"正面清单"提供跨境金融服务贸易。CPTPP 成员国以正面清单方式

---

① 杨伟中：曾任中国人民银行北京市分行行长；刘玉岑：曾任中国人民银行北京市分行副行长；段爽丽、宋雪、焦晔：供职于中国人民银行北京市分行资本项目管理处；祖洁：供职于中国人民银行北京市分行经常项目管理处；钱珍、赵婧祎：供职于中国人民银行北京市分行金融研究处；申明珠：供职于中国人民银行北京市分行会计财务处；鲁叶楠：供职于中国人民银行北京市分行外汇综合业务处。

注：本文仅为调研组学术思考，与供职单位无关。

列明允许其他国家跨境金融服务提供者通过跨境交付模式提供包括保险、银行和其他金融服务等在内的特定金融服务。

二是商业存在模式下的市场准入实行负面清单制度。现行负面清单包括 90 条现行不符措施与 51 条未来不符措施。整体上看，发达国家不符措施数量少于发展中国家。现行不符措施包括金融机构准入与业务许可限制、投资者与管理层要求、金融基础设施与制度管理措施三大类。更具体地，金融机构准入与业务许可限制可分为金融机构准入限制、业务许可要求和范围限制、跨境金融服务限制三类；投资者与管理层要求可分为董事及高管要求、股东资格要求、持股比例限制三类；金融基础设施与制度管理措施可分为金融稳定与风险控制措施、金融市场基础设施管理、地方政府例外三类。在上述九小类现行不符措施中，金融机构准入限制的占比最高。未来不符措施包括关键领域支持措施、董事及高管要求、市场准入或最惠国待遇三大类，其中关键领域支持措施是主要内容。

（二）新金融服务条款为金融服务创新提供空间

CPTPP 新金融服务①条款指出，新金融服务提供者可以提供或经授权后向新金融服务的消费者提供相关服务。当前，越南已在负面清单中对新金融服务提供者的数量与项目范围设置了限制，这为金融服务业务创新提供了空间。

（三）金融服务监管例外

为应对金融开放风险，CPTPP 明确了四种例外情形：一是为维护金融系统安全稳定，可采取保护措施的审慎例外；二是金融服务相关规则不得适用于为执行货币政策等而采取非歧视措施的宏观政策例外；三是为维护金融机构、跨境金融服务提供者安全，阻止或限制其向附属机构或关联人转移资金的机构安全例外；四是可采取措施防止欺诈或处理金融服务合同违约的执法例外②。

---

① 新金融服务指尚未在一缔约方领土内提供，而已在另一缔约方领土内提供的金融服务，任何新的金融服务交付方式或销售该缔约方领土内尚未销售的金融产品。

② 朱隽．CPTPP 规则解读系列报告（四）［EB/OL］．http：//about. bossgoo. com/about/report/6385. html，2021-11-02.

二、当前我国金融领域改革开放成效显著

（一）负面清单制度建设不断完善

在以商业存在模式提供金融服务方面，中华人民共和国商务部（以下简称商务部）等印发的《市场准入负面清单（2022 年版）》《外商投资准入特别管理措施（负面清单）（2021 年版）》《自由贸易试验区外商投资准入特别管理措施（负面清单）（2021 年版）》中，金融领域相关不符措施基本清零。在跨境服务贸易领域，2021 年，商务部发布了国家层面第一张负面清单《海南自由贸易港跨境服务贸易特别管理措施（负面清单）（2021 年版）》，其中金融领域特别管理措施占 1/4，在金融领域对标 CPTPP 规则方面做出了有益尝试。

（二）外资金融机构准入大幅放宽

2019 年，银行业和保险业推出两轮对外开放新举措，对金融机构外资股东持股比例的限制全面取消，对金融机构外资股东资产规模的要求大幅放宽，金融领域外资引入跑出"加速度"，各类外商独资或控股金融机构纷纷成立。

（三）各地区金融领域改革开放"百花齐放"

北京以"两区"建设为契机，着力打造以科技创新、服务业开放、数字经济为特征的自由贸易试验区，在绿色金融、科创金融、数字金融、跨境电商等新金融服务领域抢占先机，率先启动金融科技创新监管试点，在金融创新监管方面做出有益尝试。上海依托自由贸易账户体系，聚焦资本项目可兑换、人民币国际化等关键领域。广东依托粤港澳大湾区地理位置优势，开展"跨境理财通"、微信（中国香港）钱包、港澳办云闪付等多项跨境金融服务贸易试点。

三、我国金融领域对外开放存在的不足

（一）负面清单与国际高标准经贸规则仍存在差距

一是负面清单内容分散在多个文件中，负面清单管理模式未成体系。二是负面清单内容表述和结构安排的模糊性和不确定性较高，与 CPTPP 相比，国内负面清单仅提及保留措施，内容结构仍存在差距。三是对审慎例外原则和特别领域保留未来不符措施权利的表述较少，未充分考虑未来政策制定的灵活性。

（二）商业存在模式下部分金融领域仍存在不符措施表述

调研显示，现有金融领域负面清单基本清零，但部分领域仍存在不符措施表述，相关内容未体现在当前负面清单中（见表1）。例如，《中华人民共和国外资保险公司管理条例》规定，申请设立外资保险公司的外国保险公司，提出设立申请前1 年年末总资产不少于 50 亿美元，该项规定对特定领域股东资质提出了要求，属于不符措施，但相关内容并未体现在公开发布的负面清单制度中。

表 1 目前我国金融领域政策法规不符措施表述

序号	文件名称	不符措施内容	不符措施类别
明确提出不符措施要求（举例说明）			
	《存款保险条例》	投保机构在中华人民共和国境外设立的分支机构，以及外国银行在中华人民共和国境内设立的分支机构不适用前款规定	金融稳定与风险控制
政策表述不符措施（举例说明）			
1	《中华人民共和国外资保险公司管理条例》	申请设立外资保险公司的外国保险公司，提出设立申请前 1 年年末总资产不少于 50 亿美元	股东资格要求
2	《中华人民共和国外资保险公司管理条例实施细则》	外资保险公司至少有 1 家经营正常的保险公司或者保险集团公司作为主要股东；进行股权变更的，变更后至少有 1 家经营正常的保险公司或者保险集团公司作为主要股东	股东资格要求
3		外资保险公司的外方唯一或外方主要股东应当为外国保险公司或者外国保险集团公司	股东资格要求

续表

序号	文件名称	不符措施内容	不符措施类别
政策表述不符措施（举例说明）			
4	《中华人民共和国外资银行管理条例》	外国银行分行应当由其总行无偿拨给不少于 2 亿元人民币或者等值的自由兑换货币的营运资金	股东资格要求
5			
6	《非银金融机构行政许可事项实施办法》	在中国境外注册的具有独立法人资格的融资租赁公司作为金融租赁公司发起人，最近 1 个会计年度末总资产不低于 100 亿元人民币或等值的可自由兑换货币	股东资格要求
未明确提出不符措施要求（举例说明）			
1	《征信业管理条例》	外商投资征信机构的设立条件，由国务院征信业监督管理部门会同国务院有关部门制定，报国务院批准。境外征信机构在境内经营征信业务，应当经国务院征信业监督管理部门批准	金融市场基础设施管理
2	《非金融机构支付服务管理办法》	外商投资支付机构的业务范围、境外出资人的资格条件和出资比例等，由中国人民银行另行规定，报国务院批准	金融市场基础设施管理

四、政策建议

一是研究建立与 CPTPP 金融规则接轨的正面清单和负面清单。将 CPTPP 中现行不符措施和未来不符措施的内容进行分类，结合我国自身实际，全面梳理金融领域现行不符措施，特别是在涉及国家安全、公共服务、特殊行业等领域设计保留措施，预留未来改革权限，提高负面清单的适用性。

二是加快建立与国际高标准经贸规则接轨的法律体系。CPTPP 规则中的不符措施均有对应的法律法规依据。负面清单属于边境后（准入后）承诺，做出承诺前需要全面检视相关领域的立法，并及时对相关法律法规进行修改或调整。因此，建议进一步梳理并完善金融领域相关法律法规，加快推动规则、规制、管理、标准等制度型开放。

三是探索研究"例外"措施，明确金融开放底线。金融开放的底线是不发生系统性金融风险，建议参照 CPTPP 规则中的"例外"监管原则，探索研究我国的"例外"措施，加强金融监管能力建设，提升金融监管的国际化、专业化水平。

四是依托境内已有的自贸体系对 CPTPP 中金融服务相关条款进行试验。自贸试验区作为改革创新的试验田，在金融领域扩大开放中持续发挥"排头兵"作用，各地应充分发挥区域优势，给予自贸试验区新金融领域开放创新政策支持，通过"小而精"的区域试点实现开放创新和风险防控的协调推进。

数字人民币在财政领域的
试点应用研究

王　晋　等①

摘　要： 数字财政建设是数字经济发展的基石，对我国数字经济高质量发展起到关键作用。数字人民币作为支撑中国数字经济发展、提升普惠金融发展水平的重要金融基础设施，未来将是财政数字化转型的重要工具。自数字人民币试点推行以来，各试点地区积极探索数字人民币在财政领域的试点应用，实现了财税收缴、补贴发放、社保缴存等业务场景落地。利用数字人民币的可编程性、支付即结算等设计特性，有助于完善国库集中支付清算模式，强化国库集中支付监督效能，巩固国库单一账户制度建设。

一、数字人民币的定义及设计特性

（一）数字人民币的定义

中国人民银行发布的《中国数字人民币的研发进展白皮书》（以下简称"白皮书"）定义了数字人民币是中国人民银行（以下简称人民银行）发行的数字形式的法定货币，由指定运营机构参与运营，以广义账户体系为基础，支持银行账户松耦合功能，与实物人民币等价，具有价值特征和法偿性。

数字人民币采取中心化管理、双层运营体系。人民银行负责向指定运营机构的

---

①　王晋：曾任中国人民银行北京市分行副行长；刘治国、郑林媛、胡月、王超、宋潇：供职于中国人民银行北京市分行货币金银处；于陈洋：供职于中国人民银行北京市分行国库处。

注：本文仅为调研组学术思考，与供职单位无关。

商业银行发行数字人民币并进行全生命周期管理，指定运营机构与相关商业机构负责提供数字人民币兑换和流通服务。

（二）数字人民币的设计特性

数字人民币设计兼顾实物人民币和电子支付工具的优势，既具有实物人民币的支付即结算、匿名性等特点，又具有电子支付工具成本低、便携性强、效率高、不易伪造等特点。数字人民币的设计特性包含七个方面，分别为兼具账户和价值特征、不计付利息、低成本、支付即结算、可控匿名、安全性、可编程性。

可编程性是数字人民币最突出的设计特性，即通过加载不影响货币功能的智能合约实现可编程性，使数字人民币在确保安全与合规的前提下，根据交易双方商定的条件、规则进行自动支付交易，促进业务模式创新。智能合约是一种旨在以信息化方式传播、验证或执行合同的计算机协议，允许在没有第三方的情况下进行可信交易，这些交易可追踪且不可逆转。智能合约与数字人民币相结合后，可应用于条件支付、约时支付、智能冻结等业务场景，大幅度降低履约成本，丰富资金监管形态，有利于发挥货币的金融职能。

支付即结算是数字人民币的另一个重要特性。通过数字人民币"支付即结算"的设计特性，不仅可实现在非实物货币结算中不再依赖金融中介机构与支付系统，还可实现 7×24 小时的实时结算及支付与结算的同步，提升资金流转效率。

二、数字人民币对数字财政建设的赋能机制

数字人民币作为法定数字货币，是强化数字经济优势的重要抓手。随着数字人民币在财政领域试点走向深入，数字人民币将助推传统财政向数字财政全面转型，在国库集中支付、国库单一账户体系建设等相关场景中发挥重要作用。

（一）国库集中支付制度在实施过程中存在的难点

自 2001 年我国正式推行国库集中支付制度以来，经过 20 余年的探索和实践，业务流程与管理办法日趋成熟，但在实际应用中仍然存在诸多难点。

一是国库集中支付清算模式有待完善。近年来，人民银行持续推进国家金库工程建设，3T系统功能逐渐优化完善，经收、集中支付、退库等基础业务电子化程度不断提高，北京地区国库集中支付已实现全流程电子化办理。从技术实现、系统功能和国库人员履职水平等角度来看，人民银行国库已具备向预算单位直接拨付资金款项的能力。当前，国库集中支付业务主要采用"先支付，后清算"模式，通过电子凭证库实现业务凭证在国库、财政、银行之间传输和处理。集中支付业务发生时，商业银行接受财政部门的支付指令，由商业银行通过零余额账户以垫款形式向预算单位拨付资金，于资金支付当日在预算单位额度范围内向人民银行国库申请划款。该业务流程环节较多、链条较长，存在进一步完善的空间。

二是国库集中支付额度控制有待强化。自预算管理一体化系统上线后，国库集中支付电子凭证库的国密算法实现了升级改造。区级国库集中支付业务同步至市级电子凭证库运行处理，进一步提升电子凭证库管理效能，简化系统部署结构，降低运行成本。北京地区国库集中支付业务资金支付环节由具有相关资质的商业银行代理，但在预算管理一体化系统上线后，财政部门在流程设计和报文规范中，取消了市区两级国库集中支付业务在商业银行端的额度控制。升级改造完成后，财政部门不再向国库集中支付代理银行发送预算单位额度，导致银行在资金支付环节无法进行额度控制，处于被动划款的状态，在一定程度上削弱了国库集中支付业务事前监督的作用。

三是国库单一账户制度建设有待巩固。非税收入作为财政预算收入的重要组成部分，占据预算收入的较大比重，与税收收入形成优势互补，共同服务于我国经济社会高质量发展。为推进非税收入可持续发展，我国开始逐步分批将部分非税收入划转至税务部门征收，非税收入划转改革历程按照时间可以划分为授权征收、零星划转、全面划转三个阶段，推动非税收入管理效能不断提升。当前，部分政府收支仍存在由商业银行为财政部门开立财政专户进行核算的情况，与国库单一账户制度建设要求仍存在一定的差距，尚未达到政府的全部收入和支出通过国库办理的目标。同时，现有业务体系存在汇缴加大退库业务审核压力、多种类型业务重叠加大国库系统运行压力、收入和退库金额不确定性造成收支存预测困难、收入下降产生预算收支矛盾、国库监督缺乏有力抓手等问题，有待进一步优化。

（二）数字人民币赋能机制

数字人民币作为财政数字化转型的重要工具，在完善国库集中支付清算模式、强化国库集中支付监督效能、巩固国库单一账户制度建设等方面具有广泛的应用前景。利用数字人民币支付即结算、可编程性等设计特性，为国库集中支付制度与国库单一账户体系建设赋能。

一是完善国库集中支付清算模式。在财政领域相关场景应用数字人民币，逐步打通数字人民币全业务链条，推动国库、财政单位、收款端三者开立数字人民币钱包，实现国库、财政、运营机构系统的相互贯通，构建数字人民币财政生态体系。国库集中支付业务可以通过国库数字人民币钱包对财政预算单位数字人民币钱包、收款端个人与企业数字人民币钱包直接进行资金拨付，为国库集中支付提供新型"点对点结算"业务模式，减少了中间环节，有助于优化国库集中支付业务的清算流程。

二是强化国库集中支付监督效能。将数字人民币引入国库集中支付业务后，可以利用数字人民币智能合约技术为预算单位对公钱包加载智能合约，将其年度预算额度作为对公钱包的年度国库拨款限额，如超出额度将自动拨款失败，避免出现拨付超出预算、人为操作差错等问题。同时，通过数字人民币可编程性的设计特性，可以对数字人民币加载智能合约，根据财政部门拨款要求预先设定资金出库后的使用范围、对象等，增强国库资金拨付使用的规范性，进一步强化国库集中支付业务的监督效能。

三是巩固国库单一账户制度建设。将数字人民币引入国库集中收缴业务后，通过对财政预算单位数字人民币钱包设置智能合约，实现财政资金实时上缴国库。例如，缴费主体通过数字人民币钱包上缴资金，资金进入财政预算单位钱包后不停留，直接上缴至国库数字人民币钱包。不仅解决了资金不能及时缴库的问题，而且财政部门也可掌握上缴资金的相关信息，进一步促进政府的全部收入和支出通过国库办理目标的实现。同时，在国库集中支付业务中可采用数字人民币母子钱包业务模式，即在国库数字人民币钱包下，按照收款款项类别，分别开立数字人民币子钱包，区分款项来源及用途，进一步提升收缴与退库的效率。

（三）财政领域数字人民币的推广举措

为进一步拓展财政领域应用试点，中国人民银行北京市分行设计了财政领域"三步走"建设思路，逐步构建数字人民币在数字财政领域的生态建设。

第一步：以不影响原有业务模式为前提，财政预算单位无须开立对公钱包，通过运营机构内部钱包，实现数字人民币在相关场景的应用，以北京市数字人民币在财政领域业务应用为例，具体业务模式如图1所示。

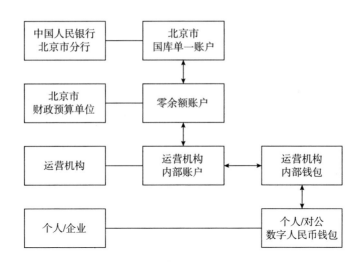

图1 "三步走"建设方案的第一步流程

资料来源：笔者自绘。

第二步：在第一步的基础上，加强与财政预算单位的沟通对接，为财政预算单位开立对公钱包，通过改造财政系统，进一步实现数字人民币在相关场景应用，具体业务模式如图2所示。

第三步：在第二步的基础上，为国库开立数字人民币钱包，实现数字人民币全流程应用，具体业务模式如图 3 所示。

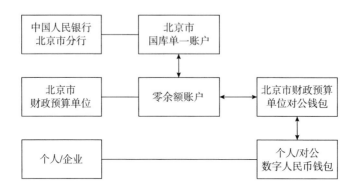

图 2　"三步走"建设方案的第二步流程

资料来源：笔者自绘。

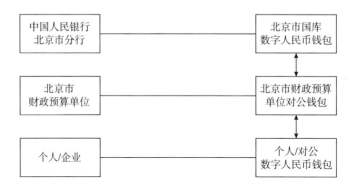

图 3　"三步走"建设方案的第三步流程

资料来源：笔者自绘。

三、数字人民币在推动财政数字化转型过程中的难点

（一）数字人民币体系建设与行业配套政策尚不健全

当前，数字人民币仍处于研发试点阶段，有关数字人民币的法律制度与行业配

套政策尚未出台，数字人民币应用与现行法律法规是否匹配仍值得商榷。同时，由于财政资金的安全性、管理及监管要求较高，所以，财政预算单位对数字人民币试点应用态度非常谨慎。运营机构与财政部门在管理理念、交易系统、风险控制等方面融合难度大，改造进程缓慢。

（二）数字化基础设施建设需进一步完善

目前数字人民币受理环境在试点地区已粗具规模，但消费者使用率有待提高、场景覆盖率尚需进一步扩大，智能合约等相关技术的安全性、稳定性与合规性需进一步完善。

（三）数字人民币的接受度与信任度需进一步提升

数字人民币在财政领域作用的发挥是以其被广泛应用为前提的，这取决于社会公众对数字人民币的接受度和信任度。当前，社会公众存在对数字人民币的认知程度不足，支付习惯难以改变等问题，这些问题制约了数字人民币在财政领域的试点推广。

四、下一步的工作思考

（一）"审慎合规"构建法律制度，搭建行业配套政策体系

建议加强顶层设计，明确数字人民币的法定地位，研究出台与数字人民币相关的法律制度和管理办法。加强与政府部门沟通配合，协同推进数字人民币行业配套政策的制定与实施，为数字人民币在财政领域试点培育制度土壤。

（二）"由点及面"推进财政领域系统更新改造与应用场景建设

一是建议利用财政领域推广数字人民币"三步走"建设方案，逐步升级财政领域与国库业务生产环境的数字人民币功能，并实现国库业务生产环境、财政预算管理一体化系统、数字人民币运营机构系统的相互贯通。二是以北京市预算管理一体化改革为契机，以财税收缴、财政补贴发放等场景为切入点，优先完成场景搭建

和试点应用，加快数字人民币在财政领域的试点辐射和下沉速度。

（三）"循序渐进"加强数字人民币基础设施建设与技术应用创新

建议持续加大数字人民币的推广力度，提升数字人民币的使用活跃度与社会认知度。积极探索数字人民币智能合约技术在财政领域的场景应用，启动数字财政业务相关的智能合约模板研发并形成技术储备，为后续数字人民币在财政领域场景应用夯实基础。

印度信息服务业的发展及启示

摘　要：印度在经济全球化浪潮中，并未像大多数国家那样采用遵循优先发展第二产业的经济模式，而是重视以信息技术为代表的第三产业，通过技术扩散等方式推动经济现代化。随着信息服务业的不断发展，印度逐步意识到制造业与信息服务业协同发展不足、就业结构失衡等将制约其经济长远发展，从而提出"印度制造"计划，加强制造业与服务业共同发展。

一、印度信息服务业促进服务贸易发展

（一）印度服务贸易规模快速增长

印度跃过工业化历程，逐步形成以服务业为优先的产业模式。2021年，印度服务贸易进出口总额为4287亿美元，占全球服务贸易进出口总额的3.7%，居全球第九位（见表1），2001—2021年进出口年均增速约13%，高于全球增速6.1个百分点。2021年，印度服务贸易进出口总额占对外贸易进出口总额的比重为30.7%，高于美国（21.9%）、德国（20.2%）、日本（19.7%）和中国（12.0%）等。

表1　2021年全球服务贸易进出口总额前十位国家情况

排名	国家	服务贸易进出口总额（亿美元）	2001—2021年进出口年均增速（%）	2021年服务贸易进出口总额占对外贸易总额的比重（%）
	全球	115802	6.9	20.5

---

① 王越、汪松岭：供职于中国人民银行北京市分行经常项目管理处。

注：本文仅为调研组学术思考，与供职单位无关。

续表

排名	国家	服务贸易进出口总额（亿美元）	2001—2021年进出口年均增速（%）	2021年服务贸易进出口总额占对外贸易总额的比重（%）
1	美国	13125	5.0	21.9
2	中国	8213	12.9	12.0
3	德国	7726	6.2	20.2
4	爱尔兰	6772	12.8	68.7
5	英国	6601	5.7	36.2
6	法国	5644	7.1	30.3
7	荷兰	4856	8.0	23.4
8	新加坡	4534	10.6	34.4
9	印度	4287	13.0	30.7
10	日本	3745	4.0	19.7

资料来源：世界银行数据库、联合国贸易和发展会议数据库。

（二）信息服务贸易对顺差的贡献最大

2021年，印度电信计算机和信息服务出口总额为826亿美元，居全球第二位，占全球电信计算机和信息服务出口总额的9.3%（见表2）。印度服务贸易自2008年以来一直保持顺差，2021年印度服务贸易顺差为455亿美元。2005年至2021年，印度电信计算机和信息服务顺差持续提高，对印度服务贸易顺差的贡献较大（见图1）。

表2 2021年全球电信计算机和信息服务出口总额前十位国家情况

排名	国家	电信计算机和信息服务出口总额（亿美元）	占全球的比重（%）
1	爱尔兰	2009	22.8
2	印度	826	9.3
3	中国	770	8.7
4	美国	581	6.6
5	英国	422	4.8
6	以色列	412	4.7

续表

排名	国家	电信计算机和信息服务出口总额（亿美元）	占全球的比重（%）
7	德国	409	4.6
8	荷兰	367	4.2
9	法国	222	2.5
10	新加坡	186	2.1
合计		**6204**	**70.3**

注：爱尔兰由于低税收优势，电信计算机和信息服务出口总额位居世界第一。

资料来源：联合国贸易和发展会议数据库。

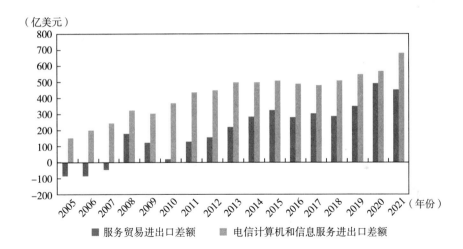

图1 2005—2021年印度服务贸易进出口差额与电信计算机和信息服务进出口差额

资料来源：世界银行数据库。

（三）印度离岸信息服务外包全球领先

随着全球价值链的发展，跨国公司纷纷将非核心业务外包到发展中国家。印度服务外包业务凭借低价格和高质量的优势，从全球产业链低端（如客户中心、呼叫中心等）起步，发展到产业链中高端（如业务流程、网页设计、软件开发等）。根据麦肯锡数据，2021年印度信息技术服务外包接包市场规模约占全球市场规模的

50%，位居全球第一，业务流程外包和知识流程外包接包市场规模约占全球市场规模的 35%。印度承接的服务外包主要来自发达经济体，其中来自美国、英国、欧盟的服务外包业务分别占印度承接的服务外包业务的 60%、17% 和 11%。

二、印度信息服务业发展的推动因素

(一) 国家产业定位孕育信息服务业发展先机

作为历史上英国的殖民地，印度在政治、法律、文化及语言等方面与西方国家高度相似，对于承接发达经济体的信息技术等服务外包业务具有天然优势。20 世纪 80 年代，印度政府认识到电子技术对于现代化进程的重要性，提出了"用电子革命把印度带入 21 世纪"的口号。1984 年，印度政府提出了新计算机政策，鼓励计算机、元器件及技术进口，重点扶持电子工业，在全国范围内推广计算机的应用，并将信息服务业作为国家核心战略产业。

(二) 经济自由化改革促进信息服务业兴起

自 20 世纪 90 年代以来，印度政府一方面对传统计划经济实施改革，如控制财政支出、下调外汇汇率、取消产业许可证制度等，将许多产业向民间部门开放，不断推动市场化经济发展；另一方面推动贸易投资自由化，提升对外开放水平，如鼓励外资进入国内市场、降低进口税负等。印度允许信息服务业 100% 外资持股，对软件企业实行零进口关税、零服务税和零流通税，取消软件企业生产许可证，支持软件企业获得银行信贷，大力激发市场主体活力。在经济自由化改革政策的支持下，2006~2010 年，印度电信计算机和信息服务出口总额年均增速近 12.5%，创历史新高（见图 2）。

(三) 设立软件产业园区，推动服务外包集聚

1984 年，印度班加罗尔产业园区抓住全球产业转移趋势，凭借基础设施价格低、软件人才供给充裕、高科技企业集聚等优势，集中承接软件外包业务，并逐

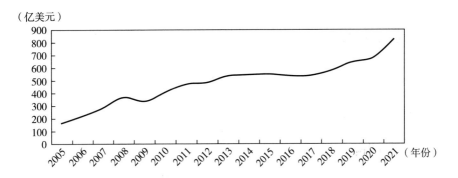

（亿美元）

图2 2005—2021年印度电信计算机和信息服务出口总额

资料来源：联合国贸易和发展会议数据库。

步成为全球重要的软件外包中心。截至2020年4月，印度服务外包业务收入主要来源于班加罗尔、新德里、孟买等城市，其中班加罗尔被称为"印度硅谷"。根据IBEF（India Brand Equity Foundation）和Statista数据，2021年，印度的软件企业有1.5万家，其中，塔塔咨询服务公司（Tata Consultancy Service）、HCL科技公司、威普罗公司（Wipro）和印孚瑟斯技术有限公司（Infosys Technologies Ltd.）等前十名服务外包公司收入约占印度电信计算机和信息服务出口收入总额的50%，业务覆盖了美国、英国等100多个国家及地区。

三、印度信息技术服务业发展的制约因素

（一）制造业与信息技术服务业发展不协调

制造业的发展可带动配套生产性服务业的扩张，而生产性服务业发展又将促进制造业生产效率的提升，从而形成螺旋式上升的发展模式。然而印度制造业发展基础薄弱，与信息技术服务业融合力度不够，信息服务业独占鳌头，未能有效推动制造业发展。此外，作为生产性服务业支柱，印度信息服务业过于依赖西方国家的市场需求。计算机硬件、电子元件等先进制造业也未能充分享受信息服务业带来的红

利，信息技术服务业的发展急需和制造业的应用充分融合并相互促进。2014年，印度重启"印度制造"计划，大力发展制造业，以苹果（Apple）、惠普（HP）、戴尔（Dell）等为代表的制造业企业纷纷在印度布局新的供应链，逐步将生产基地从中国转移至印度。

（二）产业结构与就业结构比例失衡

从就业结构来看，2019年印度农业就业人口和工业就业人口合计占总就业人口的近七成，服务业就业人口占比约三成（见图3）。印度服务业虽是支柱产业，但却未能充分发挥其人口红利优势，产业结构与就业结构存在一定失衡。一方面，印度在经济改革后，经济发展从以第一产业为主导转向以第三产业为主导，缺少将发展第二产业作为"过渡"，且受教育水平和职业技能低的制约，大量劳动力被迫留在第一产业；另一方面，信息服务业作为印度经济的核心，实际上仅为少量精英人才提供了就业机会，无法充分吸收社会剩余劳动力。这种就业结构与产业结构的不匹配，使劳动力向高、低两端集聚，加剧了产业中空化和收入两极化的局势。

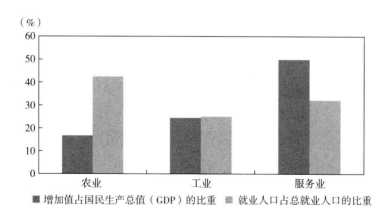

图3 2019年印度产业结构和就业结构

注：就业数据更新至2019年。

资料来源：世界银行数据库。

（三）自主研发及知识产权保护力度弱

由美国商会全球政策创新中心发布的《2021年国际知识产权指数报告》显示，印度国际知识产权指数排名全球第四十位，低于美国、中国、俄罗斯和菲律宾等国家。印度国内知识产权保护环境较差，不仅影响服务外包业务的发展，更制约了信息服务业核心竞争力的提升。在国际分工格局中，印度承接的软件服务外包主要是非核心、中低端部分，出口附加值偏低，承接的有自主设计和品牌的软件外包业务不到总承接外包业务的10%。印度缺少对高端核心技术的控制和保护政策，政策的不健全将阻碍印度信息服务业持续健康发展。

四、有关启示

制造业是立国之本、强国之基。从印度的发展实践可以看出，20多年以来印度跃过工业化进程，实现了经济的较快发展，但产业结构的不均衡在一定程度上阻碍了经济的长期增长。我国应当充分借鉴印度的发展经验，坚持以现代服务业为主体、以先进制造业为支撑的战略定位，持续推进产业基础高级化和产业链现代化，为实现经济高质量发展夯实根基。

（一）引导产业结构均衡可持续发展

印度第三产业对外依赖性强，对国内传统的制造业、基础设施建设的推动力不足，对经济的可持续发展缺乏足够的支撑。加之第一、第二产业发展不牢靠，第三产业发展速度过快，必将影响第三产业发展的可持续性。在经济发展的不同阶段，宜合理引导产业结构布局，推动产业结构与就业结构协调适配发展。第一产业是经济基础的支撑，第二产业是快速积累的关键，第三产业须与二者融合促进。同时推进就业优先、普惠共享的发展模式，实现经济可持续发展。

（二）发挥先进制造业引领作用

当前，数字经济、共享经济、产业协作正在重塑传统实体经济形态，全球制造业正处于重构竞争优势的关键节点。"印度制造"的演进历程充分表明，制造业尤其是先进制造业对一国产业链、供应链的稳定和安全具有深远意义。宜充分发挥先进制造业引领示范作用，通过不断扩充高素质人口，反哺产业创新和技术研发，推动先进制造业进一步发展，形成产业升级、人才培养、技术创新的良性循环。

（三）推动现代服务业创新融合

健全的法制及规则体系，是现代服务业发展的制度保障。应不断优化营商环境，加大对知识、资本、技术密集型现代服务业的政策扶持力度。推动信息服务、知识产权等现代服务业创新发展，提升生产性服务出口核心竞争力，促进制造业与服务业的有机融合与迭代循环。同时，加快改革人才管理制度，通过高级职业教育、高端人才培养引进等方式，推动研发、设计等高素质人才聚集，提升人力资本在服务业市场中的效能和作用，从而加快现代服务业转型升级。

新金融工具相关会计准则在商业银行中的应用

王军只　姜　旭①

摘　要：金融资产业务是商业银行的核心业务，面对错综复杂的国内外形势，商业银行通过金融资产业务在支持实体经济发展方面发挥了重要作用。为优化会计准则对金融资产的信息反映，更好地服务经济发展，中华人民共和国财政部（以下简称财政部）于 2017 年修订发布了金融工具相关会计准则（以下简称新金融工具相关会计准则）②，鉴于中小银行实施新金融工具相关会计准则的基础较为薄弱，执行新金融工具相关会计准则有困难，财政部联合中国银行保险监督管理委员会于 2020 年 12 月 30 日发布了《关于进一步贯彻落实新金融工具相关会计准则的通知》，提出适用《商业银行资本管理办法（试行）》的非上市银行可以推迟至 2022 年 1 月 1 日起执行新金融工具相关会计准则。当前，我国商业银行已全部执行新金融工具会计准则。

一、新金融工具相关会计准则的主要变化

（一）金融资产类别由四分类转为三分类

金融资产在原四分类项下存在较大的主观盈余管理空间，新金融工具相关会计

---

① 王军只、姜旭：供职于中国人民银行北京市分行会计财务处。

注：本文仅为调研组学术思考，与供职单位无关。

② 财政部修订发布的金融工具相关会计准则包括《企业会计准则第 22 号——金融工具确认和计量》（财会〔2017〕7 号）、《企业会计准则第 23 号——金融资产转移》（财会〔2017〕8 号）、《企业会计准则第 24 号——套期会计》（财会〔2017〕9 号）。

准则根据金融资产的业务模式和现金流的特征，将金融资产分为以公允价值计量且其变动计入当期损益的金融资产（Fair Value Through Profit and Loss，FVTPL）、以公允价值计量且其变动计入其他综合收益的金融资产（Fair Value Through Other Comprehensive Income，FVTOCI）和以摊余成本计量的金融资产（Financial Asset Measured at Amortized Cost，AMC）三类。金融资产业务获取收益主要包括收取合同现金流和获得交易价差两种形式。现金流特征包括支付本金和利息形成的合同现金流和金融资产交易形成的现金流两种基本形态。在实际应用中金融资产的业务模式和现金流特征更多地体现在对基本形式形态的融合和异化。

（二）金融资产减值判断由已发生损失法改为预期损失法

金融资产基于已发生损失模型计提减值准备，具有明显的顺周期性，容易放大金融风险，加剧市场连锁反应。新金融工具相关会计准则从理论基础上对金融资产减值计提方法进行了革新，将原来的已发生损失法改为预期损失法，并按照三个阶段对金融资产计提减值准备。第一阶段，金融资产信用风险自初始确认后未显著增加，按照未来 12 个月的预期信用损失计量减值准备；第二阶段，金融资产信用风险自初始确认后已显著增加但尚未发生信用减值，按照该工具整个存续期的预期信用损失计量减值准备；第三阶段，金融资产初始确认后发生信用减值，按照该工具整个存续期的预期信用损失计量减值准备，但对利息收入的计算不同于处于前两个阶段的金融资产。预期信用损失的确定通常需要考虑宏观经济发展、市场环境变化等前瞻性信息。

二、新金融工具相关会计准则在商业银行中的应用现状

（一）业财系统实现全面改造，金融资产业务平稳衔接

金融资产业务是商业银行的核心业务，信息化程度较高，商业银行实施新金融工具相关会计准则需要对业财系统进行全面改造。国有商业银行、股份制商业银行等大行结合自身的业务实际，自主开发构建模型系统；农村商业银行依托省级农村

信用社联合社平台进行集中系统改造建设；城市商业银行、功能型银行、村镇银行等中小银行的系统改造主要依靠发起行。在新的信息系统框架下，商业银行对金融资产进行重新分类，并重新计量资产减值，总体实现了与旧金融工具相关会计准则的平稳衔接，金融资产业务平稳过渡。

（二）金融资产分类基于两大依据，分类标准更趋客观

新金融工具相关会计准则对金融资产分类的变化在于从原先单纯地强调持有目的转变为将业务模式和合同现金流量特征作为双重判断标准，同时还保留了直接指定这一特殊认定标准。根据新金融工具相关会计准则，AMC 类似但不完全等同于原准则下的持有至到期投资，只能归类不得指定且只能是债务工具投资；FVTOCI 类似但不完全等同于原准则下的可供出售金融资产，包括归类的债务工具及非交易性且直接指定的权益工具；FVTPL 作为剩余项目，融合了多种业务模式和合同现金流量特征的金融资产，包括指定的债务工具、衍生工具、交易性权益投资工具等。商业银行的大部分金融资产可以实现平移，业务核算保持连续，对于持有的债券投资、信托计划等产品，由于在公开市场难以取得估值，通过合同现金流量确定金融资产的类别归属。

（三）预期信用损失模型强调前瞻性，计提资产减值准备的范围扩大

新金融工具相关会计准则中的预期信用损失模型主要基于巴塞尔信用风险模型，更加强调金融资产所面临的未来经济发展和市场环境变化的前瞻性。从新旧准则的转换情况来看，大部分商业银行对金融资产减值准备进行了增提。运用预期信用损失模型，充分考虑前瞻性因素，金融资产计提减值准备的时间跨度延长。金融资产计提减值准备的范围不断扩大，原表内较少计提或基本不计提资产减值准备的同业资产、债券等，以及表外不在减值准备计提范围内的贷款承诺、承兑汇票、信用证等金融资产均被纳入资产减值准备的计提范围。出于对新旧模型衔接运用、金融监管等因素的考虑，商业银行普遍调高了前瞻性因素中的悲观情景权重，通过管理层叠加模型对预期信用损失结果进行调整。

（四）金融工具公允价值的计量范围扩大，对利润表的影响较为中性

商业银行将持有的以摊余成本计量的金融资产被重新分类至 FVTOCI 或 FVT-PL，扩大了以公允价值计量的金融资产的范围。FVTOCI 的公允价值波动计入资产负债表其他综合收益，资产减值准备同步计入，且在处置时不能转入当期损益。相比较而言，受公允价值变动和减值准备计提两个方面的共同影响，利润表对 FVTPL 更为敏感。随着原应收款项类投资、持有至到期投资和可供出售金融资产等重新分类至 FVTPL，其公允价值变动的收益由投资收益调整为利息收入，进而对商业银行净息差、生息资产净利率等利润表指标产生一定影响。总体来看，尽管金融工具公允价值计量的范围扩大了，但对利润表的影响较为中性。

三、商业银行在实施新金融工具相关会计准则过程中存在的问题和困难

（一）实施新金融工具相关会计准则的投入较大，中小银行面临较大的挑战

商业银行的金融资产规模大、类别多、情况复杂。实施新金融工具相关会计准则需要对金融资产重新进行确认和计量，同时需要全面测算金融资产减值准备，并且改造信息系统，这些需求均需投入大量的人力、物力和财力。相较于实力雄厚的国有商业银行和股份制商业银行，功能型银行、村镇银行等中小商业银行普遍基础薄弱，在系统建设、科学构建模型及合理运用模型等方面均存在较大的困难。

（二）金融资产主观复杂性认定缺乏细项规范，影响会计信息的可比性

新金融工具相关会计准则在金融资产的分类确认、模型运用和减值准备计提等

方面进行了量化，但在具体实施过程中仍存在较多的主观臆断。商业银行对同一金融工具的处理存在差异，从而影响会计信息质量，如采用不同的计量模型，在对金融资产类别及公允价值变动的确认与计量方面均存在差异；部分金融工具的结构较为复杂，在现金流量测试中，需要根据资产合同和具体情况进行分析和判断；商业银行在预期信用损失模型的建立思路、参数选择等方面也存在较大的差异，具有不同的审批层级和审批程序。

（三）新金融工具相关会计准则与金融监管规则存在不协调，增加了商业银行的执行成本

由于新金融工具相关会计准则的目标与金融监管规则的目标存在差异，商业银行为满足会计准则和金融监管的相关要求，需要准确理解两者之间的差异并建立不同的指标报送体系，明显增加了执行成本。新金融工具相关会计准则对同业资产的减值准备提出了要求，但金融监管方面拨备覆盖率、拨贷比等指标主要针对信贷资产，商业银行需要分项测算与计量。新金融工具相关会计准则将金融资产减值方法由已发生损失模型转变为预期信用损失模型，计提减值准备的依据和方法都发生了较大改变，完全不同于金融监管方面的贷款五级分类减值计提，以及"一般准备"和"专项准备"计提。鉴于以上区别，商业银行需要采取不同的措施。

四、政策建议

（一）建立经济金融数据信息共享平台，降低金融工具相关会计准则执行成本

新金融工具相关会计准则的有效执行，需要获取金融市场公开数据信息及宏观经济发展的前瞻性信息的相关要求，因此，金融监管部门或其他公共部门应建立经济金融数据信息共享平台，集中收集、整理、发布跨机构、跨周期的经济金融业务数据。数据信息的集中发布与共享，有利于解决商业银行尤其是中小银行数据信息基础薄弱等问题，降低系统模型运行的数据成本。

（二）细化执行新金融工具相关会计准则指引，规范复杂业务判断的主观性

为规范新金融工具执行过程中对金融工具尤其是复杂金融工具的确认与计量的主观判断，提升金融资产会计信息质量，需要进一步细化新金融工具会计政策指引。在模型应用、关键参数设置等方面执行定量与定性相结合的具体标准，结合实际应用情况制定相应的操作指南。金融监管部门可以建立标准的金融资产业务模式体系、规范的金融工具合同管理制式和精确的现金流量测试评价要求，加强对金融工具设计运用方面的指导。

（三）加强新金融工具相关会计准则与监管规则的协调配合，助力商业银行稳健运行和可持续发展

新金融工具相关会计准则的制定与实施主要是为了解决原金融工具相关会计准则在金融危机中所表现出的主观性和顺周期性方面的缺陷。金融监管部门应全面评估新金融工具相关会计准则的实施对相关金融监管体系的影响，构建新的监管数据体系。面对当前国内外复杂的经济金融形势，为充分发挥商业银行在支持实体经济发展等方面的重要作用，会计监管部门与金融监管部门应加强沟通与协作，以实施新金融工具相关会计准则为契机，实现会计监管与金融监管的良性互动，更好地促进商业银行稳健运行和可持续发展。

全球碳税发展对我国的启示

于庆蕊[①]

摘　要： 在全球气候变暖背景下，碳税制度作为一种能够有效控制碳排放量的重要经济手段之一，在国际上已被广泛应用。碳税征收覆盖范围广，总体税率水平低，多应用在使用环节。随着减免优惠政策的不断优化，税率受到碳减排目标、碳排放权交易价格及本国能源结构等因素的制约。我国应在推进碳排放权交易市场建设的同时，适时整合煤炭资源税、成品油消费税、环境保护税等税种，以碳税形式统一征收，并循序渐进地提高碳税税率，采用谨慎适用的税收优惠政策。

一、全球碳税发展特点

（一）全球碳税的发展

在《联合国气候变化框架公约》（United Nations Framework Convention on Climate Change，UNFCCC）和《京都议定书》的双重推动下，相关缔约方对二氧化碳减排量做出了具体承诺，逐渐尝试征收碳税。芬兰、挪威、瑞典、丹麦等北欧国家从20世纪90年代初开始征收碳税，是世界上最早征收碳税的国家。进入21世纪，爱沙尼亚、拉脱维亚、瑞士、列支敦士登等欧洲国家也陆续开始征收碳税。2010年以后，冰岛、爱尔兰、乌克兰、日本、法国、墨西哥、西班牙、葡萄牙、智利、

---

① 于庆蕊：供职于中国人民银行北京市分行调查统计处。
注：本文仅为调研组学术思考，与供职单位无关。

哥伦比亚、阿根廷、新加坡、南非等也加入了征收碳税国家行列。[①] 截至 2022 年 4 月，全球已实施 68 种碳定价机制，其中包括 36 项碳税制度[②]和 32 种碳排放交易（ETS）系统。

（二） 全球碳税征收的主要特点

一是碳税征收覆盖范围广，减免政策不断优化。多数经济体如丹麦、瑞典、荷兰等，其碳税主要针对高排放商品和行业进行征收，包括石油、天然气、甲烷、煤炭及其他能源衍生品等。此外，碳税征收范围不断扩大，如芬兰 1990 年只针对工业和部分电力行业征税，自 1997 年绿色税制改革后，碳税征收范围几乎涵盖了所有的能源行业。部分在碳排放权交易实施之前已经征收碳税的经济体，如冰岛、瑞典等，在实施碳排放权交易之后修改了税法，免除了碳排放权交易覆盖主体的碳税义务，减少了相关纳税主体的经济负担。

二是总体税率水平较低，欧洲国家的税率相对较高。经国际货币基金组织（International Monetary Fund，IMF）预测，为实现 2030 年控温目标，每吨二氧化碳当量需征收 75 美元左右的碳税。世界银行数据显示，近半数实施碳税的国家和地区的税率低于 10 美元/吨二氧化碳当量。其中，欧洲国家的税率较高，瑞典和瑞士的税率分别为 137 美元/吨二氧化碳当量和 101 美元/吨二氧化碳当量，冰岛、芬兰、法国等国家的税率为 40 美元/吨至 73 美元/吨二氧化碳当量；阿根廷、墨西哥等部分美洲和非洲国家的税率普遍低于 10 美元/吨二氧化碳当量；亚洲的新加坡和日本的税率分别是 3.7 美元/吨二氧化碳当量和 2.6 美元/吨二氧化碳当量。

三是多数经济体按照"谁使用、谁排放、谁缴税"的纳税主体原则，在使用环节征税。瑞典、丹麦的纳税义务人为化石燃料使用者，包括下游经销商及消费者，以此引导社会大众重视低碳环保。少数经济体如加拿大等在生产环节征税，纳税主体主要是化石燃料的生产商、进口商和加工商。还有少部分经济体如荷兰等同时在

---

① 于斐. 全球碳税最新进展：覆盖更多国家 税率不断提高 [EB/OL]. http：//www. so-hu. com/a/472376554_121134460，2021-06-16.

② 资料来源：世界银行《2022 年碳定价发展现状与未来趋势》。

生产环节和使用环节征税，纳税义务人既包括化石燃料的消费者，也包括化石燃料的生产商、总经销商和进口商。

四是多数国家将碳税收入纳入一般预算，并将碳税收入用于再返还，保持碳税税收中性。例如，芬兰对能源密集型行业实施税收返还；丹麦将碳税收入的一部分用于补贴居民天然气、电力的使用，另一部分用于对缴纳增值税的企业实施碳税税收返还，或补贴企业节能投资；英国通过减少企业为雇员缴纳的国民保险金、提高节能环保技术投资补贴、成立碳基金三种途径实现税收再返还。

五是为避免重复征税及国际竞争力下降，各国对特定行业设置碳税优惠。如欧洲国家针对欧盟碳交易市场内的企业设置了碳税免除条款，加拿大各省豁免了航空、运输等能源密集型行业的部分碳税。

二、碳税定价机制

根据计税依据，国际上的碳税可分为以下两种方式：

（一）以化石燃料消耗量为依据计税

鉴于二氧化碳排放的技术监控难度较大和征收管理成本较高，大多数经济体在碳税征收过程中，通常以化石燃料的消耗量为计税依据，对二氧化碳排放的征收可间接转换为对化石燃料碳含量的征收。这在技术上简单可行，行政成本相对较低，但这种方式不利于激励企业采用先进的碳减排技术。

以燃料为依据计税的国家包括早期征收碳税的芬兰、挪威、瑞典、丹麦等北欧国家，以及后续开始征收碳税的瑞士、日本、法国、墨西哥、哥伦比亚、阿根廷、加拿大等国家。

（二）以污染物排放量为依据计税

在这种情况下，碳税具体可分为两种形式：一是碳税作为环境税费的组成部分，即在环境（污染排放）税费中设置二氧化碳税目，以污染物排放量为计税依据。采用这种形式的国家主要有波兰、斯洛文尼亚、爱沙尼亚、拉脱维亚、乌克兰、智利等。二是设立独立税种。采用这种形式的国家主要有新加坡、南非和荷兰等。其中，南非、新加坡未设立碳排放权交易体系，荷兰的碳税基于碳排放权交易体系碳价下限。

三、碳税定价的主要影响因素

（一）碳税受碳排放配额及碳排放权市场交易价格的影响[①]

在碳排放权交易市场完善的国家，碳税的定价和实际碳排放量与其碳排放配额的偏离程度呈正相关关系，在确定了碳排放配额的基础上，可计算其碳税。以欧盟建筑碳排放税收为例，具体计算公式如下：

$$T=(G-G')\times F$$

其中，F 表示欧盟碳排放权交易市场每吨二氧化碳的价格，G 表示建筑的实际碳排放量，G'表示碳排放配额。因此，碳排放量高于排放配额的建筑将被征收碳税，而低于碳排放配额的建筑将获得补贴。

（二）碳税受碳减排具体目标及高碳燃料依赖程度的影响

从不同经济体来看，依赖清洁能源的国家的碳税税率较高，依赖高碳燃料的国家碳税税率较低。例如，瑞典已于 2020 年关停了最后一座燃煤电厂，终端能源消费一半以上来自可再生能源。世界银行披露的数据显示，瑞典碳税税率为 137 美元/吨二氧化碳当量，处于国际较高水平。南非能源消耗对化石燃料的依赖度较高，开征碳税对南非经济造成的负面影响较大，现阶段南非在征收较低碳税的基础上，配套出台了一系列免税津贴政策，每吨二氧化碳排放当量实际上仅征收 120 南非兰特（约 8.34 美元）碳税[②]。

---

① 陈小龙，刘小兵. 基于碳税/补贴的建筑碳排放管制政策研究——以欧盟的建筑碳排放政策为例 [J]. 城市发展研究，2013，20（10）：21-27.

② 资料来源：路透社援引南非财政部公告。

（三）碳税受本国能源结构调整的影响较大

在碳税实施初期，通常税率较低，随后分阶段逐步提高，以保证减排效果。例如，芬兰在1990年推出碳税时，税率仅为1.62美元/吨二氧化碳当量，1993年税率翻倍，到2003年税率已涨至23.43美元/吨二氧化碳当量[①]。世界银行的数据显示，2021年芬兰碳税税率达62.3美元/吨二氧化碳当量至72.8美元/吨二氧化碳当量。

四、对我国的启示与建议

（一）我国开征碳税的必要性

碳排放交易机制（Emissions Trading System，ETS）和碳税制度已逐步成为国际主流碳定价方式。当前，我国已建立了全国统一的碳排放权交易市场，但严格来讲，我国并未建立碳税制度。目前，对温室化石燃料、各类汽车和成品油征收消费税和增值税，可视为间接对碳排放征税。然而，营业税、增值税和消费税与碳税在征税范围、征收目的、计税依据和计税效果上都有较大区别。经济合作与发展组织（Organization for Economic Co-operation and Development，OECD）认为，各国在计算碳税时，不应将营业税、增值税和消费税纳入其中。我国的资源税与碳税在征税范围上有一定的联系，但是在征收目的、计税依据和征税效果方面各不相同。基于国际实践，资源税和碳税通常分开征收。

目前，我国碳排放权交易市场仅涵盖少数重点碳排放行业企业，大多数行业中的企业减排可以通过征收碳税等方式来促进。由此可见，推进建立完善的碳税制度确有其必要性。

（二）开展碳税征收的具体建议

一是短期内，在推进碳排放权交易市场建设的同时，适时整合多税种并以碳税

---

① 康樾桐，毛晓杰，刘文静. 国际碳税实践及启示［J］. 中国金融，2022（6）：82-83.

名义征收。整合煤炭资源税、成品油消费税、环境保护税等税种，形成"中国式碳税"。根据税负平移原则，设计和实施碳税制度，如新设税种难度较大，短期内可以碳费名义进行征收。

二是中长期逐步提高碳税税率。分阶段逐步提高税率，扩大征税范围，同时，给予主动采用低碳节能技术的企业一定的税收优惠。待技术与其他条件成熟，择机开征"实质性碳税"，按二氧化碳排放量在使用环节直接征收。

三是采取谨慎适用的税收优惠政策。在充分体现税制中性原则的前提下，将碳税收入专款专用于环境保护相关事业，或返还企业和居民，进而降低收入分配扭曲，提高税制整体效率。税收优惠政策的侧重点在于促进能源结构优化升级和科技的进步。

碳市场配额分配及碳价形成机制的
国际经验及对我国的启示

高 菲 王 宇 陈思亦①

摘 要： 当前，越来越多的国家和地区正在通过设计和实施碳排放权交易体系（以下简称 ETS，又称碳市场）向碳定价迈进。一个运行良好的碳市场能够在有效推动减排及为长期脱碳提供合适的碳价信号方面发挥至关重要的作用。

一、ETS 的定义

根据《联合国气候变化框架公约》相关内容可知，ETS 是一种总量控制下的碳配额交易方式，是最主要的碳定价政策工具之一。ETS 通常由政府确定每年的碳排放总额上限，然后有偿或无偿向企业分配碳排放配额，并允许企业间交易碳排放配额，进而形成碳排放配额的市场价格。

二、全球 ETS 的发展现状

总体来看，各国和地区的主要 ETS 运行机制基本相同，但不同的市场在交易规模、价格区间、涵盖行业等方面各具特点。其中，欧盟排放交易体系（European Union Emission Trading Scheme，EU-ETS）、美国加利福尼亚碳交易市场（California

---

① 高菲：供职于中国人民银行北京市分行金融研究处；王宇：供职于中国人民银行金融研究所；陈思亦：供职于中国人民银行北京市分行人事处。

注：本文仅为调研组学术思考，与供职单位无关。

Cap-and-Trade Program，California CaT）及美国区域温室气体减排协议（Regional Greenhouse Gas Initiative，RGGI）启动较早，覆盖行业面广泛，交易量和资金规模也处于领先地位。

（一）碳排放权交易工具的运用日趋普遍

近年来，ETS 作为一种市场化的减排手段，在越来越多的国家和地区得到了应用。自欧盟 2005 年运行全球首个 ETS 以来，ETS 全球版图不断扩大。国际碳行动伙伴组织（International Carbon International Carbon Action Partnership，ICAP）发布的《2023 年全球碳市场进展报告》显示，截至 2022 年，已运行的国家和地区层面的 ETS 有 34 种。各 ETS 所处区域的 GDP 总量约占全球 GDP 总量的 55%，覆盖全球约 17% 的温室气体排放。

（二）ETS 交易价格逐年上行，但价格水平仍然偏低

路透社数据显示，2019 年全球 ETS 市场交易均价约为 22 欧元/吨。2020 年以来，主要国家和地区的 ETS 市场交易价格逐渐上行。2021 年，多个 ETS 的碳定价创历史新高，欧盟碳市场的配额价格突破 100 美元，美国加利福尼亚州和加拿大魁北克省的连接碳市场的配额价格从 18 美元上涨至 28 美元，区域温室气体减排行动（Regional Greenhouse Gas Initiative，RGGI）的配额价格从 8 美元上涨至 14 美元，韩国碳市场价格从 21 美元上涨至 30 美元，新西兰碳市场价格从 27 美元上涨至 46 美元。[①] 然而，2021 年仅欧盟、英国、新西兰和瑞士的 ETS 交易价格实现了《巴黎协定》控温目标建议的每吨二氧化碳当量 40 美元至 80 美元。

（三）ETS 收入大幅增长，2021 年首次超过碳税

世界银行披露的数据显示，2021 年全球碳定价收入达 840 亿美元，较 2020 年增长了近 60%。其中，ETS 收入和碳税收入占比分别为 67% 和 33%，系 ETS 收入首次超过碳税收入。

---

① 资料来源：《2022 年 ICAP 全球碳市场进展报告》，https：//icapcarbonaction.com/system/files/document/220408_icop_repont_rz_web.pdf。

（四）ETS 交易总额显著增长

据路孚特（Refinitiv）测算，2020 年全球碳排放权市场交易金额约为 2290 亿欧元，同比上涨 18%，是 2017 年的 4 倍。全球碳排放权市场的交易额猛增，主要受欧盟排放交易体系市场规模增长的推动，2020 年 EU-ETS 的交易额约为 2013 亿欧元，约占全球交易总额的 88%。

（五）ETS 行业覆盖范围逐渐扩大

截至 2021 年，几乎所有 ETS 都覆盖了发电和工业排放，建筑相关排放的覆盖也较为普遍，道路运输和国内航空排放的覆盖相对较少，仅个别 ETS 覆盖了林业活动和废弃物处理行业的排放。自 2021 年以来，欧盟各国正讨论将 EU-ETS 覆盖范围扩大至汽车交通和建筑物等排放领域。

三、ETS 配额分配模式、利弊分析及各国实践

ETS 配额分配主要有两种基本模式：一是通过拍卖进行有偿分配，二是通过祖父法、基准法进行免费分配。从国际经验来看，大部分 ETS 采用混合模式进行配额分配。

（一）ETS 配额分配模式

（1）拍卖。企业通过拍卖竞价的方式有偿获得配额，拍卖定价和各企业获得的配额均由市场决定。实践中最常用的拍卖方式是一级密封拍卖，即所有投标人同时出价，按最高价成交。

（2）祖父法。祖父法是一种相对简单的分配方法，大部分 ETS 在初期都采用该方法进行免费分配，通常被视为拍卖法与基准法间的过渡方法。祖父法通过企业的历史排放量乘以调整系数①确定免费配额量，最常采用的调整系数是碳泄漏

---

① 调整系数指各类用来调整免费配额总量水平的工具。

补偿率①和排放总量下降系数②。

（3）基准法。基准法包括基于历史产量的基准法和基于实际产量的基准法。前者以企业历史产量为依据免费分配配额，后者则根据履约期间企业的实际产量进行配额的免费分配。

（二）ETS 配额分配模式的利弊分析

（1）拍卖。优点在于：①拍卖机制能够提高市场流动性，助推碳价发现机制；②拍卖机制下，所有企业可以公开、透明地获得碳配额，有助于提高市场透明度，保障市场公平；③企业配额数量完全由市场决定，能够有效避免寻租行为和其他腐败行为；④拍卖机制有助于实现配额的有效配置，并通过价格反映配额在市场中的真正价值；⑤可以增加政府收入，用以支持更多的减排项目或补偿碳定价带来的不利影响等。缺点在于：①无法针对碳泄漏风险提供直接保护，也不能直接补偿企业因搁浅资产③而引致的损失，企业将承担与其排放责任相关的全部财务成本；②拍卖将使企业生产成本大幅增加，对企业造成较重负担。

（2）祖父法。优点在于：①计算方法相对简单；②能为因搁浅资产而失去重大价值的行业提供过渡性支持，以降低企业可能面临的财务困境。缺点在于：①若企业实施减排措施早于祖父法确立的基准年，则获得的配额会相应减少，将削弱企业提前减排的积极性；②对于历史排放很高但未采取减排行动的企业而言，若无附加规定，企业可能会通过出售免费配额牟取暴利；③因新企业缺乏历史排放量，祖父法可能阻碍拥有新减排技术的企业进入市场。

（3）基准法。基于历史产量的基准法。优点在于：在 ETS 实施之前已采取减排行动的企业将获益更多，激励行业内迭代。缺点在于：①产品基准值的计算较为

---

① 补偿率衡量企业获得免费配额的排放水平。补偿率的范围为 0—100%，其中 100% 表示最大补偿率。即使在同一个 ETS 内，补偿率也因行业而异，这样设计是为了应对不同程度的碳泄漏风险，而风险最高的企业将得到最高的补偿率。

② 下降系数旨在确保免费分配的水平或比率随着时间的推移而下降。

③ 搁浅资产指为实现向低碳经济转型，由于政策、市场、社会规范和技术的变化，在经济寿命结束前已贬值或转化为负债的资产。

复杂；②不受碳约束的国家或地区的同业可能夺去受碳价约束地区企业的部分市场份额，因此，无法有效防范碳泄漏风险；③由于配额分配不依赖当前产量水平，为应对排放成本，部分企业可能会通过抬高产品价格牟取暴利；④不利于新企业进入。

（4）基于实际产量的基准法。优点在于：①能够有效应对碳泄漏风险；②能够鼓励企业及早采取减排措施，通过改变技术和工艺降低排放成本获得竞争优势。缺点在于：基准值的计算较为复杂。

（三）ETS 的各国实践

各国在初期多使用祖父法或基准法无偿分配大部分配额，然后逐步提高拍卖比例（见表1）。从配额调整机制来看，大部分 ETS 逐年减少配额总量，并逐渐提高年度调减系数，推动企业加大减排力度。

表1 各国家或地区不同 ETS 的配额分配方法

国家或地区 ETS	分配方法	免费分配对象	免费分配类型
美国的加利福尼亚州（以下简称加州）	免费分配约占 50%；逐渐增加拍卖占比	排放密集型、贸易暴露型行业和其他工业部门；代纳税人的配电企业和天然气供应商	对于容易发生碳泄漏的工业部门，采用基于实际产量的基准法
欧盟（第四阶段）	免费分配约占 43%；到 2030 年免费分配份额将下降	工业、供热、航空业；到 2030 年将逐步淘汰非排放密集型和贸易暴露型行业的免费分配	基于历史产量的基准法
哈萨克斯坦	100% 免费分配	所有行业	祖父法或基于实际产量的基准法
韩国	90% 免费分配	所有行业	祖父法或基于实际产量的基准法
新西兰	27% 免费分配；2021—2030 年免费分配逐渐减少，2030 年以后加速减少	排放密集型和贸易暴露型活动	基于实际产量的基准法

续表

国家或地区 ETS	分配方法	免费分配对象	免费分配类型
加拿大的新斯科舍省	2020 年开始拍卖	工业设施，新斯科舍省电力企业，燃料供应商	工业设施：基于实际产量的基准法 燃料供应商：基于上年核证排放量 新斯科舍省电力企业：基于相较于不存在碳价情况下的减少量
加拿大的魁北克省	25%免费分配	排放密集型和贸易暴露型活动	基于实际产量的基准法
RGGI	100%拍卖	无	
日本埼玉县	100%免费分配	所有行业	祖父法
瑞士	混合模式，以免费分配为主	制造业	基于历史产量的基准法
东京	100%免费分配	所有行业	祖父法

资料来源：笔者整理。

四、ETS 碳价形成机制

（一）配额供需影响因素

配额价格由供需关系决定，供给主要受政府政策影响，需求则主要取决于市场参与者。

配额供给的主要影响因素包括：①排放总量控制目标和与之相关的配额量；②从以往履约期结转（"存储"）或从未来履约期预支（"预借"）的配额量；③抵消机制的可用性；④来自连接体系配额的可用性。

配额需求在很大程度上取决于技术、预期、外部冲击和市场参与者的利润最大化，具体影响因素包括：①在不存在碳价的情况下，相对于排放总量上限的排放水平；②ETS 所覆盖范围的减排成本；③用于减少覆盖范围内排放的配套政策的效果；④对未来配额价格的预期；⑤减排技术的变革；⑥外部需求。

（二）碳价波动与跨期灵活性

碳价的波动能够反映减排成本的最新变化，但由于受外部冲击、监管的不确定性或市场不完善等因素的影响，碳价可能会发生大幅波动。为确保市场运行良好且碳价可预测，应提供跨期灵活性来支持碳市场。用于提供跨期灵活性的工具主要有三种：

（1）存储。允许企业将当前履约期的配额存储起来以备将来使用。配额存储有助于提振碳价，也可为未来的高碳价提供缓冲。

（2）预借。允许企业从未来履约期预借配额，以便在当前履约期使用，但预借会推迟排放总量控制目标的实现。因此，大多数 ETS 或禁止预借，或只在有限的范围内允许预借。

（3）履约期期限。一个履约期内，企业可以在最有效率的时机进行减排，即在此段时间内配额的存储和预借通常不受限制，使履约期的长度成为决定时间灵活性的重要因素。

配额存储鼓励提前开展减排工作，有助于在跨履约期时平抑成本与配额价格。配额预借则有推迟减排行动的风险，应该予以避免。

（三）平抑碳价波动的工具

即使二级市场运行良好，市场上仍然存在碳价持续高于或低于预期价格的风险。因此，各 ETS 通常会采用碳价或配额调整措施（Price or Supply Adjustment Mechanisms，PSAMs）来防范风险（见表2）。

表 2　不同 PSAMs 的优缺点

市场管理方式	优点	缺点
应对偏低的碳价		
征收额外费用	若费用不随碳价波动则易于实施	若费用随碳价调整则难以实施；若仅部分实施会抑制体系效率

续表

市场管理方式	优点	缺点
设定拍卖底价	实施相对简单；增加碳价确定性；即使需求低于预期，也能增加政府收入	不能确保控制二级市场的最低价格，特别是在配额拍卖很有限的情形下
硬性价格下限	实施相对简单	主管机构承受财政负担
应对偏高的碳价		
成本控制储备机制	提供更大的价格确定性，同时控制排放量的不确定性	只能在一定程度上确保碳价上限
硬性价格上限	确保市场参与者的碳价上限	环境目标可能受影响

资料来源：笔者整理。

1. 应对碳价过低的方法

（1）设定拍卖底价。通过设定拍卖底价，能够确保拍卖价格不低于预先设定的价格。对拍卖价格的控制，将推动二级市场做出相应调整，从而使拍卖底价成为干预市场的有效手段。目前，韩国、美国的加利福尼亚州、加拿大的魁北克省、RG-GI和英国等都设有拍卖底价。

（2）硬性价格下限。硬性价格下限可通过直接干预来实施，即以某个既定价格无限回购配额。企业可以以固定的价格出售配额，主管机构也可以在二级市场上回购配额以维持碳价。

（3）征收额外费用。当政策制定者希望受管控企业付出更多的排放成本而不仅仅是配额价格时，有时会征收额外费用，这一费用反映了市场价格与目标碳价间的差距。

2. 应对碳价过高的方法

（1）建立成本控制储备机制。储备配额的来源是最初配额分配和拍卖中扣留的未售出部分，这些配额属于排放总量控制目标的一部分。因此，用于拍卖供应的储备配额数量有限。当且仅当碳价超过一定水平时才予以提供，并且当储备配额用尽后，价格仍会上涨。

（2）硬性价格上限。硬性价格上限是通过直接干预实施的，以预定的价格提供无限量的配额。企业可以以固定的价格购买配额，主管机构也可以在二级市场上出售配额以维持碳价，但该措施可能会对配额总量的确定性产生不利影响。

五、关于我国发展碳市场的思考

一是逐步扩大行业覆盖范围。EU-ETS 涵盖电力、钢铁、造纸等 10 多个行业，并探索进一步扩大覆盖范围。相比较而言，我国全国碳排放权交易市场首个履约期仅纳入发电行业，钢铁、化工、水泥等有巨大减排空间的行业尚未纳入，应逐步扩大覆盖范围，提升 ETS 的实施效果。

二是拓展现货市场交易范围。目前，我国全国碳市场仅纳入了 2200 多家发电企业，存在市场交易量小、流动性差等问题。应逐步纳入更多参与主体，探索和吸纳更多金融机构参与碳市场交易，形成更广泛的交易基础。

三是完善配额分配机制。配额分配机制可参考"收费退费法"的思路，测算主要减排行业的平均碳排放强度，将更多配额分给排放强度低于平均值的企业。

四是积极发展碳金融衍生品。2014 年以来，我国已有少数试点地区开始尝试开展碳远期交易、碳排放权抵押等金融创新业务，但交易量有限。碳期货、碳远期等衍生碳金融产品的开发，有利于市场主体评估并锁定未来风险，促进中长期低碳减排技术研发与投入，并能够发挥价格发现功能，为碳现货定价提供依据和参考。

数字经济对出口竞争力影响的实证研究

蒋湘伶　陈　岩　吴建伟　安　飒　雨　虹　周真旭[①]

摘　要： 自 2017 年起，我国连续五年将数字经济相关内容写入政府工作报告。《"十四五"数字经济发展规划》提出，到 2025 年数字经济核心产业增加值占 GDP（国内生产总值）比重达到 10%。数字经济将成为拉动经济增长的新引擎，发展数字经济是决定我国从贸易大国转向贸易强国的关键因素，厘清数字经济发展对国际贸易的影响至关重要。本文首先分析了我国数字经济发展现状，其次通过构建实证模型，研究数字经济对出口竞争力的影响，发现多个衡量数字经济发展的指标均对出口竞争力有正向促进作用。在此基础上，本文提出了推动数字经济发展的相关政策建议。

一、中国数字经济发展迅速、拉动经济增长

（一）数字经济发展迅速，规模占 GDP 比重近四成

当前全球已进入数字化发展新阶段，以数字技术为核心驱动力量的数字经济将成为拉动经济高质量发展的新引擎。数字经济在我国国民经济中的地位越发突出，规模不断增长，占 GDP 比重大幅提升。中国作为世界第二大数字经济体，自 2015 年起，数字经济规模一直处于快速增长态势，数字经济总规模由 2015 年的 18.6 万

---

① 蒋湘伶、陈岩、吴建伟、安飒、雨虹、周真旭：供职于中国人民银行北京市分行跨境办。
注：本文仅为调研组学术思考，与供职单位无关。

亿元增长至 2020 年的 39.2 万亿元，5 年间增长 110%，年均增长率为 22%。数字经济发展规模占 GDP 的比重由 2015 年的 27.5% 增长至 2020 年的 38.6%。① 由此可见，数字经济的发展已逐渐成为我国经济发展的主要贡献力量，在提高竞争力与促进贸易升级等方面起到关键作用。

（二）数字经济内部构成中，数字产业化与产业数字化呈 2∶8 格局

数字经济主要分为数字产业化与产业数字化两大部分。数字产业化是数字经济发展的基础，是包含电信业、软件和互联网等信息技术服务业在内的信息技术。产业数字化则是应用数字技术和数据资源为传统产业带来的产出增加和效率提升。从数字经济内部构成来看，数字产业化和产业数字化占比出现 2∶8 的格局，2020 年数字产业化占比 19.1%，产业数字化占比 80.90%。从趋势上看，自 2015 年起产业数字化一直占据主要地位，所占比重逐年上升，由 2015 年的 74.3% 上升至 2020 年的 80.9%，与之相比，数字产业化由 2015 年的 25.7% 下降至 2020 年的 19.1%②。

（三）第三产业数字渗透率最高、增长快

我国积极推动产业数字化转型，将产业数字化变为发展动力。2020 年数字经济渗透率由高到低依次是第三产业（40.7%）、第二产业（21%）与第一产业（8.9%）。从 2016 年到 2020 年三个产业的数字渗透率均是第三产业最高，第二产业次之，第一产业最低。同时，第三产业数字渗透率增幅明显，与 2016 年相比，2020 年增幅达 11.1%，远超第二产业 4.2% 的增幅和第一产业 2.7% 的增幅③。

---

① 资料来源：中国信息通信研究院。
②③ 资料来源：2021 年 4 月发布的《中国数字经济发展白皮书》。

二、数字经济对我国出口竞争力影响的实证分析

（一）模型的构建及变量选取

1. 模型构建

本文选取 2020 年中国数字经济规模超 1 万亿元的 13 个省市，通过对这 13 个省市的出口竞争力进行测算，研究在数字经济具备一定规模的前提下，数字经济发展对出口竞争力的影响。本文使用 2008—2020 年 13 个省市的面板数据建立固定效应模型进行实证分析，模型公式表达如下：

$$ECI_{it} = SI_{it} + ICTP_{it} + TV_{it} + MPP_{it} + IAP_{it} + CN_{it} + EC_{it} + EP_{it} + FDI_{it} + \delta_i + \varepsilon_{it} \qquad (1)$$

其中，i 表示省市，t 表示年份，ECI 为被解释变量，代表省市的出口竞争力指数。解释变量有 SI，表示软件业务收入占 GDP 比重，用于衡量软件业务发展水平；ICTP 表示信息和通信技术（ICT）行业固定资产投资占全社会固定资产投资比重；TV 表示邮电业务总量；MPP 表示移动电话普及率，IAP 表示互联网宽带接入端口数量，CN 表示域名数量，EC 表示电子商务业务销售额，EP 表示有电子商务交易活动的企业占比，FDI 表示实际利用外资总额，δ 表示地区固定效应，ε 表示残差项。为更好地说明数字经济对出口竞争力影响，加入了 FDI 作为控制变量。

2. 指标选取与测算

（1）数字经济发展水平衡量指标。本文的关键解释变量为数字经济发展水平，但尚无统一的广泛认可的各省市数字经济发展水平的指标。因此，本文参考国内外权威机构对数字经济发展水平测度研究的文献，从信息产业化、电子信息业务、互联网业务和产业数字化四个维度，选取 8 个指标来衡量数字经济发展水平，并结合数据可获得性，对指标进行筛选，尽可能全面地体现各省市数字经济发展水平。指标选取见表 1。

表 1　数字经济发展水平指标

维度	指标名称	释义	字母表示
信息产业化	软件业务	软件业务收入占 GDP 比重	SI
	ICT 产业	ICT 行业固定资产投资占全社会固定资产投资比重	ICTP
电子信息业务	邮电业务	邮电业务量	TV
	移动电话业务	移动电话普及率	MPP
互联网业务	互联网覆盖率	互联网宽带接入端口数量	IAP
	域名	域名数量	CN
产业数字化	电子商务业务量	电子商务业务销售额	EC
	电子商务覆盖率	有电子商务交易活动的企业占比	EP

资料来源：笔者自行整理。

（2）出口竞争力指标选择。用来衡量一国或一地区的出口竞争力情况的常用指标包含贸易竞争力指数（TC），它是对贸易竞争力分析时常用的测度指标之一，它表示一国进出口贸易的差额占进出口贸易总额的比重，即 TC 指数 =（出口额－进口额）／（出口额+进口额）。显性比较优势指数（RCA）的含义是指一个国家某种出口商品额占其出口总值的比重与世界该类商品出口额占世界出口总值的比重二者之间的比率。如果 RCA 大于 1，则表示该国此种商品具有显性比较优势；若 RCA 小于 1，则说明该国商品没有显性比较优势。TC 指标考虑了进口的影响，观察的是贸易差额在贸易总额当中的占比。RCA 指标侧重衡量某种商品的比较优势，侧重于单独某类行业、商品的竞争力。总体来看，二者对于测量省际出口竞争力水平均有一定缺陷。

本文测算了中国 13 个省市的出口竞争力，试图剔除单独省市经济体量的影响，真实地反映出口竞争力水平。结合出口竞争力文献，使用 ECI 指数来衡量出口竞争力，即用一省出口额占全国出口额的比重除以一省 GDP 占全国 GDP 比重，公式表达如下：

$$ECI_i = \frac{EX_i / EX_{ch}}{GDP_i / GDP_{ch}} \tag{2}$$

其中，ECI_i 表示 i 省市的出口竞争力指数，EX_i 表示 i 省市的出口总额，EX_{ch} 表示中国的出口总额，GDP_i 表示 i 省市的国内生产总值，GDP_{ch} 表示中国的国内生产总值。如果一个地区的 ECI 指数大于 1，那么该地区的出口规模就优于经济发展的规模，即出口竞争力带动经济的发展，出口竞争优势较强。如果一个地区的 ECI 指数小于 1，那么该地区的出口规模与经济发展水平不相称，即该地区的出口优势较弱，出口竞争力不高。

（3）出口竞争力指数测算结果。本文对 13 个省市在 2008 年至 2021 年的 ECI 指数进行了测算，结果见表 2。

表 2　13 个省市出口竞争力指数（ECI）测算结果

省市 年份	北京	河北	浙江	上海	江苏	安徽	福建	山东	河南	湖北	湖南	广东	四川
2008	1.09	0.37	0.23	2.53	1.67	0.00	1.15	0.75	0.13	0.22	0.16	2.46	0.22
2009	1.09	0.30	0.25	2.62	1.68	0.24	1.25	0.78	0.11	0.22	0.12	2.64	0.29
2010	0.97	0.32	0.25	2.57	1.67	0.24	1.24	0.78	0.12	0.23	0.13	2.57	0.28
2011	0.88	0.33	0.27	2.62	1.60	0.26	1.32	0.80	0.18	0.24	0.13	2.58	0.34
2012	0.82	0.34	0.27	2.54	1.60	0.38	1.27	0.78	0.27	0.22	0.16	2.65	0.42
2013	0.80	0.34	0.29	2.32	1.46	0.36	1.27	0.75	0.30	0.24	0.17	2.73	0.42
2014	0.75	0.39	0.31	2.28	1.44	0.38	1.25	0.78	0.31	0.26	0.21	2.60	0.43
2015	0.67	0.38	1.92	2.21	1.44	0.41	1.27	0.79	0.35	0.29	0.20	2.61	0.33
2016	0.68	0.38	2.02	2.18	1.47	0.39	1.24	0.83	0.38	0.28	0.21	2.59	0.30
2017	0.72	0.38	2.01	2.16	1.56	0.38	1.14	0.86	0.38	0.30	0.25	2.50	0.36
2018	0.82	0.39	2.04	2.13	1.60	0.39	1.10	0.89	0.40	0.30	0.31	2.39	0.44
2019	0.84	0.39	2.11	2.07	1.58	0.43	1.12	0.90	0.40	0.31	0.44	2.30	0.48
2020	0.73	0.40	2.20	1.99	1.51	0.47	1.10	1.01	0.42	0.36	0.45	2.21	0.54
2021	0.80	0.39	2.16	1.91	1.47	0.50	1.17	1.11	0.45	0.37	0.48	2.14	0.56

注：该表为测算结果。

从测算结果的横向来看，13 个省市出口竞争力发展并不均衡。上海、江苏、福建、广东 4 个省市的出口竞争力指数在 2008 年至 2021 年数值均高于 1，说明这 4 个省市的出口规模优于经济发展规模。浙江出口竞争力指数 2015 年之后均高于 1，出口竞争力有明显增长。其余 8 个省市大部分年份出口竞争力指数均小于 1，说明出口规模无法与经济规模相匹配，出口竞争力较弱，其中北京、山东略高于其他省市。纵向来看，13 个省市出口竞争力指数在 2008 年至 2021 年未出现大幅度变化，ECI 指数较为平稳，其中有 7 个省市是稳步上升的，如河北、安徽、山东、河南、湖北、湖南、四川，有 5 个省市出现了一定程度的下降，如北京、上海、江苏、福建、广东，仅有 1 个省市，即浙江省出现了大幅度增长，出口竞争力指数由小于 1 跃升至 2021 年的 2.16，出口竞争力大幅提升。

（二）实证研究

1. 单位根检验

在使用时间序列数据分析时，通常要先进行时间序列的平稳性检验，来观察时间序列中是否存在单位根。本文使用两种单位根检验方法对变量进行检验，其中有两个变量存在单位根，进而对数据进行差分。经过一阶差分得出检验结果变量 P 值均小于 0.05，拒绝原假设，表明时间序列中不存在单位根，数据是平稳的，可以进行回归分析。

2. 固定效应回归结果

根据建立的模型进行实证研究，使用个体固定效应对面板数据进行回归分析，具体结果如表 3 所示。

表 3　固定效应回归结果

变量	系数	标准误	t-统计值	P 值
SI→ECI	0.1913	0.0229	8.3368	0.0000
ICTP→ECI	0.4003	0.0557	7.1846	0.0000
TV→ECI	0.1862	0.0646	2.8804	0.0041
MPP→ECI	0.5174	0.1464	3.5320	0.0004

续表

变量	系数	标准误	t-统计值	P 值
IAP→ECI	0.1363	0.0662	2.0581	0.0399
CN→ECI	0.1913	0.0308	6.1996	0.0000
EC→ECI	−0.0080	0.0503	−0.0160	0.8730
EP→ECI	−0.7044	0.0620	−11.3611	0.0000
FDI→ECI	0.3856	0.0661	5.8266	0.0000
R-squared	0.6936			
F-statistic	210.1070			
Prob（F-statistic）	0.0000			

注：该表为本文实证模型结果。

从表 3 固定效应回归模型结果可以观察到，整个模型的 P 值小于 0.0001，表明模型整体是显著的，说明数字经济对出口竞争力的影响是正向的。从单个解释变量的影响来看，SI、ICTP、TV、MPP、IAP、CN、FDI 的 P 值均小于 0.05，表明结果显著，系数为正说明与被解释变量 ECI 均呈正相关。其中，SI 与 ECI 指数呈显著正相关，说明软件业务收入在 GDP 中占的比越高，一省市的出口竞争力就越强。软件业务收入的增加可以促进出口竞争力的提升。

三、相关建议

一是依托各省市自贸区建设，由数字经济主管部门牵头，制定促进数字经济发展的"一揽子"政策措施。由各地工业和信息化局牵头，从数字基础设施、数据资源、数字产业化、产业数字化、数字化治理、数字经济安全和保障措施等方面对当地数字经济工作进行法规制度设计。

二是加强对数字经济发展的金融支持力度。出台一系列金融支持措施加大数字经济投入，加强信贷和融资工具支持，引导商业银行推出促进数字经济发展的金融产品与配套服务。

三是为数字经济企业提供跨境结算便利与跨境资金投融资支持。支持将更多符合条件的数字经济出口企业纳入优质诚信企业行列，鼓励银行为其办理跨境资金结算提供便利，提升进出口跨境资金收付效率，通过审核电子单证等方式为企业提供数字化服务。

浅析中央银行数字货币
对商业银行的影响

谭任杰　周　凯①

摘　要：随着大数据、区块链、云计算、人工智能等金融科技的快速发展，数字货币的天然优势使其成为全球货币革命的焦点。将其改造并置于监管之下，由各国央行主导发行，成为法定数字货币，是全球央行研究的重要命题。我国作为新兴金融的发展大国，早在 2014 年就开展对数字货币的研究。本文将从世界各主要国家的央行数字货币研究进展为出发点，讨论央行数字货币的投放与商业银行间的内在联系，着重分析央行数字货币对商业银行的影响，并对下一步商业银行迎接未来数字化货币时代提供参考性建议。

一、世界各主要国家对央行数字货币的研究现状

国际清算银行 2020 年 1 月发布的数据显示，截至 2020 年初，在全球 66 所央行中，80% 的央行已经开始对数字货币进行研究，其研究进展如表 1 所示。值得注意的是，部分中小国家在诸多大国之前就已发布了本国央行数字货币的推行计划，或者已经开始展开相关测试。

从世界各主要国家对央行数字货币的研究情况来看，经济实力相对偏弱的发展中国家对于数字货币研究积极性高于经济发达国家，其主要原因是为了削弱以美元

---

① 谭任杰、周凯：供职于中国人民银行北京市分行货币信贷管理处。
注：本文仅为调研组学术思考，与供职单位无关。

为中心的国际货币体系对当地经济的影响力。例如，在一些经济相对落后的非洲、南美洲等国家，主权货币受到通货膨胀、信用风险等各种因素影响，致使美元成为当地的主要流通货币。货币当局为建立独立自主的货币体系，重塑货币政策形象，更有动力去研究央行数字货币。

表 1　世界主要国家对央行数字货币研究进度概况

国家	研究进展
美国	美国联邦储备委员会 The Board of Governors of the Federal Reserve System 表示要加大对央行数字货币（Central Bank Digital Currencies，CBDC）的研究力度，对于发行本国的央行数字货币持谨慎态度
英国	英国央行表示，在 2022 年开展 CBDC 案例咨询，如果咨询结果满足要求，英国最早将于 2030 年前推出央行数字货币
瑞典	瑞典央行于 2020 年 2 月表示，已与咨询公司埃森哲（Accenture）签署协议，测试电子克朗（e-krona），并表示如果电子货币最终进入市场，将被用于模拟日常银行业务
法国	2021 年 12 月，法国央行官网宣布，已成功完成了其央行数字货币银行间结算计划的最后一次试验，下一步将主要开展跨境交易的实验计划
韩国	2022 年 7 月，韩国央行表示已开始对数字韩元原型产品进行测试，但拒绝说明是否真的打算推出央行数字货币。在 2021 年底，韩国央行一直在与包括互联网巨头 Kakao 的子公司在内的私营部门公司进行闭门测试，韩国央行表示多阶段试点的下一部分将专注于真实金融服务环境中的汇款和支付交易，因此需要更多商业银行支持
俄罗斯	2022 年 8 月，俄罗斯央行发布一份文件，报告中称监管机构的主要目标之一是引入国家法定货币——卢布的数字版本。俄罗斯央行计划从 2024 年开始逐步将所有信用机构连接到数字卢布平台，并利用智能合约增加结算选项和交易量。报道称，虽然数字卢布将在两年后正式实施，但预计 2025 年将实现一些功能，如离线模式和与非银行金融机构的交易所连接
委内瑞拉	2021 年 10 月，委内瑞拉推出数字玻利瓦尔，目的是降低经济中的交易成本，以促进日常交易。此外，还可以加快交易和会计程序，推进委内瑞拉在日常交易中构建现代货币愿景。早前，委内瑞拉曾发行过另一款数字货币——石油币，该币种以该国石油、黄金为本位背书，企图打破美国的经济封锁、改善该国经济状况。但由于实体经济的严重匮乏以及国际交易的阻滞，该种数字货币的发行并未能扭转委内瑞拉通胀的趋势
乌拉圭	乌拉圭 Billete Digital 项目处于试点阶段，该国央行将 CBDC 定位为与实物货币有相同功能的数字货币，目前正在评估试点项目结果。乌拉圭的 CBDC 计划用于国内支付，未来的设计构思为直接或间接型、采用传统或技术数字线性磁带技术（DLT 技术）、基于账户或基于通证则未明确

续表

国家	研究进展
立陶宛	2020 年 7 月 23 日，立陶宛发行了全球首枚央行数字货币，是基于区块链的 LBCoin。立陶宛央行强调了数字货币的许多优势，包括在偏远地区提供更稳定的货币形式，减少了自动柜员机的使用，并降低了在汇款市场上经营业务的国外公民的成本

资料来源：笔者自行整理。

二、央行数字货币的投放与商业银行的内在联系

与传统实物货币的发行与回笼相比，央行数字货币的发行与回笼基本相同，都是基于二元体系完成的。但不同之处在于，货币的运送和保管方式都发生了变化。从运送方式来看，物理运送变成了电子传送；从保存方式来看，央行的发行库到商业银行的业务库变成了储存数字货币的云计算空间。当商业银行机构向流通领域投放现金后，社会公众持有流通货币的介质，由实物现金变成了央行发行的数字货币。

从投放渠道来看，可以通过发放工资、奖金、贷款、补贴等方式融入日常的经济活动当中。从回笼渠道来看，涉及单位和个人向银行缴存数字货币。因此，央行数字货币使用环境建设的关键环节在于数字货币的投放渠道，主要任务是设计好、铺设好数字货币的受理环境，可以满足在不同场景中使用数字货币购买商品或服务以及一些转移支付的环境搭建。在二元体系下，按照分级式央行数字货币系统的建设思路，中央银行和商业银行等相关机构都需要建设数字货币发行与接收系统，通过商业银行系统与中央银行系统的连接和相关指令操作，将中央银行数字货币发行基金调入商业银行业金融机构数字货币系统，或者数字货币由商业银行的系统缴回中央银行系统，实现出入库操作。

三、央行数字货币对商业银行的主要影响

央行数字货币发行后，主要在流通结算环节上对商业银行产生显著影响，具体

影响可从正反两方面来看。

1. 正面影响

有利于减少现金管理成本。中国人民银行公布的数据显示，2022 年 11 月，流通中货币（M0）余额为 9.97 万亿元，当月净投放现金 1323 亿元，均以传统纸币方式存在，其流通和存放耗费的成本巨大。央行数字货币的全面推广，会使货币的流通以电子形式进行传输，随着数字化边际费用逐步递减，可以有效减少商业银行现金存储保管、清点调运、收付兑换等工作的运营成本。银行网点的传统交易功能会被弱化，压缩银行临柜业务，相关钞票清点、存放机具使用频次会大幅减少，相关现金服务人员劳动力得到一定程度的释放。

有利于提高信贷风险识别能力。通过大数据、云计算等数字化手段，可以对资金的来源、流向及变动情况有更真实的了解。一方面，提高客户与银行之间的对称度，有助于商业银行对客户进行精准画像，商业银行可针对特定人群及地区提供相应服务，便利普惠金融业务的开展。另一方面，通过央行数字货币"一币、两库、三中心"的设计模式，提高反洗钱监测效率，降低对人工筛选的依赖。

有利于提高系统安全性。由于具备分布式记账体系的特色，当数字货币被交易使用后，交易双方信息均被保留，每个节点也会储存相关交易信息。即使部分环节出现设备故障或线路被攻击的情况，也不会对整个系统产生影响，并且可以迅速被修复，这对央行数字货币在运营过程中的灾备和应急提供了有效保障，确保了系统的整体安全。

有利于提高跨境支付效率。我国央行发行的数字人民币是不需要基于账户的，在不提取现金的情况下，建立电子钱包不需要与银行账户绑定，电子钱包间的转账汇款也不需要依赖于账户。境外企业可在境内银行注册电子钱包后直接完成跨境交易，实现资金实时划拨、实时到账的跨境支付方式。目前，中国工商银行、中国农业银行、中国银行、中国建设银行、交通银行（以下简称"工、农、中、建、交"）五大行已成为全球 20 家参与多边央行数字"货币桥"（m-CBDC Bridge）的试点银行，已成功为客户完成以跨境贸易为主的多场景支付结算业务。未来，很可能通过各国央行推出的数字货币，来进行国际间的汇兑清算。

2. 负面影响

活期存款会面临挤出风险。从会计角度来看，央行数字货币是央行负债并不是商业银行负债，属于银行的表外业务。数字钱包中的货币本质上是商业银行托管的货币。当活期存款用户兑换为央行数字货币时，会使银行负债来源降低，形成变相的缩表。由于央行数字货币会使流通中货币（M0）更活跃，银行存贷比下降，信贷扩张会受到抑制，间接导致商业银行负债端成本压力加大。

影响商业银行发卡和中间结算业务收益。央行数字货币颠覆了传统现金使用与支付方式。数字货币的推广使用会使商业银行发卡量减少，涉及银行卡相关业务将被取代。在资金划转中由发卡行、第三方支付及银联形成的通道佣金收入将会受到压缩，许多中间业务存在被替代的可能，如支票结算、代收代付、票据承兑等。

影响商业银行信贷业务自主性。由于央行数字货币的可追溯性可对商业银行贷款投向进行监测，了解资金信息的真实去向，这将使商业银行不能仅根据市场的景气程度给予资金支持，信贷业务自主性受到一定限制。

四、应对策略

加强同业合作，不断优化业务办理。我国双层体系架构运营的央行数字货币，是以央行为中心，央行作为数字货币的发行方，可指定运营机构，如指定工、农、中、建、交、邮储等商业银行为其代运营机构来代理数字货币服务。其他金融机构可以通过与指定运营机构进行合作向客户提供央行数字货币服务。大型商业银行在加强自身独立研发能力的同时，还应加强与全国股份制商业银行、头部城商行及农商行在数字人民币领域的合作，交流经验做法，取长补短，优化业务系统对接。

加强技术革新，推动银行数字化转型。随着央行数字货币用户数量的增多，交易频率不断提升。商业银行应在人力、物力等方面做好对接工作，定期更新系统后台硬件服务器，加速信息化系统的升级换代并确保基础设施的自主可控，确保央行发行的数字货币稳定、高效运行。加强对技术人才的吸引，通过央行数字货币推广，把握好数字经济发展趋势，增强技术实力，推动传统物理网点向数字化转型，提升信贷服务的精准性和可获得性，开展适老化升级改造，不断提高服务质效。

拓展多样化业务，差异化金融服务。央行数字货币的发行对商业银行存、贷款等传统业务产生一定影响。面对这种趋势，商业银行的差异化金融服务就显得尤为必要。商业银行应深耕对公客户，以企业账户为基础，全面了解企业客户需求，搭建企业与政府间的桥梁，将更多惠民惠企政策传导到社会与公众之中。在个人零售业务方面，提升咨询和服务等轻资产业务的盈利能力，结合自身经营规模和区域特点，实现高质量、多样化经营。

统筹发展与安全，严守风险底线。央行数字货币作为一种高科技、数字化产品，在业务技术应用和业务管理上都具有一定的创新性，也对商业银行风险管理水平提出了更高的要求。商业银行既要主动融入新金融实践和业务发展全流程，同时，也要建立以数据和模型为驱动的数字化、智能化风控模式和工具，建设智能风控体系，完善风险管理平台功能。特别是要加强对信息保护和反洗钱技术的革新，不断优化迭代进而提高模型预测的准确性，保障商业银行稳健经营和创新发展。

积极参与数字货币的国际协作，更好地应对复杂货币环境。未来，各国央行利用数字货币进行国际间的汇兑清算业务将成为可能。商业银行应积极参与到数字货币的国际研究之中，建言献策。通过国际协作、互相借鉴，使央行数字货币走向国际化、规范化，提高我国央行数字货币在国际经济活动中制定标准的话语权。

元宇宙在银行业应用的认识与思考

马 懿 江 山 孙 昊 杜雪嫣 赵 磊①

摘 要： 元宇宙作为与现实世界共生共存的虚拟世界，直接满足了客户猎奇、刺激和沉浸的消费体验，为商业银行数字化转型提供了想象空间，势必推动商业银行进行一次"元宇宙+"的新技术革命。本文聚焦元宇宙前沿技术动态，深刻阐述了元宇宙的内涵本质，系统分析了元宇宙在银行业的应用现状，旨在形成元宇宙创新应用的行业共识，为银行业探索元宇宙技术应用，提供前瞻性的决策支持。

一、元宇宙概述

（一）元宇宙的基本概念

"元宇宙"（Metaverse）这一概念最早出现在科幻小说家尼奥·斯蒂文森（Neal Stephenson）1992 年出版的小说《雪崩》中。最初人们对于元宇宙的认识和理解主要停留在抽象的哲学层面，随着信息技术以及数字经济的发展，元宇宙被赋予了越来越多的技术内涵，学术界也掀起了关于元宇宙概念的讨论热潮。例如，北京大学陈刚教授将元宇宙定义为："元宇宙是利用科技手段进行链接与创造的，与现实世界映射与交互的虚拟世界，具备新型社会体系的数字生活空间。"上海交通大学电子系教授、华为海思计算机视觉首席科学家倪冰冰认为："元宇宙技术应该被理解为现有各种技术的组合升级，可以说是'3D 的互联网'。"元宇宙云商科技首席执行官（CEO）陈建明在《元宇宙：互联网终极形态》一书中称："元宇宙是互联网

---

① 马懿、江山、孙昊、杜雪嫣、赵磊：供职于中国人民银行北京市分行科技处。

注：本文仅为调研组学术思考，与供职单位无关。

的终极形态、人类数字化生存的最高形态，是超越现实世界的虚拟世界。"

2021 年 12 月，元宇宙入选"2021 年度国际词"和"2021 年度十大热词"。为了达成业界共识，2022 年 9 月 13 日，全国科学技术名词审定委员会对"元宇宙"核心概念的名称、释义进行了界定。中文名"元宇宙"英文对照名"Metaverse"，释义为：人类运用数字技术构建的，由现实世界映射或超越现实世界，可与现实世界交互的虚拟世界。

（二）元宇宙的关键技术

由元宇宙的概念不难看出，元宇宙本身不是一种技术，它整合了不同的新技术，如 5G、人工智能、区块链、增强现实技术（Augmented Reality，AR）等，强调虚实相融。对于元宇宙关键技术的组成，主要包括区块链技术（Blockchain）、交互技术（Interactivity）、电子游戏技术（Game）、人工智能技术（Artificial Intelligence）、网络及运算技术（Network）和物联网技术（Internet of Things）。

二、元宇宙技术在银行业的应用实践

（一）国外实践

国外的商业银行在探索布局元宇宙方面持积极态度，主要表现在：运用虚拟现实等技术优化客户体验和业务流程，开发与元宇宙平台结合的可行业务模式，开展数字资产托管和交易业务。法国巴黎银行、美国富国银行、阿联酋第一海湾银行利用虚拟现实技术和头戴显示器设备，对金融服务虚拟场所进行设计并应用，提高客户虚拟互动体验，实现金融服务的可视化远程操作。汇丰银行宣布与元宇宙平台 The Sandbox 达成合作，在其虚拟地块上开发虚拟房产，与体育、电子竞技、游戏爱好者等进行互动。韩国新韩银行与韩国电信公司开展元宇宙合作，整合新韩银行的信息基础设施和韩国电信公司的元宇宙平台，探索在虚拟世界中推出商业房地产服务，研究并建立数字资产交易所。

（二）国内实践

目前，国内已经有中国工商银行（以下简称工商银行）、中信百信银行（以下简称百信银行）等商业银行正式布局元宇宙，主要的应用和服务包括数字员工（虚拟数字人）、发行 NFT 数字藏品以及构建元宇宙营业厅等方面，为客户提供沉浸式的金融服务体验。百信银行将虚拟数字员工 AIYA 艾雅推为"AI 虚拟品牌官"，并发布该行成立四周年的非同质化通证（Non-Fungible Token，NFT）数字藏品。工商银行推出同业首个"VR 元宇宙虚拟营业厅"，该虚拟营业厅基于工商银行自主研发的元宇宙技术引擎，整合了业界主流的 3D 建模、3D 渲染、3D 交互及 VR 智能设备等前沿技术，以 VR 智能眼镜为媒介，为用户打造身临其境的沉浸式体验。此外，工商银行雄安分行于 2021 年 12 月入驻百度网讯科技有限公司（以下简称百度）元宇宙平台"希壤"，客户可以通过智能手机、电脑和虚拟现实设备和工商银行进行交互。

综上所述，元宇宙技术在银行业的应用可以归纳为两条实践路径：一条是元宇宙金融，即以去中心化思想和分布式账本技术（如区块链）为基石，以支付为起点，逐渐发展到借贷、交易等各细分金融活动领域，并进一步向资产确权、社会组织等维度拓展，进而为去中心化框架下的元宇宙经济活动提供支持；另一条是金融元宇宙，即在金融机构数字化转型持续加速的背景下，元宇宙底层技术的成熟以及其场景的不断延伸有望进一步推动商业银行的数字化转型，为其数字化转型路径及最终形态带来更多的可能性。

三、元宇宙技术应用于银行业所面临的困难挑战

（一）技术实践仍处于探索阶段

目前，由于元宇宙概念仍处于早期阶段，在技术、场景和产品层面都尚未成熟，因此，当下无论是商业银行还是其他金融机构，短期内布局元宇宙均以技术储备和场景探索为主。全球最具有权威的 IT 研究与顾问咨询公司——高德纳公司

（Gartner）发布了 2021 年新兴技术成熟度曲线充分展现了元宇宙作为各种技术的集成创新，其应用功能的完全实现面临着不同技术成熟度的约束，客观上存在着局部技术短板影响整体功能实现的木桶效应。从这个角度来看，尽管元宇宙的兴起可能是爆发式的，但其发展成熟应该是渐进式的。

（二）技术应用模式还不够清晰

目前，元宇宙应用于银行业面临着业务模式和盈利模式不清晰等问题①，主要体现在以下几个方面：一是商业银行在开展元宇宙技术应用过程中，未将元宇宙作为一个整体概念进行设计与思考，导致元宇宙在商业银行中的应用场景呈现碎片化；二是由于元宇宙是多种数字技术的集成，基于对建设成本及技术成熟度方面的考虑，商业银行在开展元宇宙技术实践过程中，对于元宇宙技术的选择具有一定取舍；三是元宇宙的业务模式和盈利模式仍然处于不明晰阶段，在商业银行业务经营中仅仅起到工具或补充的作用。此外，元宇宙概念及发展方向处于一种模糊状态，元宇宙在金融领域的应用存在着不确定性。

（三）技术应用价值具有两面性

科技是一把"双刃剑"。元宇宙在推动场景金融的技术创新、提升场景金融服务效能、实现场景金融中场景虚实融合、改变场景金融中客户交互方式、全面提升客户场景体验质量的同时，也面临着技术发展的不确定性以及技术滥用产生的外溢性甚至系统性风险。中国金融信息中心等九部门联合发布的《金融元宇宙研究白皮书》指出："元宇宙容易产生炒作和投机机会，甚至成为少数机构借机圈钱的新场景。一些不法分子蹭热点，以'元宇宙投资项目''元宇宙链游'等名目吸收资金，涉嫌非法集资、诈骗等违法犯罪活动。"据 2022 年 9 月 13 日《每日经济新闻》报道："业内专家监测发现某些上市公司、数藏平台等发售'数字月饼'，有的甚至卖到 5 万元一枚。"

---

① 陆岷峰. 关于当前我国元宇宙发展及在商业银行的应用战略研究［J］. 当代经济管理，2022（6）：77-86.

四、元宇宙赋能银行创新发展的相关建议

（一）以产业政策为扶持，推动元宇宙核心技术研发攻关

元宇宙作为一个极具开拓性和创新性的前沿科技领域，它不仅需要技术上的精研，还需要大量资金的投入。地方政府部门应该积极出台相应政策措施支持元宇宙底层核心技术的研发，尤其是在 AR 技术、VR 技术等元宇宙的关键入口的终端和其他相关软件开发工具、操作系统等前沿核心技术上，如《北京城市副中心元宇宙创新发展行动计划（2022—2024 年）》将图形引擎、仿真模型、先进计算、人机交互、新型显示等元宇宙底层技术作为重点任务，鼓励龙头企业牵头产学研用，开展元宇宙操作系统等底层技术研发。上海首次将元宇宙写入中国地方"十四五"产业规划，《上海市电子信息产业发展"十四五"规划》中指出："上海将加强元宇宙底层核心技术基础能力的前瞻研发，推进深化感知交互的新型终端研制和系统化的虚拟内容建设，探索行业应用。"

（二）以数字化转型为契机，积极探索元宇宙应用发展机制

商业银行应将元宇宙技术作为推动数字化转型的重要金融科技手段，以《金融科技发展规划（2022—2025 年）》为指引，大力开展金融数字化转型提升工程，积极探索元宇宙金融应用，构建与元宇宙应用相配套的模式机制：一是要在经营目标、经营理念和定位上，明确元宇宙在企业数字化转型中的作用地位，构建元宇宙中长期应用发展战略，以规范和制度保证元宇宙发展的政策稳定性。二是要成立元宇宙技术应用创新管理组织，建立跨部门的综合管理团队，以数字员工、虚拟营业厅等方面的技术储备和场景探索为主要抓手，持续进行数字金融的探索与迭代创新，构建更多与元宇宙匹配度高的应用场景，加强元宇宙金融发展中的新型风险管控，抓好元宇宙金融中用户隐私的安全保护。

（三）以创新监管工具为抓手，营造元宇宙包容审慎的监管环境

目前，元宇宙在金融领域的应用仍处于探索实践阶段，面临着技术应用风险不

确定性。但其对银行业数字化转型的作用是显而易见的。任何技术的发展都要经历由不成熟到成熟的过程，关键是要平衡好创新与安全的关系。技术中性论认为技术本身无所谓善恶，它无非是中性的工具和手段，技术产生什么影响，服务什么目的，不是技术本身所固有的，而取决于人用技术来做什么。因此，金融监管部门要充分发挥好金融科技创新监管工具包容审慎的作用，将元宇宙创新应用纳入监管框架，搭建合规入口，研制行业标准，规范元宇宙创新应用行为，并对测试应用开展金融科技伦理审查评估，推动《金融领域科技伦理指引》（JR/T 0258—2022）落地实施，防范金融风险的不确定性，为元宇宙创新应用提供包容审慎的监管环境。

区块链技术及其应用问题研究

盖　静①

摘　要： 区块链的概念随着比特币（BTC）价值的火爆而迅速进入了人们的视野，引起全球各界的广泛关注。区块链技术由于具有去中心化、公开透明、不可篡改等特性，使其在供应链、政务服务、商品溯源以及金融领域中拥有广泛的应用前景，也成为国际组织、各国政府以及商业机构研究和关注的焦点。然而，区块链技术的技术特性与应用之间存在着多项冲突，在交易可扩展性、隐私信息保护等方面存在不足，对于落实附着在其上的应用形成了关键制约，但也为未来区块链技术创新和突破提供了发展方向。

一、区块链的技术特征

（一）区块链技术的去中心化依赖于共识机制

区块链通过共识机制决定记账权的归属，在去中心化程度最高的公有链（Public Blockchain）中，每一个节点的地位均等，没有中心节点的存在。因而，出现中心节点被攻击带来系统崩溃、中心节点篡改账本等问题的可能性大大降低。节点之间不需要相互信任，每一个节点通过工作量证明来竞争记账权，记账完成后，各节点同步区块链账本的内容。这种去中心化的特性，也意味着为了达成共识，需要节点之间的多次交互，而每一次交互都可能存在延迟，因而对系统的可扩展性形成了约束。区块链技术的运用需要在系统可扩展性与去中心化之间做出平衡。

---

① 盖静：供职于中国人民银行北京市分行支付结算处。

注：本文仅为调研组学术思考，与供职单位无关。

（二）区块链的防篡改特性依赖于工作量累积

区块链的数据结构是一个有序的、反向链接的交易块列表，每一个区块均指向自己的父区块，区块链中的每一个区块都由一个散列值来标识，这个散列值是对区块头使用SHA256函数加密散列算法得到。区块头的信息包括三类：一是父区块的哈希值；二是默克尔树根（Merkle Tree），也就是本区块所有交易产生的默克尔树根节点的哈希值；三是与挖矿竞争相关的信息，如时间戳（Timestamp）、目标难度值以及随机数。如果一个区块得到了六次确认，也就是在一个区块上累积了六次工作量，那么这个区块被更改的可能性几乎为零。如果本区块中某一个交易被更改，那么工作量证明中的随机数就要重新计算，同时，本区块的哈希值也发生改变，因此，需要对下一个区块进行更改，由于下一个区块中包含了本区块的哈希值，因而随机数也需要重新计算，也就意味着需要同时进行六次工作量的重新计算，考虑到现有全网的算力，这几乎是不可能实现的。

（三）区块链技术不等同于分布式账本技术

人们常将区块链技术与分布式账本技术混为一谈，但实际上二者并非在同一概念范畴。区块链技术只是分布式账本的一种实现形式，并非所有的分布式账本都需要使用一连串的区块来提供安全有效的分布式共识。分布式账本是分布在多个节点或者计算设备上的数据库，每一个节点都可以复制并保存一个分类账，每一个节点都可以进行独立更新。分布式账本的突出特征是分类账不由任何中央节点维护，而是由每一个节点独立构建和记录。所有的区块都分布在点对点的网络中，由于它是分布式账本，所以它可以在没有服务器管理的情况下存在，数据质量可以通过数据库赋值和计算确认来维护。区块链本质上是一个不断增长的记录列表，它的结构只允许将数据添加到数据库中，所以不支持更改或者删除之前输入的数据。

二、当前区块链技术应用中的两难

区块链技术有三大优良特性：去中心化、所有交易数据公开透明性、防篡改等，但是这些技术上的优良特性，与系统的可扩展性、高并发性、隐私保护及信息容错机制等相互制约。

一是去中心化与高并发性之间存在两难。去中心化是区块链技术的核心优势，但是去中心化机制的核心是节点的共识，为了在区块链中实现区块的确认，就需要在不同的节点之间反复交互，而每一次交互都会带来系统延迟，从而限制了系统的 TPS（每秒处理交易总量）。例如，在比特币交易中，一个区块的确认时间是 10 分钟，而要保证交易不会回滚，那么至少需要等到 6 个区块都得到确认。比特币每秒只能进行 7 笔交易，这与金融领域特别是零售支付领域对高并发性的需求相去甚远。例如，在 2018 年的"双十一"期间，网联平台处理支付交易的并发量的峰值达到九万两千多笔每秒。人们尝试通过增加区块的大小或者增加区块的出块频率等方式来提升系统的吞吐量，但是这样的扩展方案存在交易上限，且上限受到网络延迟等因素的影响。联盟链（Consortium Blockchain）的典型代表：超级账本（Hyperledger Fabric），通过优化共识机制、实现背书节点与排序节点的解耦、实施交易并发处理等方式提高了系统的交易量，然而，最终也只能达到每秒几百笔到几千笔的交易量级。

二是区块链的交易数据公开透明与隐私保护之间存在两难。为了在公有链上达成共识，链上所有的节点均需对加入区块的交易数据的真实性、有效性进行验证，确认后的交易将被记录在区块链中，自区块创世开始发生的所有交易，任何接入系统的节点都可以下载，从而这给交易主体隐私保护带来挑战。比如，在比特币系统中，从中本聪的创世区块开始，所有交易均被完整地记录在区块链中，虽然通过比特币地址很难与现实中个人的真实身份相互关联，但是依然可以通过数据分析挖掘出交易主体在现实中的真实身份，一旦身份被识别，那么交易方在系统中发生的所有交易都将被暴露。

三是区块链的防篡改特性与信息容错机制间存在两难。区块链的防篡改特性是指交易一旦被写入到区块链中，将不能被修改，防篡改性为交易溯源提供了应用空间。但是该特性与欧盟于 2018 年 5 月出台的史上最严格的隐私保护法案《通用数据保护条例》（General Data Protection Regulation，GDPR）存在冲突。例如，按照 GDPR 的要求，公民享有对个人信息的若干隐私保护权利，包括知情权、访问权、更正权、被遗忘权、限制处理权、拒绝权、数据可携带权、免受自动决策权等。但是，对于区块链技术而言，一条信息一旦被写入到区块中，就不能被修改或者删除，从而对个人信息的更正、被遗忘等权利的实施形成制约。

四是区块链高出块速度与系统高分叉存在两难。为了提升系统的处理效能，减少交易排队现象，人们试图通过提高出块速度来提高系统的吞吐量，但是出块速度的加快，也会带来不同节点对于最长交易链条认识上的不一致，致使交易回滚和系统分叉的可能性显著提升。

五是智能合约使用高级语言与执行结果的不确定性存在两难。比特币所使用的脚本语言较为简单，其无法执行循环语句或者流控制，因而不是图灵完备①的，也就是说，一些复杂的功能在比特币系统中是无法实现的。因此，以太坊（ETH）扩展了比特币系统的语言，通过智能合约的方式拓展了区块链技术的应用。但是，使用高级语言编写的智能合约，可能会带来执行结果的不确定性。此外，由于智能合约的编写难度高，开发人员编写的智能合约可能在完备性上有所欠缺，容易产生逻辑上的漏洞。同时，由于区块链技术编程语言的复杂性，很少有人能够精通该语言，大多是整段的复制智能合约的执行代码，这就造成了很难防范黑客的后果。历史上出现的 The DAO（去中心化自治组织）事件，即因为合约漏洞造成了价值数千万美元的加密货币损失。

六是区块链的可追踪性依赖于源头信息的准确性。区块链的可追溯性，可以用于打假、质量保证、品牌保护等，但前提是源头信息要真实准确，源头数据上链过程的真实性和准确性与区块链技术本身无关。在现实中，很多商品源头及跟踪信息均需要人工参与，上链后信息不可修改，但是如果上链信息本身的真实性、准确性存在不足，就丧失了追溯的意义。因而，如何保证数据源头的真实性，如何保证链下数据与链上数据的一致性都是重要任务。

---

① 如果一个语言能够做到用图灵机做到的所有事情，这种语言是图灵完备的。

三、区块链技术的改进方案

区块链技术的应用从比特币应用的 1.0 阶段进入到了商业应用的 2.0 阶段，并且随着物联网、5G（Fifth-generation，第五代移动通信技术）、大数据、云计算等核心技术的发展，通过构建人与人之间、人与物、物与物之间的万物互联的社会，进入到价值应用的 3.0 阶段。区块链技术发展到今天，主要面临两大制约：一是区块链性能的可扩展性不足，交易吞吐量不高；二是区块链隐私信息保护难以满足交易主体匿名以及个人隐私保护的需求，技术上仍需要在兼顾去中心化的同时，保证用户的隐私信息不会因为交易公开而暴露。

（一）区块链性能方面

区块链性能的改善受到可扩展性的制约，而可扩展性无法得到解决的主要症结就在于共识形成机制。未来要拓展区块链技术的应用需要在兼顾中心化、安全性的同时，对系统的可扩展性做出改进。当前的关键技术包括异步共识、随机共识、分区方案、子链和侧链技术、可信执行环境、隐形中心化等。

一是共识算法的优化。在公有链中，工作量证明的共识机制对资源造成了极大的浪费，而这种资源浪费除了决定记账权之外别无用处，类似于金本位制度下，消耗大量资源将黄金从地下挖掘出来，再运到美联储的金库，对资源造成了极大的浪费。为此，人们尝试在共识算法上做出改进，一方面是采用异步共识、随机共识、分区方案等核心技术；另一方面是让渡一部分去中心化特性，将区块链从公有链向联盟链和私有链（Private Blockchain）延伸，采用诸如拜占庭容错（Byzantine Fault Tolerance，BFT）共识/容错算法实用拜占庭（Practical Byzantine Fault Tolerance，PBFT）、Raft、Paxos 等共识机制提高运行效率。

二是将传统顺序交易转换为并行交易。如 Hyperledger Fabric 是一个带有节点许可的联盟链系统，通过将过去交易在排序完成之后或者是在排序的过程当中执行，改进为执行—排序—验证—提交，提升系统的扩展性和灵活性，同时将系统的顺序交易改进为并发性交易，特别是不同的链码（智能合约）指定不同的背书节点（负责验证交易有效性）。交易预先执行的方式还避免了交易结果的不确定性，能够使系统抵抗一些非确定性风险的攻击。

三是子链和侧链技术的运用。典型的例子如比特币的闪电网络（Lighting Network）和以太坊的雷电网络（Raiden Network）的应用。以太坊将雷电网络用于交易双方的转账过程，交易双方通过智能合约方式部署一条交易通道，并在通道中锁定一定数量的以太币，交易通过多重签名的方式在通道中进行，交易双方可以随时关闭交易通道，只有在通道关闭时才会发生写入区块链的动作。通道中的任意一方持有的余额证明都是由对方签名，任何一方都无法伪造出一份对自己更有利的余额证明。通过这种建立通道的方式，将部分链上动作移出到链外，可以极大地节约区块的共识过程，从而提升系统并发量。

（二）用户隐私信息保护方面

用户隐私信息的保护不足是区块链应用过程中需要解决的重要问题，特别是在公有链中，由于用户的信息在区块链上是公开的，所以，用户的隐私保护面临着巨大挑战。比特币尽管地址是匿名的，但是在与其他实体的交互过程中，容易被反匿名，从而导致用户交易记录的隐私泄露。为了实现区块链的用户隐私信息保护，当前的关键技术包括同态加密技术、可执行环境、零知识证明、群签名、环签名等。一是同态加密技术的运用。对于交易设定私钥，只有交易的相关方可以看到交易的信息，进而避免了交易在全网进行传播，损害隐私性能。二是可信执行环境的运用。可信执行环境系统（Trusted Execution Environment，TEE）是一个独立环境，受到硬件机制的保护，与现有系统隔离，提供从文件到内存的全方位的安全能力。在可信执行环境的内部，将密文解密成明文进行计算，不需要担心明文数据被窃取。同时，在数据离开可执行环境时，先转换成密文，再返回到通用操作系统。三是零知识证明的运用。零知识证明是指证明者能够在不向验证者提供有用信息的情况下，使验证者相信某个论断是正确的，从而可以实现在验证者不知道具体交易内容的情况下来验证交易有效性。此外，密码学中的群签名和环签名等技术可以用来提升系统的隐私保护能力。群签名技术因为存在管理员的角色，最终可以揭示签名者，环签名技术去掉了管理员的角色，可以进一步提升交易的匿名性。

区块链技术的发展方兴未艾，在降低社会交易成本、提高社会效率、实现交易透明及可监管方面都发挥了积极的作用，有人将区块链的更新与发展与互联网的周期性变化做类比，认为如果20世纪末的半导体技术、互联网和核能技术孕育着第三次工业革命，那么很有可能区块链技术将与人工智能（Artificial Intelligence，缩写为 AI）、物联网技术和量子计算等一起，成为第四代工业革命的中坚力量。未来，随着区块链在性能、隐私保护、相关法律法规等方面的改进，区块链技术还将迎来新的发展机遇。

全国统一大市场新发展格局下，关于金融支持科技创新的思考

谭任杰　刘佳文①

摘　要： 2022 年 3 月 25 日，中共中央　国务院发布了《关于加快建设全国统一大市场的意见》（以下简称《意见》），从完善市场化配置角度，对构建全国统一大市场的新发展格局提出了一系列规划和要求。构建新发展格局最核心的是科技的进步，金融是科技创新发展的有效助推。当前，金融支持科技创新虽然取得明显成效，但不足之处仍值得思考。结合新政策的指引，本文将探索在新发展格局下，充分发挥金融对科技创新支持作用的主要路径。

一、构建全国统一大市场对金融支持科技创新意义重大

（一）构建全国统一大市场是金融支持科技创新的重要制度指引

建设高效规范、公平竞争、充分开放的全国统一大市场是党中央立足全局和战略高度，科学谋划、统筹考虑作出的重大战略决策部署。《意见》的主要目标已明确提出"促进科技创新和产业升级。发挥超大规模市场具有丰富应用场景和放大创新收益的优势，通过市场需求引导创新资源有效配置，促进创新要素有序流动和合理配置，完善促进自主创新成果市场化应用的体制机制，支撑科技创新和新兴产业发展。"金融支持科技创新，需要充分发挥金融的力量，深化供给侧结构性改革，

---

① 谭任杰：供职于中国人民银行北京市分行货币信贷管理处；刘佳文：供职于北京农商银行。

注：本文仅为调研组学术思考，与供职单位无关。

将有限的生产要素资源更多地配置在科技创新领域。同时，科技创新发展需要各类要素的协同参与，其中不仅包括人才、技术、资金等方面贡献分量，更需要在产权保护、市场准入、公平竞争等方面，建立更细致的制度规范。因此，构建全国统一大市场既是对金融支持科技创新的有效指引，也是中国特色社会主义市场经济体制机制由大转强的有力保障。

（二）构建全国统一大市场促进科技创新是实现经济高质量发展的客观规律

当前，我国经济正面临需求收缩、供给冲击、预期转弱的三重压力，传统依靠外贸出口和政府投资拉动经济的红利已逐步减弱，经济增长进入新常态。根据新古典经济学理论，经济的长期增长取决于技术进步率，因此，通过科技创新推动技术进步是拉动经济增长的有效方式。纵观西方历史，无论是工业革命时期的英国，还是信息技术大发展的美国，金融一直都是科技创新的重要支撑，是技术进步提升现实生产率的有效助推器。《意见》强调要实施破立并举，在金融支持科技创新方面，就是要有效破除科技创新领域无法获得金融资源的梗阻问题，推动金融支持科技创新的具体政策落地实施，建立行之有效的金融支持方式，使更多的金融资源润泽科技创新领域。这既是宏观经济治理方式的一种变革，更是对我国综合治理能力的考验。

（三）全国统一大市场制度下的金融支持科技创新是金融为民的具体表现

推动科技创新作为全国统一大市场的目标之一，离不开金融的支持。《意见》强调要规范不当市场竞争和市场干预行为，致力于提供一个公平透明的营商环境。这一制度安排是解放生产力的过程，可以促进有效提高科技创新领域的金融获得性。

二、金融支持科技创新发展的主要模式和问题

目前，我国金融支持科技创新包含政府支持模式、资本市场模式和商业银行支

持模式三大类的模式，各模式均具有一定的不足，以下将逐一进行评析。

（一）政府主导模式

政府部门高度重视科技创新工作，并在其中发挥着不可替代的作用。政府支持模式是金融支持科技创新工作中最常见的模式，该模式主要利用财税政策和政策性金融的作用，引导资金流向科技创新型企业。常见方式有两种：一是各政府部门联合出台相关政策文件，为科技创新型企业获得金融支持提供政策标准，包括运用财政拨款、贴息、信用担保、降费奖补等手段；二是成立产业引导基金，聚集和引导外部资金向高科技创新型产业投资。当前，政府引导基金已成为科技创新领域中最重要的出资群体。

政府主导模式的不足主要有三点：一是配套政策支持体系不够完善；二是大多以财政投入为主；三是政府引导基金规模和数量虽然在逐渐壮大，但常会面临募集资金渠道有限、投资条件限制、内部制度建设不完善等问题，严重制约了政府引导基金的运作效率。

（二）资本市场模式

运用资本市场支持科创企业融资发展，在发达国家已有许多成功案例。以金融体系最发达的美国为例，其率先开创了以"风险投资+发达的资本市场+科技银行"的模式，满足了不同层次和不同阶段科技创新企业的融资需求。资本市场模式下对债券和股票的市场机制要求较高，证券化水平要提高，交易频率要活跃，流通性要加强。参与资本市场的投资者倾向于寻找较高投资回报的项目进行投资，对于科技创新型企业，提高研发管理能力，持续输出创新产品，将成为获得资本市场稳定融资的前提和保障。当投资者与寻求资金的科创企业进行完整匹配后，就会产生双赢的正向激励机制。

资本市场模式也有一些不容忽视的缺点：一是企业的控制权容易被分散。资本市场的频繁交易，会影响企业管理人员结构的稳定性和决策的效率。二是科技创新企业成长时间较长，具有突破性重大科技价值从投入研发到形成商业价值及收益往往需要15—20年，风险投资的预期回报也通常在5—7年，股权投资者很难等待如此长的时间，而债券市场发债审核门槛较高，中小型科技企业也难以达到发债要求。

（三）商业银行支持模式

我国商业银行在金融资源配置中起主导作用，科技创新型企业通过银行获得资金支持是较为常见的一种方式。这种方式的主要优点是成本低、融资速度快，不会对公司控制权构成影响。在各类政策的指引下，商业银行积极为科技创新型企业提供贷款服务。以北京市为例，2022年12月末，中资银行高新技术领域企业贷款余额近5000亿元，同比增长20%，有贷户数同比增长26.6%[①]。2022年4月，人民银行联合中华人民共和国科学技术部（以下简称科技部）、中华人民共和国工业和信息化部（以下简称工业和信息化部）印发《关于设立科技创新再贷款的通知》，规定科技创新再贷款的支持范围包括高新技术企业、"专精特新"中小企业、国家技术创新示范企业、制造业单项冠军企业等科技企业。科技创新再贷款采取"先贷后借"的直达机制，金融机构自主决策、自担风险，向相关领域内的企业发放贷款后，可向人民银行申请低成本的科技创新再贷款资金，从而有效发挥结构性货币政策工具的重要作用，实现对科技创新重点领域的精准滴灌。

在商业银行支持模式下，银行对中小科创企业特别是初创期科创企业"不敢贷"的情况依然存在。商业银行更愿意为稳健经营的企业发放贷款，科技创新型企业存在经营收入不稳定、财务管理不规范、银企信息不对称、缺乏固定资产抵押、知识产权难以评估处置等客观制约因素，有悖于商业银行贷款审批发放的要求。商业银行虽然已对科技创新型企业的贷款制定了尽职免责条款，但作为以盈利为目的的金融机构，在具体执行上还是比较模糊。此外，科技创新型企业发展历程漫长，且各个阶段融资需求不同。目前，银行信贷产品同质化程度较高、更多偏好固定资产抵押，银行贷款形式资助面窄，可贷资金不高，难以满足科技创新型企业的发展需求。

---

① 资料来源：中国人民银行北京市分行。

三、统一大市场新发展格局下，金融支持科技创新发展的路径

科技创新是新发展格局下的重要动力引擎。在《意见》中对金融工作的布局主要集中在"统一的制度规则""推进市场设施高标准联通""统一要素配置和资源市场"三大方面，从中可以窥探到新发展格局下，金融支持科技创新发展的路径。

（一）持续完善金融信用信息体系建设，纾解科技创新型企业信息不对称梗阻

《意见》在强化市场基础制度规则统一部分中明确指出，建立公共信用信息同金融信息共享整合机制，形成覆盖全部信用主体、所有信用信息类别、全国所有区域的信用信息网络。目前，我国公共信用信息主要由国家发改委负责建设，主要包括工商、税费缴纳、合同履约等相关日常商业活动信息。金融领域相关信用信息由人民银行负责建设，主要包括企业与金融机构发生借贷关系的基本情况。二者数据的统一融合有助于打破信息孤岛，可以为科技创新型企业提供更完整的经营画像，便于金融机构对科技创新型企业发展经营状况有更清晰的判断，特别是对于未曾开展过金融活动的企业，通过公共信用信息创新，利用非信贷可替代数据，可为征信提供有力补充。

（二）大力推动金融支持科技创新综合服务体系全面发展

支持科技领域创新发展就要充分发挥政府、银行、保险公司、担保机构等多方力量，不断完善风险分担和补偿机制。加快完善知识产权评估体系，强化知识产权流通性。鼓励保险公司研发科技保险产品，推广中小科技创新型企业贷款保证保险、贷款担保责任保险等新型保险产品。探索建立以政策性资金为引导，以保险公司和担保机构为保障，金融机构敢参与，多方联动的服务体系。

（三）强化直接融资服务，拓宽科技创新型企业的融资渠道

直接融资既包括股票市场又包括债券市场，这种融资方式具有风险共担、利益共享的特点，这与科技创新型企业的风险特征较为契合。从国外发达国家对支持科技创新方面的贡献来看，直接融资始终是支持科技创新的重要方式之一。《意见》在对股权市场和债券市场的发展均提出了要求。针对科技创新型企业具有不同成长阶段的特点，探索并构建多层次资本市场，从而满足多样化上市和发债标准，满足不同层次科技创新型企业上市融资。充分发挥市场化机制，调动参与者积极性，增加区域性股权市场和全国性证券市场的互动性，形成差异互补。不断优化债券市场审批流程，推动市场实现互联互通，提升市场流动性。

（四）扎实做好金融服务实体经济工作，践行金融为民理念

科技创新是改善民生的重要方向，做好金融支持科技创新是当前社会进步与经济发展的契合点，有利于满足人民对美好生活的向往。《意见》在打造统一的要素和资源市场部分中，强调"坚持金融服务实体经济，防止脱实向虚。为资本设置'红绿灯'，防止资本无序扩张"。金融机构应不断优化对科技创新型企业的产品体系和服务体系，把对科技创新的支持工作落到实处。政府部门要做好对社会资本参与科技金融领域的引导，建立制度规范其使用，强化科技基础设施建设和产业配套，提高科技企业的存活率和科技金融覆盖率。

第二篇

区域金融篇

关于北京地区金融机构数据中心绿色转型的思考

曾志诚 等①

摘　要：近年来，国家不断加快推进数据中心绿色转型发展，在"双碳"目标背景下，北京、上海等数据密集地区的政府对数据中心能效监管尤为严格。北京作为发展金融科技和数字经济的"排头兵"，如何在数据密集和能源消耗的矛盾中走出一条高质量发展新路，值得深入思考。人民银行北京市分行通过对辖区银行和非银行支付机构开展针对性调研，了解北京地区金融机构数据中心绿色转型过程中所面临的问题和困难，并提出加强政策指导、加大标准供给和加强考核激励的工作建议。

一、北京地区现状和主要问题

调研采用调查问卷、电话访谈等方式开展，覆盖北京地区 96 家金融机构的 144 个数据中心。其中，中资银行总行 9 家、中资银行北京分行 26 家、地方性法人银行 4 家、村镇银行 9 家、外资银行 18 家、非银行支付机构 30 家。

（一）绝大部分金融机构选择在京或就近部署数据中心，"机构在京数据不在京"的情况占一定比例

出于对业务发展、网络安全及运维便利性等方面的考虑，调研对象在京共部署

---

　　① 曾志诚：中国人民银行北京市分行副行长；江山、孙昊、薛金川、毛辰阳：供职于中国人民银行北京市分行科技处；程源、姚承昊：供职于中国人民银行科技司。

　　注：本文仅为调研组学术思考，与供职单位无关。

97 个数据中心（74 个生产中心和 23 个备份中心），占比 67.4%。部分中资银行北京分行、村镇银行、外资银行和非银行支付机构等将数据中心托管在其总部、母公司或发起行，从监管视角来看，存在着一定比例的"机构在京数据不在京"的现象。

（二）样本数据中心中逾半数能耗偏高

业内普遍使用的数据中心能源效率评价指标为电能利用效率（Power Usage Effectiveness，PUE），是数据中心消耗的所有能源与 IT 负载使用的能源之比，指标越接近 1，代表数据中心能源使用效率越高。国家相关政策文件和标准要求，新建大型或超大型数据中心 PUE 应小于 1.3，PUE 超过 1.5 的数据中心应进行节能降碳改造。北京要求逐步关闭 PUE 超过 2.0 的备份存储类数据中心，加快改造 PUE 超过 1.8 的数据中心。调研结果显示，75 个数据中心 PUE 超过 1.5，占比 52.1%，15 个超 1.8，占比 10.4%。

（三）部分机构积极探索使用节能新技术，但全辖整体新能源利用比例不高

调研结果显示，部分数据中心已尝试应用先进绿色技术及产品降低能耗和碳排放，如通过部署液冷服务器、使用湿膜加湿技术或自然冷技术、使用一种或多种高效供配电技术、应用 AI 节能优化技术，实现了高效数据采集和资源智能调配等。同时，辖内机构受选址、成本、市场环境等因素影响，能直接利用的可再生能源不足，可再生能源利用率比和转换效率较低，使用传统能源供能和储能仍成为目前普遍存在的现象。

二、原因分析

（一）"难以转"确有现实原因

调研过程中，金融机构普遍表示数据中心绿色转型面临着一定的客观约束，除

了对业务连续性的担心外，关于自建数据中心，规模较大的改造难度大、周期长；规模较小的改造总价虽小、但单位成本高；对于租赁模式数据中心，承租方难以要求出租方对租赁区域进行独立改造。

（二）"不会转"反映指导不足

调研结果显示，部分金融机构对数据中心绿色转型的路径和方法没有掌握，亟须获得指导。一是后续政策对新建选址预期存在不确定性的影响；二是与建设和改造相关的国家行业标准供给不足；三是行业可参照的成功案例较少，技术和产品门槛较高，金融机构建设和改造的试错成本较大。

（三）"不愿转"仍需外力助推

调研结果显示，部分金融机构尚未建立有效的数据中心节能机制，能效监测管理仍处于较初级阶段。特别是小型金融机构，缺乏对节能工作的统筹部署，能效数据采集和监测不够全面精细，智能化、自动化管理水平仍需进一步提高。总体反映出行业内存在转型改造主观意愿不强的问题。

三、工作建议

（一）加强政策指导，融入国家重大战略

建议政府管理部门出台金融业数据中心绿色转型发展指导意见，推动金融机构统筹规划、合理布局，主动融入国家"东数西算"工程。金融业务需求与算力、存储需求之间强相关的特点，有利于引导金融机构在对业务需求进行细分的基础上，实现对能耗需求物理空间的科学布局。可预见的实践路径包括：针对存量数据中心承载的业务，有序推进以后台加工、离线分析、存储备份为代表的非实时算力需求向西部地区转移；针对新建数据中心，结合自身因素和政策要求，优先考虑选择能源富集、气候适宜区域，新建大型、超大型数据中心，原则上应布局在国家算力枢纽节点数据中心集群范围内。

（二） 加大标准供给，实现转型有据可循

多年实践经验证明，标准引领是行业健康、规范发展的重要推动力量。当前，数据中心绿色转型相关国家和行业标准均存在一定空白，建议行业管理部门在综合考虑地区经济发展和资源禀赋差异的基础上，推出针对数据中心绿色转型的规划建设、改造整合、能源利用、节能技术应用、能效管理等方面的指导性标准。通过检测认证等方式，强化标准贯彻实施，使金融机构行之有道，监管机构管之有据，全面提升金融行业数据中心节能降耗水平。

（三） 加强考核激励，督促转型加快落地

行业管理部门应在金融行业建立健全对各金融机构数据中心能效运行状态和发展趋势的监测机制，重点加强对 PUE、可再生能源利用率等指标落实情况的跟踪督导，并定期开展评估。对符合政策条件的项目，鼓励使用碳减排支持工具和设备更新专项再贷款支持。同时，联合政府部门，对在转型工作中做出突出贡献的机构给予税收奖补或专项补贴，以有效激励助推转型加快落地。

北京地区"专精特新"企业的经营情况与问题

毛笑蓉　陈　涛　徐　珊　戚逸康　康馨心　郑雨佳　陈百惠

许泰格　林　怡①

摘　要：北京地区"专精特新"企业中90%左右为中关村高新技术企业，因此作为全国乃至全球创新高地的中关村示范区，有责任进一步加强对"专精特新"企业的支持。鉴于此，中国人民银行中关村国家自主创新示范区分行对北京市"专精特新"企业开展问卷调研（获得问卷202家，其中有效样本192家），并对进一步促进"专精特新"企业发展提出建议。

一、被调研企业的基本情况

（一）以处于成长期的中小型民营科技类企业为主

被调研企业中60.9%为小微企业，39.1%为中型企业，无大型企业。民营企业占比最高，为86.5%，国有企业、外资企业以及其他类型企业占比分别为1.6%、4.2%和7.8%。行业前三名分别为信息传输、软件和信息技术服务业（占比50.5%）、制造业（占比27.6%）与科学研究和技术服务业（占比15.1%）。其中，成长期企业占比62.5%，其次为处于持续发展期企业（占比25.0%）。过半数企业（57.8%）无国内外上市计划，已上市的企业占比为15.6%，主要在新三板上市。

---

① 毛笑蓉、陈涛、徐珊、康馨心、郑雨佳、陈百惠、许泰格、林怡：供职于中国人民银行中关村国家自主创新示范区分行；戚逸康：供职于中国人民银行北京市分行金融研究处。

注：本文仅为调研组学术思考，与供职单位无关。

（二）企业整体经营情况逆势上扬

69.3%的被调研企业表示，2020—2021年营收年均增长率超过5%，37.0%的被调查企业表示营收年均增长率超过了20%，仅16.7%的企业表示营收年均增长率为负。从获利情况来看，76.0%的被调查企业表示2020年至2021年，年平均净利润率为正，其中过半数（占比50.7%）企业的净利润率超过了10%，净利润率超过30%的被调查企业占比达6.8%。

二、被调研企业的融资情况

（一）股权融资发挥着重要作用

在被调研企业中，81.8%的企业明确表示有融资需求，其中73.3%的企业的融资满足程度（已获得的融资额度/拟融资额度）小于3/4，表明融资缺口仍然存在。除银行贷款（提及率为90.1%）外，企业最主要的融资渠道还包含天使投资（Angel Investment，天使轮）、A轮投资、B轮投资、C轮投资和D轮投资等（提及率为28.3%），行业/产业基金投资（提及率为8.6%），以国企为主导的股权投资（提及率为8.6%），以及其他融资形式：如提及率较低的票据融资（提及率为5.3%）、境内外股票和债券融资（提及率为2.6%）等。企业申请银行贷款无法完全获得满足（完全获批）的主要原因仍然为抵押、担保要求较严（提及率为33.8%），授信额度不足（提及率为22.3%），以及贷款审批时间长、手续繁琐（提及率为19.1%）等。不过，38.7%的被调研企业表示，2021年银行贷款综合成本相较于2020年有所下降，表明在政策上降低企业融资成本已卓有成效。

（二）直接融资渠道满足程度相对较低

调研结果显示，差异较大的融资渠道包括以国企等企业为主导的股权投资以及行业/产业基金投资。22.3%的企业希望采用以国企为主导的股权投资来获得融资，22.9%的企业希望用行业/产业基金投资的形式来获取融资。但实际通过上述渠道获得融资的企业均不足 10%，满足程度较低。此外，股票或债券融资以及海外融资方式对被调查企业的吸引力不大，这或许与"专精特新"企业规模小型化且立足于本土的基本属性有关。

（三）新型融资模式落地率普遍偏低，但票据融资表现可喜

28.0%的被调研企业表示对知识产权融资模式无任何需求，52.9%和81.3%的被调研企业表示对供应链金融和票据融资无任何需求。从对融资模式的需求来看，知识产权融资模式对被调研"专精特新"企业的吸引力更强。从各融资模式的落地性来看，新型融资模式落地率普遍偏低。15.9%的被调研企业通过知识产权质押获得了融资，原因除知识产权确权难、手续复杂等因素之外，在可确权的知识产权中，确权价值低于企业预期成为另一影响融资效率的重要因素。票据融资虽然在被调研企业中的需求水平最低，但是落地率可喜，在有已签收未到期票据的企业中，40%的企业开展过票据融资业务，主要模式为贴现（Discount）。

（四）碳减排支持贷款普及率不高，政策宣传有待进一步加强

在被调研企业中，6.3%的企业表示自身为碳减排重点领域的企业，其中有16.6%的企业表示获得过或者正在申请银行碳减排支持贷款，其余未申请贷款企业一致表示，未申请贷款的主要原因是不了解相关政策规定。对于获得银行碳减排贷款的困难点，企业表示除了质押品不足以及手续繁琐等因素外，银行对碳减排量要求较高是另一重要的阻碍因素。另外，19.3%的企业表示不清楚自己是否为碳减排重点领域企业，说明还需要进一步加强政策宣传力度。

三、被调研企业获得金融服务和政策支持的情况

（一）亟须银行提供更为全面的金融服务

被调研企业对银行的诉求除却发放贷款（提及率为74.0%）之外，还涉及为企业发展的各个阶段提供指导，助力企业成长壮大（提及率为53.6%），以及提供

更加便捷高效的金融服务，如上门服务、复杂业务政策讲解等（提及率为35.9%）。在银企对接领域，被调研企业表示最主要的需求是专属信贷产品，提及率为63.5%。另外，44.3%的企业表示希望银企对接能够支持企业开展应收账款、存货质押、仓单质押等新形式融资，29.7%的企业希望银行能够对企业的上市提供帮助，29.7%的企业表示能够加强政策培训和金融产品宣介。

在更具体的金融服务领域，已有34.4%的被调研企业了解央行减免支付工具手续费的政策，且主要了解渠道是通过银行等金融机构的推介（提及率为37.5%），通过政府公告或者政府宣传活动了解的比例较低，分别占比8.9%和3.6%，41.7%的企业表示已享受过手续费减免政策福利。

（二）超半数企业汇率风险承受能力较低，汇率避险工具运用仍有较大空间

59.9%的被调研企业对人民币汇率波动的承受能力较低，仅能承受小于2%的波动幅度。其中，半数有跨境业务的企业未采取任何汇率避险工具，其中主要原因包含不了解相关产品，不能轻易尝试（提及率为87.5%），以及认为现有汇率避险产品无法有效规避汇率风险（提及率为12.5%）。企业了解汇率避险产品的渠道主要为银行等金融机构的推介（提及率为38.5%），其次为公开媒体，如网络媒体、电视新闻报道、微信公众号等，提及率分别为18.2%、17.2%和16.7%，通过政府公告或者政府宣传活动了解的比例较低，合计提及率为8.8%。

（三）对"专精特新"企业的支持政策在供需两端存在结构性差异

在被调研的企业中，仅占比5.7%的企业表示从未获得过任何政策支持，这表明现有对"专精特新"企业支持政策的普及率已经达到了较高水平，但现有政策与企业对政策的需求之间还存在着结构性差异。主要表现为贷款贴息、人才稳岗补贴和延期缴纳或者减免税款等支持政策的满足程度已经较高，但创新研发奖励、财税奖补、租金补贴、人才培育引进、融资担保和政府定向采购的满足程度仍较低。尤其是人才培育引进和政府定向采购两类支持政策的普及率偏低，但企业对其需求

却很高。因此,政府部门可适当加强对这两方面的政策支持力度。

四、相关政策建议

(一) 对传统融资渠道的融资诉求:推动企业融资渠道更多元化发展

下一步应针对企业已获得与希望获得融资渠道之间缺口的大小,进一步出台相应支持政策。一是考虑到"专精特新"企业在更细分的领域分布比较集中,如在软件和信息技术服务业、节能环保产业、高端装备制造业等领域,可扩大相关产业投资基金的规模,降低投资的门槛,支持一批因抵押品不足等原因而难以获得银行贷款的企业。二是考虑到"专精特新"企业多为中小微型民营科技类企业,可利用相关行业内国有企业的主导地位、信息优势以及风险承受力,开展行业内股权投资,并与银行合力开展投资联动。

(二) 对新模式融资渠道的融资诉求:鼓励票据融资,加强对知识产权估值的担保力度

调研结果显示,知识产权融资与票据融资两种模式若存在不同的问题,应具体情况具体分析。一是考虑到"专精特新"企业大多属于小微企业,票据支付在日常业务往来中占比可观,所以应加强对票据融资模式的推广,提高票据的流动性。一方面需要提高银行贴现对不同票据的接受度,鼓励提高对中小银行承兑票据的支持力度、对商业承兑票据的支持力度;另一方面需要完善标准化票据相关制度建设并加大落实力度,提高票据的流动性。二是考虑到银行与企业之间对知识产权价值存在严重的信息不对称问题,而政府部门作为知识产权的审批部门对其价值有更好的把控,可通过政府担保的形式来提高知识产权确权后的估值,提高知识产权质押融资的有效性。

(三) 金融服务诉求：减免网银转账、跨行转账手续费，提高银行电子化服务水平

调研结果显示，银行支付工具手续费减免政策普及率不够高，企业对手续费减免的诉求依然很强烈。此外，企业对银行提供更全面服务的诉求很大。因此，一是继续加强支付工具手续费减免政策的执行力度，尤其是企业诉求比较强烈的网银转账、跨行转账等手续费。二是优化手续费相关配套服务，如手续费发票电子化、提高手续费发票开票速度等。三是优化银行相关业务电子化服务水平，如提高网上银行在各版本操作系统以及浏览器下的兼容性。

(四) 政策支持诉求：在企业需求较为强烈的领域加强政策支撑

调研结果显示，在创新研发奖励、财税奖补、租金补贴、人才培育引进、融资担保和政府定向采购等领域的政策满足程度较低，下一步政府应在这些层面做深做细。一是适当提高首套重大技术装备、首批次新材料和首版次软件的创新研发奖励金额。二是落实政府采购适当对"专精特新"企业倾斜。三是对"专精特新"企业中聘用国内外应届毕业生的给予适当资金奖励，政府向聘用的应届生给予充分的入职培训，为企业提供人才补充。四是加快"专精特新"特色园区建设，对于无法入园的企业给予适当租金奖补和固定资产投资补助或贴息。

(五) 政策宣传诉求：顺应企业接收政策信息的主要途径，加大对相关政策的宣传

调研结果显示，在碳减排支持贷款以及汇率避险工具层面，均存在着明显的政策宣传不足的情况。结合调研结果显示出的企业了解政策的主要渠道，可采用以下途径加强宣传。一是在银行网点增设政府政策宣传栏或者政府政策宣传小册子专柜。二是在新闻媒体上提高曝光率，或可采取短视频等形式宣传。

推进北京市数字人民币试点工作的研究及建议

郑林媛　孙婧琦　胡　月　宋　潇①

摘　要： 自 2020 年底，北京市启动数字人民币试点工作以来，中国人民银行北京市分行圆满完成了数字人民币北京冬奥会场景试点工作，并于 2022 年初稳妥转入全域试点阶段。自全域试点以来，组织运营机构大力推动创新应用场景落地，以市场化方式开展数字人民币试点活动，加大数字人民币宣传，数字人民币试点工作取得了良好的效果。截至 2022 年末，北京市累计开立个人钱包 1351 万个，对公钱包 207 万个，累计业务发生交易金额 381 亿元②。

一、推进北京市数字人民币试点取得的成效

（一）以市场化推动开展数字人民币试点活动，促消费效果显著

2022 年以来，中国人民银行北京市分行结合北京市实际情况，着眼首都人民需要，全年组织运营机构开展数字人民币试点活动共 91 次，累计发放补贴 5656.24 万元，拉动消费 1.16 亿元，拉动率高达 205.87%，促消费效果良好。引导运营机构充分发掘市场需求，围绕交通出行、购物消费等小额高频场景，分批开展了"一分钱乘地铁""数币有礼　自在吃鸡"等一系列试点活动，助力民生普惠，支持北京市小微企业复产复工，形成特点鲜明、百花齐放的开放型数字人民币生态。在 10

---

① 郑林媛、孙婧琦、胡月、宋潇：供职于中国人民银行北京市分行货币金银处。
注：本文仅为调研组学术思考，与供职单位无关。
② 资料来源：全文数据均来源于中国人民银行北京市分行。

家运营机构中，中国建设银行北京市分行和中国农业银行北京市分行 2022 年的资金投入最多，分别为 1677.95 万元和 1686.5 万元，中国邮储银行北京分行投入资金带动了近 4 倍的消费，活动形式多样，资金投入拉动消费效果最好。

（二）聚焦数字人民币设计特性，推动创新应用场景落地生根

自北京市进入全域试点以来，人民银行北京市分行指导运营机构深挖数字人民币使用优势，落地创新型应用场景。截至 2022 年末，北京地区累计落地场景共 49 万个。

在数字政务方面，为"北京市预算管理一体化系统"升级数字人民币代发功能，打通财政零余额账户到企业数字人民币钱包的业务路径，指导中国工商银行北京市分行通过"北京市预算管理一体化系统"成功发放全国首笔数字人民币退役军人专项资金补贴。在商事赋能方面，交通银行股份有限公司北京分行联合北京厚海教育科技有限公司，落地"数字人民币智能合约生态服务平台"首个预付资金管理项目，运用数字人民币智能合约，助力教培行业防范资金风险。在文化旅游方面，为北京颐和园景区内"新业态"商户完成数字人民币 POS 机收款功能落地，消费者在颐和园景区内 10 家店铺均可使用数字人民币。在绿色金融方面，与北京绿色交易所开展数字人民币合作，选取碳排放交易这一创新场景进行数字人民币试点，为北京绿交所开立数字人民币对公钱包。

（三）强化政府引导、市区联动，打造数字人民币试点应用新高地

人民银行北京市分行与北京市商务局、北京市地方金融管理局（以下简称北京市金融局）、各区政府积极联动，围绕北京市各区特点，打造各具特色的数字人民币试点项目。北京市西城区立足国家金融管理中心定位，在北京金融街及其周边区域建设北京市首个数字人民币示范街区——数字人民币金融街示范街区，助力西城数字经济发展。北京市通州区围绕城市副中心建设，重点推动数字人民币在绿色金融、智慧园区等方面的试点应用，探索在北京绿色交易所、张家湾设计小镇打造数字人民币特色落地场景。北京市丰台区以丽泽金融商务区建设为抓手，依托数字货

币研究所成立国家数字金融技术检测中心，推动智慧楼宇等场景落地，有效促进北京市丰台区数字化发展转型。

二、推进北京市数字人民币试点的有关经验

（一）坚持市场主导，充分调动运营机构能动性，为试点注入强劲动力

按照"数字人民币试点要坚持市场化"的工作要求，人民银行北京市分行坚持"政府引导、市场主导"工作原则，鼓励运营机构发挥主观能动性，结合自身优势，利用数字人民币为其 App 平台引导客户流量，开展系列惠民生、促消费、支农支小等各具特色的试点活动。同时，压实运营机构责任，制定《2022 年北京市数字人民币业务考核标准》，建立定期通报机制，通过"晒成绩单"的方式，按季度公布运营机构钱包、项目扩展情况、数字人民币流通及兑换数据，不断提升运营机构推进试点工作的积极性。

（二）完善机制建设，多部门协同配合，为试点推进提供有力支撑

数字人民币试点工作牵涉面广，影响范围大，必须明确试点工作机制，强化沟通协调。人民银行北京市分行通过制定《数字人民币北京市冬奥会场景试点工作北京地区具体实施方案》与《北京市数字人民币试点实施方案》，突出协同配合有效性，建立定期会议、信息报送与共享等多项机制，对试点工作进行全面规划。强化与各相关单位沟通协作，率先与北京市财政局联合发文，解决在非运营机构开立银行账户的预算单位受理数字人民币的难题；与北京市金融局、北京市商务局一同策划数字人民币试点活动，并取得较好效果；同北京冬奥组委、北京市交通委、北京市卫生健康委员会、北京市文化和旅游局等部门，组织召开百余次关于市场主体与金融机构的对接会。通过协同合作，北京市数字人民币试点工作克服了多个难点，在财政领域成功落地了以数字人民币为"专精特新"企业发放补贴、为退役军人

发放专项补贴等多个项目，取得了良好工作成效。

（三）发挥展会优势，做好数字人民币对外展示工作

围绕全球数字经济大会、2022 年中国国际服务贸易交易会、数字金融论坛、"奋进新时代"主题成就展、金融街论坛等重要展会，组织运营机构做好展示工作，加深公众对数字人民币的正确认识，拓展数字人民币的受理场景。

三、推进数字人民币试点工作存在的问题和困难

（一）需进一步研究探索数字人民币持续发展的动力

当前，组织运行机构通过"消费红包""消费补贴"等多种方式推广数字人民币，提高了在某些消费领域或场景的客户数量，在一定范围内促消费效果较好。但促消费活动较为零散，宣传力度和活动规模有限，拉动消费效果还有较大提升空间。从收益角度而言，当前，数字人民币无法给组织运营机构带来直接经济收益。基于成本收益考虑，预计未来组织运营机构很难对数字人民币进行持续性补贴，然而一旦"补贴"力度退坡或消失，公众出于自身意愿主动使用数字人民币的频次或将随之减少，如何在"补贴"退坡后加强数字人民币用户"黏性"和使用活跃度，将是下一步的工作重点。

（二）需进一步加强与地方政府的沟通，争取更多的政策和资金支持

以北京市为例，冬奥会作为重大政治任务，受到地方政府高度重视，并将冬奥支付环境建设作为北京市重点工作，各项措施得到了北京市政府、各区及相关部门的大力支持，数字人民币相关工作也在各部门配合下顺利推进。但是，冬奥会结束后，地方政府用于推广数字人民币的资金预算相对有限，未来需进一步加强与地方政府沟通，积极宣传数字人民币优势，用足用好数字人民币支持政策。

（三）数字人民币试点进入"深水区"，相关制度建设亟须完善

截至 2022 年 12 月，已有 17 个省份的 26 个地区开展了数字人民币试点，形成

了一批可复制、可推广的试点应用，数字人民币试点已经进入"深水区"。随着应用场景的不断丰富、业务流程的不断完善，需要及时出台相关的数字人民币管理办法或规范。目前，各组织运营机构参照账户管理办法，结合各自实际情况，确定本机构的数字人民币业务管理规定、业务处理流程和会计核算办法，但对于数字人民币如何开展会计、审计工作，尚未有明确规定和指引，这为企业增加了账务处理难度，成为审计关注的重点问题。

（四）分支机构尚未建立专门的数字人民币管理部门

当前，数字人民币已在多个地区进行试点推广，但是从中国人民银行分支机构的职责来看，尚未建立专门的数字人民币管理机构，多数试点地区将相关业务划归于反假货币科，个别地区划归至计划调拨科或综合科，没有形成上下统一的管理梯队和人才队伍。随着数字人民币全面推广和深入开展，涉及业务内容会越来越多，如无统一、规范的管理架构，或不利于数字人民币的统筹布局和长远发展。

四、关于深入推进数字人民币试点的工作建议

（一）强化政府引导，提升数字人民币试点活动在促消费方面的效果

中国人民银行各分支机构应协同推进数字人民币相关配套政策的制定与实施，结合《数字人民币消费鼓励金业务方案》，争取政府支持力度，积极推动财政补贴发放、政务服务等领域落地数字人民币项目。充分调动资源，筹划开展数字人民币试点活动，积极推动将数字人民币消费鼓励金的发放纳入当地消费季活动方案，进一步培养居民数字人民币的使用习惯。

（二）探索数字人民币市场化、可持续的发展模式

积极构建数字人民币特色生态，建设激励与约束机制，形成有利于可持续发展的数字人民币生态体系，进一步丰富和拓宽数字人民币试点项目和活动，让公众切

实感受到数字人民币的安全性和便捷性。

（三）进一步完善数字人民币相关制度建设

结合数字人民币涉及的相关法律制度，适时修订《中华人民共和国人民银行法》《中华人民共和国人民币管理条例》，从法律层面明确数字人民币的定义和地位，进一步明确数字人民币管理办法与相关业务流程。借鉴《人民币银行结算账户管理办法》，对不同等级、不同主体、不同载体、不同权限归属的数字人民币钱包开立、使用、变更及注销进行统筹性要求，制定详细细则。结合《中华人民共和国个人信息保护法》《中国人民银行关于发布金融行业标准做好个人金融信息保护技术管理工作的通知》等法规，明确中国人民银行有关部门、组织运营机构、商业银行、第三方合作公司在用户信息保护方面的要求，并制定相应惩罚规则，从多个层面构建完善的数字人民币法律制度体系。

（四）建立专门的数字人民币管理部门

明确中国人民银行分支机构在数字人民币业务管理的权责分工，建立专门的数字人民币管理部门，构建数字人民币数据查询系统，便于分支机构掌握辖区数字人民币的运行情况，并形成常态化监管机制。

关于建立"征信修复"乱象治理
长效机制的思考及建议
——以北京地区探索实践为例

张丽娟　王　宁　齐　菲①

摘　要："征信修复"乱象常态化治理是保证征信业务高质量发展的重要工作，也是增强金融科技监管和提高征信合规管理水平的助推器。建立"征信修复"乱象治理长效机制，将进一步保障信息主体合法权益，加强国家征信信息安全，为建立健全征信体系夯实基础。随着征信业务应用场景及覆盖面的大幅提升，人民群众对信息维权的意识明显提升。同时，社会上也出现一些机构打着"征信修复"旗号从事违法违规的行为。"征信修复"乱象的产生，严重损害了征信系统的客观公正，因此，需要建立健全一套行之有效的长效机制确保征信市场的规范运行，促进其健康发展。

一、北京地区"征信修复"乱象专项治理工作成效

2022年3—6月，中国人民银行北京市分行按照总行部署在北京地区组织开展了"征信修复"乱象专项治理"百日行动"。通过联合相关部门协同开展治理，强化金融机构自律机制建设，持续完善征信监管体系，借助"大数据+新媒体"实现征信宣传精准触达，有效净化征信市场秩序。

---

① 张丽娟、王宁、齐菲：供职于中国人民银行北京市分行征信管理处。
注：本文仅为调研组学术思考，与供职单位无关。

（一）有效清除"征信修复"乱象滋生土壤

人民银行北京市分行对工商注册信息含"征信"字样的新增机构，在注册前实施预先核准，并联合市场监管、公安等部门对异常经营行为实施监管，基本消除"征信修复"机构存在的土壤。

（二）行业自律助力风险管理关口前移

引导辖内征信系统接入机构建立征信合规自律机制，持续优化征信机构和信用评级机构总经理联席会议制度，指导行业开展风险排查和防控，整治规范市场秩序。

（三）维权风险精细化管理成效显著

率先在全国启动金融科技监管应用工作，指导177家金融机构搭建征信科技监管平台，有力推进征信合规数字化管理。推动"信用北京查"线上征信维权和解平台扩大到津冀两地，为消费者提供快捷、便利的维权指导和渠道。

（四）征信宣传广维度精准触达

探索"大数据+新媒体"创新宣传应用，在支付宝平台发起"你的征信守护计划"宣传活动，向170万有信贷业务的个人推送，累计点击量达1617万次，刷新该平台金融类宣传的活跃度纪录。在抖音平台发起"dou做征信守护人"话题，首日视频播放量近亿次，登顶金融类话题历史榜首。其中，23岁至40岁的参与人占71%，实现对重点人群的精准触达。①

二、北京地区"征信修复"乱象表现及其产生原因分析

（一）北京地区"征信修复"乱象表现

当前，社会上有部分机构打着"征信修复""征信洗白"的旗号，从事违法违

---

① 资料来源：中国人民银行北京市分行。

规行为。这些机构发布虚假广告,收取高额"征信修复"费用后,通过编造借口、伪造证据材料等手段试图蒙混删改记录,修改不成便跑路失联,并且在骗取个人敏感信息后,通过泄露、买卖个人信息或者冒名网贷从中牟利。这些机构在骗取人民群众金钱的同时,还严重扰乱了征信市场的正常秩序。其中,打着"征信修复"名义以谋取经济利益的恶意征信异议投诉乱象最为突出。

自 2019 年起,人民银行北京市分行处理的征信异议、投诉事项呈倍速增长,其中不乏"征信修复"机构的推波助澜。该类异议、投诉举报信呈现大批量、模板化、同质化重复投诉的特点,且夹杂着缠诉、闹诉,企图通过行政投诉、行政复议、行政诉讼等压力实现修改不良征信信息及恶意索赔的目的(见表1)。

表 1 2019—2022 年中国人民银行北京市分行征信维权情况 单位:笔

年度及统计项		征信异议	征信投诉	接诉即办	行政复议	发生总量	"征信修复"乱象类投诉异议占比(%)
2019 年	发生量	3390	47	5	0	3442	11
2020 年	发生量	9713	420	19	3	10152	62
	同比变化量	增长 1.9 倍	增长 8 倍	增长 2.8 倍			
2021 年	发生量	7447	439	472	13	8358	75
	同比变化量	下降 23.3%	下降 4.33%	增长 23.8 倍	增长 3.3 倍		
2022 年	发生量	5715	307	195	13	6217	60
	同比变化量	下降 23.3%	下降 30.07%	下降 58.7%	0		

资料来源:中国人民银行北京市分行。

此外,对北京辖内四家不同类型金融机构征信异议典型调查的情况显示(见图1),在处理征信异议、投诉过程中均发现"征信修复"乱象情况的存在,其中又以涉及信用卡及消费类业务征信异议为高发,占比在 20%~30%。主要表现形式为有组织的缠诉、闹诉,重复进行异议投诉,索要赔偿,群体投诉等。"征信修复"乱象的存在已严重扰乱了正常的市场秩序,导致潜在金融风险增大。

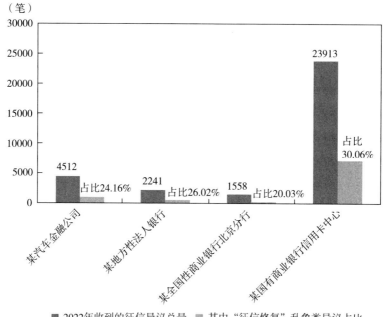

（笔）

■ 2022年收到的征信异议总量　■ 其中"征信修复"乱象类异议占比

图1　2022年北京辖内4家金融机构征信异议情况

资料来源：中国人民银行北京市分行内部统计。

（二）北京地区"征信修复"乱象产生的原因分析

一是金融机构对征信信息过度应用和解读，导致征信成为信贷业务矛盾的爆发点。从受理的征信投诉来看，大多数投诉人为小微企业主、中低收入人群等存在刚性信贷需求的群体，部分金融机构对这类群体缺少充分有效的信息了解渠道，信贷审核过度依赖征信信息，甚至在某些线上消费信贷业务中，征信信息已成为获得融资的主要决定性因素。如果该类群体存在不良征信信息，基本无法再获得融资，其修改不良征信信息诉求尤为迫切。

二是金融机构征信合规管理仍存在薄弱环节甚至"脱节"，合规经营意识和制度执行仍需进一步强化。在行政执法检查和日常监测中发现，部分金融机构仍然存在征信合规意识薄弱、监管规定执行不严谨、落实不到位的情形，导致在征信数据报送、查询授权、异议处理、不良信息告知等方面的合规问题依然时有发生，且普遍存在着对从业人员培训不到位，向人民群众错误解读征信信息的问题，这些都是造成产生"征信修复"乱象的重要原因。

三是征信宣传针对性和触达性需进一步提升。传统的征信宣传主要通过银行网点、网站、新闻等传统渠道开展，没有充分适应群众常用新媒体获取信息的变化，且宣传内容主要以正面宣传为主，对征信修复、违法违规征信负面信息相对偏少，群众对风险信息的获取不充分，容易形成误导。

三、建立"征信修复"乱象治理长效机制需要解决的问题

（一）统一管理难、风险管理滞后的征信管理问题较为突出

金融机构在征信服务中的不合规是导致"征信修复"乱象产生的重要原因。近年来的监管检查发现，金融机构的征信业务涉及风险、信息、信用卡、个人、公司、普惠等多个业务部门，虽然也有由牵头部门负责的，但因多部门参与、管理链条长、协调成本高，征信业务"管不动、管不全"的问题较为突出，信息安全风险增大。

（二）金融机构向小微企业和个体经营者提供的产品和服务不能满足其融资需要，金融供给未能满足人民群众需求

商业银行信用卡业务投诉之所以成为恶意投诉高发地，除信用卡中心的管理模式存在征信服务漏洞，风险管理难度较大外，更深层次原因是金融机构对小微企业融资支持不足，大批小微企业主，因无适合的融资渠道，便将办理信用卡作为其融资重要渠道，导致信贷供给不平衡的矛盾集中体现在征信业务上。

（三）征信金融科技监管水平和化解风险的能力需进一步提升

目前，人民银行北京市分行对金融机构征信合规管理以现场检查、金融机构

自查等传统监管措施为主。随着金融机构业务不断创新，信息安全工作要求逐步提高，现有的监管措施在全面性、及时性等方面的不足日渐显露，依托科技建立数字化金融科技监管体系，探索多样化的非现场监管手段迫在眉睫。

四、建立"征信修复"乱象治理长效机制的建议

为巩固"征信修复"乱象治理成果，规范征信市场秩序，应采取疏堵并用的方式建立"征信修复"乱象治理长效机制，推动征信业实现健康、规范、有序的高质量发展。一方面，持续加强多部门协作，建立常态化联合治理机制，增强征信金融科技监管应用，提升金融机构征信业务的合规管理水平。另一方面，在加强征信维权风险管理能力，为人民群众提供高质量征信服务的同时，要进一步发挥征信作为金融重要基础设施的作用，提升利用征信信息服务小微企业融资的效能。

（一）强化多部门协同合作，形成联合治理机制，推动"征信修复"乱象常态化治理

在常态化治理工作中，建立与市场监管部门、公安机关、国家金融监督管理总局等有权部门长效协作机制，针对信用卡业务"征信修复"乱象高发的情况，应加强与信贷业务管理部门协同融合，规范其信贷业务合规发展。"征信修复"乱象线索应及时移交由有权机关处理，联合打击借征信维权为由扰乱征信市场秩序的行为，共同维护地区金融稳定。

（二）加强风险化解前置管理，聚焦解决群众合理诉求，切实保护信息主体征信权益

征信监管相关工作涉及面广，与群众金融活动息息相关。因此，金融机构风险前置化解尤为重要，这也是实践"征信为民"理念的重要体现和客观要求。一是不断拓展征信维权渠道；二是提高征信维权处理能力；三是积极探索对投诉高发的金融机构的精准管理，规范其业务发展模式。

（三）建立数字化征信合规监管体系，进一步提升征信业务"强监管"质效

一是着力推动金融科技在征信监管的应用，提升征信监管的主动性和风险防范化解能力。大力推进金融科技在征信监管中的应用，建立"维权管理+动态监测+现场检查"数字化征信合规监管体系。

二是加强对金融机构精细化管理，有效提升征信合规意识和管理水平。升级非现场监管措施，增强监管穿透力，加强创新业务常态化管理，发挥监管导向作用。引导、督促金融机构进一步完善自律机制，牢守征信信息安全红线。

三是进一步完善征信业务有关法律法规。加强对全国性商业银行总行及其信用卡中心征信业务的规范管理，进一步完善信用卡业务监管。同时，完善征信投诉相关制度，明确非现场投诉身份核实、异地投诉监管等政策依据，健全征信法律法规。

（四）加强小微企业服务供给，助推小微企业融资环境改善，融资渠道基本满足需求

小微企业、个体工商户是"征信修复"乱象主要受害群体，征信信息作为基础金融信息，在帮助小微企业获得融资方面，可以发挥更全面的作用。金融机构应加大助企纾困支持力度，加强征信信息多场景合理有效应用，拓展适合小微企业的融资产品，提供高效融资渠道，助力其恢复发展，减少小微企业为获得融资"误入歧途"的概率。

突发大额取款情况下保障现金供应措施的研究

刘治国　胡　月　孙婧琦①

摘　要： 2022年8月，北京市医疗保障局（以下简称医保局）公布了医保新政，自9月1日起医保个人账户资金将定向使用，不再按月转入个人医保活期存折中。受此影响，承担北京市医保基金存储和结算业务的某银行在通知发布后，短期内取款量大幅增加，上述情况给正常的金融秩序和首都现金供应带来了一定压力。中国人民银行北京市分行果断采取措施保障现金供应，加强舆论正面引导，部署商业银行合理疏导公众集中存款行为，做好政策解释工作，满足公众合理现金需求。

一、突发大额取款的背景

（一）新政前北京市医保个人账户资金未要求定向使用

　　某银行于2001年正式获得北京市医保业务代理资格，成为北京市唯一的医保基金存储和结算代理银行。根据《北京市基本医疗保险规定》，北京市社保中心在某银行开立医保个人专户，在专户下某银行为本市参保人员开立医保个人专用活期存折，按月代社保中心将个人医保资金划入至医保个人账户。参保人可通过存折取款或绑定某银行储蓄卡设置自动转账的方式，获得医保个人账户内的资金，资金用途不设限制。

---

① 刘治国、胡月、孙婧琦：供职于中国人民银行北京市分行货币金银处。
注：本文仅为调研组学术思考，与供职单位无关。

（二） 新政实施后医保个人账户资金不再转入医保活期存折

2022 年 8 月 19 日，北京市医疗保障局公布《关于调整本市城镇职工基本医疗保险有关政策的通知》，新政策从提高门诊待遇保障水平、降低职工大病起付线、改进个人账户计入办法、个人账户资金定向使用等多个方面进行了调整。其中，个人账户资金定向使用明确规定，"按照国家对于个人账户资金专款专用的要求，自 2022 年 9 月 1 日起，个人账户资金实行记账管理，专款专用，参保人员不可自由支取。参保人员按照《北京市医疗保障局关于城镇职工基本医疗保险个人账户使用范围的补充通知》规定定向使用个人账户。2022 年 9 月 1 日前已分配的个人账户资金仍可支取"。

（三） 新政策明确了医保个人账户的资金使用范围

新政策的通知文件中进一步规范了个人账户资金的使用范围，北京市医保新政实施后，在职职工自行缴纳的医保资金部分将不再按月转入个人医保活期存折中，该部分资金参保人无法随意使用，资金需用于本人及亲属的医疗费用结算、购买药品、补充医疗保险等专门途径。

二、公众集中取款的原因分析

自 2022 年 8 月 19 日职工医疗保险新政策通知文件发布后，有大量公众前往某银行各大网点，将医保存折内的资金取出，造成短时间内网点人员增多，大量网点出现排长队的情况，给正常的金融秩序带来了一定压力。"某银行排队取款"等相关话题成为微博热搜，诸多网友在社交媒体发布某银行网点排队取款情况，并对医保新政提出自己的看法。

为掌握某银行真实取款情况，了解公众集中取款原因，中国人民银行北京市分行于医保新政发布后，前往某银行 60 余家网点走访调查，开展网络舆情监测，为妥善处置集中取款、保障首都现金供应提供参考依据。调查显示，公众集中取款的原因主要有以下几点：

（一）政策理解有偏差，误以为新政实施后已转入存折资金无法取出

职工医疗保险新政策通知中"自 2022 年 9 月 1 日起个人账户资金实行记账管理，专款专用，参保人员不可自由支取"，是指政策实施之日起个人账户资金将不可自由支取，在这之前已经转入医保存折的资金仍可随时自由支配。走访调查过程中，某银行月坛南街支行负责人表示：大量群众误以为 9 月 1 日起，只要是个人账户内的资金均不可自由支配，包括已发放到医保活期存折的资金。因此，为了赶在 9 月 1 日前将资金取出，得知消息后就都前往某银行各大网点办理取款业务。尽管银行工作人员已经向群众解释了相关政策，但是多数客户认为既然已经到了网点，还是将资金取出比较安心。

（二）顾虑政策变动，担心未来已转入存折的资金将被限制使用

为避免群众对职工医疗保险新政策误读导致集中取款，某银行在新政策公布当天，即在网点向公众发放了《致北京市个人医保存折客户的一封信》，强调"已入账到医保存折内的资金仍可随时正常支取"，但仍有部分客户质疑政策的连贯性，坚持要在第一时间将资金取出。

（三）遗忘医保存折或忘记密码，新政公布导致大额取款增加

走访调查中发现，在医保业务集中取款的客户中，有一部分群体单笔支取金额高达上万元甚至数十万元。据某银行现金运营部门负责人介绍，"有些客户之前不知道自己有医保存折或长期不用已经忘记医保存折的存在，也有相当一部分人忘记了密码。当看到职工医保新政策通知时，才意识到自己也有该项业务，于是便前往银行网点，在补办存折或重置密码后，就将存折内余额全部支取出来。这类客户由于其个人账户资金未使用过或长期未提取过，所以取款金额都比较大"。

三、保障现金供应的处置措施

为降低医保账户管理新政对正常金融秩序的影响，人民银行北京市分行启动金

融稳定会商协调机制，采取多项措施保障全市现金供应，切实满足公众合理取现需求。

（一）加大现金调运力度，提高现金库存

在医保新政通知正式公布前，人民银行北京市分行与某银行综合研判医保新政可能引发的诸多情况：一是新政策势必会引起短期内参保人集中取款；二是若集中取款期间现金供应不及时，将产生负面舆情，引起客户对某银行经营状况的担忧，产生挤兑风险。因此，稳妥处置医保政策调整后的取款高峰，首要任务是保障现金充足。2022 年 8 月，人民银行北京市分行持续从人民银行发行库向某银行调运现金，为有效应对集中取款高峰奠定了坚实基础。

（二）开展某银行现金运行动态监测

为充分掌握医保新政公布后某银行的运营状态，把握医保客户支取现金的总体情况和变动趋势，人民银行北京市分行建立"现金运行动态监测"机制。在医保新政公布后 10 日内，每日监测某银行当日存取款数据、客户流量、库存现金余额、医保客户资金以及业务量占比等情况。

设置"库存警戒线"。以某银行日常现金库存的 1.5 倍为警戒值，某银行应保持现金库存高于此数值。当其现金库存临近警戒值时，人民银行北京市分行将启动"现金调拨应急处置机制"，中国人民银行发行库做好非工作日现金出库及 ACS（中央银行会计核算数据集中系统）应急处理准备，确保随时向某银行供应充足现金。

（三）加大资源保障力度，提高现金业务办理效率

人民银行北京市分行指导某银行成立"医保个人账户封闭管理应急小组"，制定"医保业务防挤兑应急预案"。一是优化业务流程，全部网点周末正常营业，通过增开"医保业务专用窗口"、增加前台人员、前端引导分流等多项措施，保证医保业务高效便捷办理。二是做好安全保障准备，与北京市公安局内保局建立联系，各网点与属地公安机关做好沟通，维护好正常经营秩序。

（四）加强舆情监测和政策宣传

人民银行北京市分行通过微博、微信等多个网络平台，开展全方位舆情监测，发挥业务咨询呼叫中心作用，及时回复公众关切的问题。某银行发送通知短信，告知医保关联客户政策变化，减少客户对资金未到账的质疑。根据舆论传播态势，按照统一口径对外发布信息，安抚公众情绪，正面引导舆论，及时向网信、网安等宣传工作主管部门沟通汇报，针对恶意诋毁、影响稳定的信息，寻求舆论控制支持。保障客服中心响应效率，及时应答客户咨询。

四、工作建议

（一）保持充足现金库存以应对可能出现的突发事件

人民银行应加大现金调运，统筹辖内和辖外资源，将本年度现金调拨计划尽快完成，切实做到"手中有粮、心中不慌"。合理布局人民银行发行库，探索区域现金处理中心建设，加强银行间现金协作，提高现金调运效率。商业银行应结合本行业务特点及日常现金运行数据，在面临可能出现的大额现金挤兑等情况时，适度提高业务库现金库存总额，加强自助机具清机维护，提升集中现金取款期间的业务办理效率。

（二）建立健全现金供应风险预警与信息共享机制

当可能出现大额现金取款事件时，中国人民银行分支机构应启动应急工作机制，部署非工作日现金出库等相关准备工作，向相关商业银行发出风险预警，提醒金融机构适度提高现金库存，做好应急准备。商业银行应加强人员投入，提高员工思想政治意识，出现集中大额现金取款情况时，迅速组织全员到岗，根据现场情况增开专门柜台，减少业务办理时间，适度延长营业时长，做好秩序维护。

探索建立中国人民银行和商业银行的应急管理信息共享平台，利用该平台发布人民银行与商业银行的现金供需信息，及时掌握特殊时期现金运行和现金库存情况，厘清现金流通趋势，加强现金供需各环节调运协调，实现现金供应系统与应急管理系统的紧密衔接，为解决现金供应难点提供决策支持。

（三）开展舆情监测及舆论疏导

自媒体时代信息发布时效快、渠道多样，在面对集中大额现金取款、现金挤兑等重大事件时，不实网络传言易被放大且快速传播，因此，做好舆论引导对消除现金供应压力、维护正常金融秩序发挥着重要作用。相关金融机构及监管部门应在应对舆情时下"先手棋"，按照统一口径及时向社会公布相关信息，充分利用电视、网络等资源宣传，主动开展舆论引导。加强舆情监测，针对恶意诋毁、歪曲事实、影响社会稳定的信息，及时向网络安全等部门反馈，消除负面影响，避免事态升级。

（四）适时组织现金供应应急演练

现金供应各相关部门需充分考虑可能发生的大额取款场景，从多个场景开展应急演练。一是由货币发行部门牵头，联合支付结算、会计财务、保卫、营业室等多个部门，模拟特殊情况导致某单位亟须大量取现的场景，由商业银行在非工作日办理现金紧急出库业务。二是由保卫部门牵头，联合其他地区人民银行分支机构，模拟本地区发生现金挤兑且在当地发行库现金储存不足情况，开展跨地区现金调运应急演练。通过多部门参与、多地区协作的演练，有效检验人民银行各业务部门之间的配合度，切实提升商业银行应对突发事件的能力和水平。

联合建模在小微企业融资服务场景中的应用

台　璇　吴静仪①

摘　要： 为深入贯彻党中央、国务院"六稳""六保"工作决策部署，进一步深化小微企业金融服务，着力破解小微企业金融服务中企业信息不对称的难题，中国人民银行北京市分行探索使用联合建模技术，在大数据平台建设的基础上，通过与银行共建风控模型，开展全流程的线上融资，提升商业银行小微企业金融服务能力，提高小微企业的获贷率、首贷率、信用贷款率，推动降低贷款利率和不良率，进一步增强信贷融资服务的便利性、精准性和连续性，促进小微企业融资环境持续优化。

一、联合建模技术的基本原理

大数据建模的基本过程是通过机器学习、统计学、分布式计算、数据仓库等多种学科和技术，实现数据的处理、挖掘和分析，达到发现新知识和规律的目的。模型构建通常包括模型建立、模型训练、模型验证和模型预测四个步骤。联合建模即在大数据建模技术的基础上采用多方参与合作的方式开展建模工作，具体形式包括多方数据合作、一方提供数据一方提供建模技术、多种建模技术的联合等。

（一）联合建模技术的特点

联合建模技术具有如下几个特点：一是技术门槛低，可行性高。在开始联合建

---

① 台璇、吴静仪：供职于中国人民银行北京市分行科技处。
注：本文仅为调研组学术思考，与供职单位无关。

模前，参与方就合作方式达成一致，数据源的数据结构、数据质量等基本情况较为清晰，只需具备初级建模能力的分析师便可完成。二是参与方有限，建模效率高。由于联合建模多以协议的形式开展，且数据可用度高，因此，只需少数参与方便可达到建模要求，甚至只需两方即可完成建模，沟通成本大幅降低，建模进展过程顺畅，效率大大提高。三是安全风险低。由于联合建模大多是在签署协议的基础上完成，以原始数据为基础进行开发，对于敏感数据提前做好脱敏处理，开发过程中数据泄露等安全隐患风险较低。

（二）联合建模技术在金融科技领域的应用

由于联合建模具有技术门槛低、可行性高的优点，所以该技术在金融行业被广泛应用。人民银行北京市分行开展"创信融"项目，通过与金融机构联合建模的形式，为金融机构服务小微民营企业提供支持。北京市税务局牵头开展"银税通"项目，旨在通过搭建税务模型为企业融资提供便利。在这之前，中国建设银行、中国工商银行等已经尝试过使用电力数据、水力数据等企业信用替代数据与相关部委开展联合建模，为企业画像补充维度。

二、联合建模技术在小微企业融资服务场景中的应用

为深入贯彻党中央、国务院关于扎实做好"六稳"工作，落实"六保"任务的决策部署，创新小微企业信贷融资服务模式，人民银行北京市分行联合中关村科技园区管理委员会创建"创信融"平台，着力建设"创新·信用·融资"试验田，为小微企业发展和科技创新创业提供金融助推器。在建设大数据平台的基础上，通过与银行共建风控模型，开展全流程的线上融资，提升商业银行的小微企业金融服务能力，提高小微企业的获贷率、首贷率、信用贷款率，推动降低贷款利率和贷款不良率，进一步增强信贷融资服务的便利性、精准性和连续性，促进小微企业融资环境持续优化。

（一）联合建模技术拟解决的问题

该项目主要解决以下问题：一是破解企业信息不对称难题。小微企业和科创企业融资信息具有不对称性，一方面是由于数据离散、未能有效融合，另一方面是缺乏安全可信的数据共享渠道，造成了金融部门与实体经济之间的信息阻隔。"创信融"平台积极探索联合建模等技术应用，在确保数据安全的前提下，联通金融、政务、市场等领域数据仓库，融合多方数据资源，主动为小微企业融资提供精准画像。二是破解小微企业轻资产难题。小微企业和科创企业融资难的突出痛点在于此类企业具有轻资产、无抵押的特性。商业银行可以依托"创信融"平台，通过数据驱动，提供"无抵押、无担保、纯信用"的信贷产品，满足企业自主支用、随借随还、按日计息的需求。三是破解商业银行风险责任认定难题。商业银行通过自身风控系统与"创信融"平台风险评价系统协同联动，实现了授信审批全流程线上化，电脑替代传统人工操作，最快可以达到秒级放贷。提升融资效率的同时，也打通了原来由于风险责任难认定形成的"梗阻"。

（二）联合建模技术的整体建设方案

为解决上述问题，人民银行北京市分行探索出了利用信用信息支持中小微企业融资的新模式——模型驱动的嵌入式金融服务模式。在大数据平台建设的基础上，整合内外部数据资源，充分运用金融机构最需要的核心数据——征信、税务、社保、养老保险等替代数据，开发金融服务功能。应用银行风控模型沙盒评分法，将与辖内试点银行联合开发的评分卡模型放在"创信融"平台上，并在沙盒环境中运算，所得评价结果将被纳入各家银行内部的风控模型中，在确保原始数据不出仓的前提下，实现平台与银行授信审批系统直连（见图1）。

（三）联合建模技术在项目中的具体应用

项目通过开发普适性模型和构建健康度指数两个方面共建评分模型。一是开发普适性模型。针对贷中评价，银行根据平台提供的数据字段，结合自身的数据模型及算法，开发相应的评分卡模型，将该模型与平台所提供的样本企业数据放置在沙

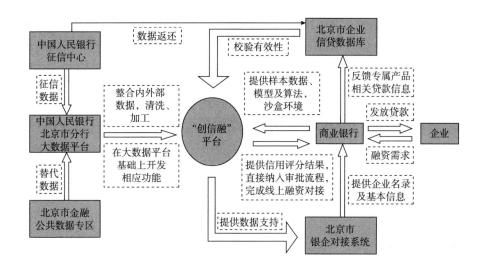

图 1 "创信融"平台业务逻辑

资料来源：笔者自绘。

盒环境中运算，向银行输出模块评分或画像类标签，纳入银行风控模型中，完成授信审批。根据银行提供的样本数据，测试模型有效性，最终开展全流程的线上融资服务，后期可根据各类型代表银行的评分卡模型，提取共性特征，开发普适性模型，将模块评分输出给辖内所有银行使用。二是构建健康度指数。针对贷前、贷中、贷后的全流程管理，基于机器学习，预测企业信贷风险，构建企业健康度指数，通过提取一年内企业税务数据特征，并使用主成分分析法对具有强相关性的特征进行降维处理，最终使用降维处理后的特征数据，以梯度提升决策树（GBDT）作为分类算法模型，形成企业健康度指数。

通过如下四种方式将共建模型的结果应用于银行授信流程中：一是黑白名单推送。针对贷前准入阶段，按照一定规则，通过征信及纳税的负面信息和设置的硬性准入条件，编制黑名单，对征信及纳税表现良好的企业，制定白名单。二是企业信息核验。针对贷前准入中的反欺诈场景，银行通过实时接口提交企业已授权的税务、海关等信息，平台进行核验，通过交叉验证，确认企业财务、税务、进出口数据的准确性，并输出信息是否准确的判断结果，帮助银行识别风险。三是风险预警提示。针对贷后管理，平台已通过简单的一票否决或连续 n 个月违约、逾期等规则，给出企业风险预警提示。另外，在集团客户管理的场景中，可以输出客户的全面授信情况，避免集中度过高的风险。四是模型有效性校验。针对贷后管理中的模型校验场景，利用征信历史数据来验证银行信用评分模型的有效性，推动全流程风险管理形成良性循环，从而进一步优化和迭代模型。

（四）联合建模技术当前取得的成效

目前，"创信融"平台建设已完成，并在"中关村论坛"上作为唯一金融领域的重大成果正式发布。截至 2022 年 9 月底，该平台已与 16 家银行合作落地共计10421 笔贷款，已支持超 25.5 万人次就业，模型调用次数超 49.5 万次，总放款金额超过 90.4 亿元，绝大部分贷款的企业都是"信用白户"，贷款的加权平均利率约为 4.5%，平均贷款批贷时长由 10 个工作日最短可缩至 12 分钟[①]。

三、经验总结

联合建模技术的应用有效缓解了企业信息共享与保护方面存在的问题，尤其是一定程度上解决了被保护的企业信息如何共享的难题。

（一）促进了数据融合应用和价值提升

联合建模技术的应用，实现了企业信息的高度融合与深度分析，从单一数据应用迈向多元数据融合，原始数据经多方同意并脱敏后参与建模过程，在合规性、安全性方面得到了保障并提高了数据价值，创造了更多的数据融合应用场景。

（二）解决了企业监管的局限性和滞后性问题

在金融科技领域，联合建模技术的应用使得各参与方可实现跨区域、跨系统信息共享和服务协同，一方面促进了企业信息的充分共享，另一方面也为监管部门开

---

① 资料来源：中国人民银行北京市分行。

展全流程监管和权益保护提供了更多的可能性，提高企业监管的全面性和及时性。

（三）解决了不同机构间企业信息共享的意愿问题

联合建模技术提供了一种去中心化的计算模式，各参与方地位平等，不存在任何有特权的参与方或第三方，企业信息及分析结果经多方协商约定后，可在某一方或第三方进行核算、存储和传播，从而一定程度上解决了不同机构间企业信息共享的意愿问题。

四、思考与建议

（一）进一步强化小微企业对金融科技的认识，将科技基因贯穿小微金融业务全流程

小微企业融资具有分散性强、频率高、覆盖面广、额度小等特点，传统零售式信贷业务模式难以满足小微企业的融资需求。因此，我们要善于运用科技手段优化（或"重塑"）传统业务模式，充分认识到金融科技的重要性与紧迫性。一是找准金融科技应用的切入点，积极探索人工智能、物联网、云计算、生物特征识别技术在小微金融服务贷前、贷中、贷后的应用。二是聚焦真实业务场景，积极开展平台合作，拓宽小微企业线上获客渠道，促进资金流、物流、信息流的三流合一，力争实现对小微企业信用风险全流程监测。三是高度重视金融科技人才培养，优化小微企业金融部门的人才配备。

（二）进一步深化多方合作，凝心聚力共破小微企业融资难题

一是推动已建成的融资服务平台有机整合，促进形成"线上线下结合，场内场外联动，市区两级协同"的综合服务体系，赋能小微企业金融服务；二是持续推进信用信息共享，拓宽数据广度，增强数据时效，提升数据质量，助力金融机构贷款特别是信用贷款的落地；三是加强政策配套，打好"金融+科技+政策"组合拳，激发更多金融科技创新，全面助推金融支持稳企业、保就业工作。

（三）进一步加强技术探索，理性看待新兴技术的应用

联合建模、区块链、多方安全计算等新兴技术的应用，使政府部门、金融机构、互联网公司等在"数据不出库"的情况下，实现了对企业信息的融合利用与分析，原始数据仍存放在本地，并未通过网络传输和存储迁移，从而在一定程度上保障了数据源的真实性和可信度。一是应积极开展联合建模、区块链、多方安全计算等新兴大数据分析技术的调研和培训，找准应用的切入点，积极探索使用新兴技术为业务履职赋能，提高工作效率，开拓工作思路，创新工作模式。二是在新兴技术的选择与应用上，时刻保持理性，不盲目跟风，借鉴行业内较为成熟的应用场景案例，做好技术原理与风险研究及网络与数据安全风险防控。三是积极推动商业银行、互联网银行、科技公司、科研院所等各方产业加强合作研究，促进新兴技术在金融领域的广泛应用，沉淀形成一批可复制、可推广的行业成功案例，做好案例宣传与推广工作的同时，更要加强企业自身的学习与借鉴。

禁止俄罗斯银行使用 SWIFT 系统对北京地区贸易结算影响的研究

朱 力 陈 杨 王 慧 冯 杨 张 玥 刘晓丹 汪松岭①

摘 要：2022 年 2 月 24 日，俄罗斯与欧美等西方国家在乌克兰的政治角力最终演化为俄乌军事冲突，2022 年 2 月 27 日凌晨，欧美等西方国家宣布对俄罗斯采取金融制裁，禁止俄罗斯几家主要银行使用国际资金清算体系（SWIFT）。对此，国家外汇管理局北京市分局对辖内 14 家银行和 15 家涉俄贸易企业开展了快速调查②。调查结果显示，禁止俄罗斯使用 SWIFT 系统暂未对中俄贸易产生显著影响，大部分涉俄贸易企业外汇结算业务暂未受影响。其中，该制裁对油气进口企业的影响不一，部分企业考虑改用跨境人民币结算。辖内银行涉俄贸易外汇收支规模占比较小，未来将加强制裁风险合规风险管理。

一、SWIFT 系统概述

SWIFT 是全球国际结算的重要报文系统。国际资金清算体系（Society for Worldwide Interbank Financial Telecommunication，SWIFT）成立于 1973 年，主要职能是在全球银行系统之间传递支付、交易和货币兑换等信息（不涉及清算，也不影响资金流），服务全球 200 个国家和地区的 11000 多家银行机构、证券机构、市场基

---

① 朱力、陈杨、王慧、冯杨、张玥、刘晓丹、汪松岭：供职于中国人民银行北京市分行经常项目管理处。
注：本文仅为调研组学术思考，与供职单位无关。
② 全文数据除特殊标注外均为中国人民银行北京市分行调研数据。

础设施和企业①。

二、对俄结算企业头部特征明显，结算币种以欧元为主

（一）北京地区 2021 年对俄贸易增长速度较快，以能源进口为主

2021 年，北京地区对俄罗斯进出口总额 206.7 亿美元，同比增长 40%，占北京地区进出口总额的 4.4%，在俄罗斯的贸易伙伴国中排名第五，进出口产品以原油和天然气等能源类大宗商品为主。其中，进口总额 184.8 亿美元，在俄罗斯贸易伙伴国中排名第六，同比增长 42.5%；出口总额 21.9 亿美元，在俄罗斯贸易伙伴国中排名第十三，同比增长 22%。俄罗斯是全球第三大原油生产国，仅次于美国和沙特阿拉伯。

（二）以欧元为主要对俄结算币种

2021 年，北京地区对俄经常项目收付汇总额为 223 亿美元，占北京地区相应总额的 2.6%。其中，货物贸易付汇总额为 171.2 亿美元，占北京地区相应总额的 3.6%，收汇金额为 8.9 亿美元，占北京地区相应总额的 0.4%，服务贸易付汇总额为 11.5 亿美元，占北京地区相应总额的 1.9%，收汇总额为 30.4 亿美元，占北京地区相应总额的 5.6%。在对俄收付汇中，主要交易币种为欧元、美元、人民币和卢布。其中，对俄付汇金额占比前三位为欧元、美元和卢布，分别占付汇总额的 66.9%、30.9% 和 1.4%，收汇金额占比前三位为欧元、人民币和美元，分别占收汇总额的 68.3%、16.6% 和 12.7%。

（三）货物贸易付汇企业头部特征明显

2021 年，北京地区货物贸易对俄付汇企业共 1558 家，规模最大的前十家累计付汇额为 168.7 亿美元，占全部付汇额的 98.6%，头部特征明显，以原油、天然气和特殊商品进口付汇为主。

---

① 资料来源：SWIFT 官网。

三、禁止俄罗斯使用 SWIFT 系统暂未对对俄贸易产生显著影响

（一）俄乌冲突引发大宗商品价格上涨

俄罗斯是全球第三大原油生产国，仅次于美国和沙特。虽然俄乌冲突暂未对俄罗斯生产和出口造成很大影响，但因其在能源领域占据重要地位，市场担忧其原油出口后续会受到制裁或阻碍，进而推高油价。2022 年 2 月 25 日，布伦特原油和 WTI 原油（西得克萨斯中间基原油）期货结算价分别收于 99.1 美元/桶、92.8 美元/桶，达 2014 年 10 月以来的最高点。俄罗斯还是世界主要农产品生产和出口国，此次冲突引发农产品价格上涨。2022 年 2 月 25 日，CBOT（Chicago Board of Trade）玉米期货日均价收于 515.0 美分/蒲式耳，同比增长 21.6%，CBOT 小麦期货日均价收于 654.9 美分/蒲式耳，同比增长 19.6%[①]。

（二）本次事件对辖内企业涉俄贸易整体影响有限

我国是俄罗斯第一贸易伙伴国，但辖内企业对俄贸易占比不大，对涉俄贸易影响有限。某公司反映，进口原油及天然气贸易仍在有序进行，对俄贸易主要结算银行不在美方制裁名单之列，因此辖内企业未受影响。另一公司表示，目前未收到境外公司业务受到负面影响的反馈，后续将紧跟事态的进一步发展。

四、禁止俄罗斯使用 SWIFT 系统对结算的影响有限

（一）对辖内银行的影响

1. SWIFT 系统在国际结算方面仍具不可替代性

SWIFT 系统在国际结算服务方面，尤其是在美元、欧元的国际结算上，尚无其

---

① 资料来源：Wind 数据库。

他报文服务可以替代。虽然部分国家已经建立其他报文服务体系,例如,CIPS 系统(人民币跨境支付系统)兼具资金清算和报文服务功能,但 CIPS 系统的报文服务功能需要银行单独申请并安装单独的报文收发器,目前较多银行仅使用 CIPS 系统的资金清算功能,仍使用 SWIFT 系统的报文服务功能处理收付指令。某银行表示,如俄罗斯的主要银行被排除在 SWIFT 系统之外,将无法办理对俄外币收付汇业务,若通过 CIPS 系统跨境人民币进行支付结算,最终付至俄罗斯收款行是否可摆脱 SWIFT 系统的问题尚无法确定。

2. 对银行制裁风险合规风险管理提出新要求

2022 年发布的禁止俄罗斯使用 SWIFT 系统等金融制裁措施,对我国银行制裁合规管理工作提出新的要求,涉及被禁 SWIFT 系统的相关俄方银行的资金跨境清算时,需特别关注其汇款路径的风险性。某银行表示,其总行将对涉俄制裁可能对该行产生的影响及相关风险进行统一评估,分行将严格遵照其总行及监管部门的要求,做好制裁合规风险管理工作。另一银行表示,商业银行面临的连带制裁风险升高,银行为大宗商品提供结算或融资时,可能会面临二级制裁,该情况成为商业银行普遍的担忧点。

(二) 对企业的影响

1. 油气进口资金结算受影响程度不一

由于对俄罗斯原油及天然气进口主要为管道运输,加之合同期限较长,目前供应量未受影响,但结算金额受油气价格影响出现增加,付汇量也将随之增加。有公司反映,进口原油及天然气业务仍在有序进行,但俄罗斯主要结算银行在此次 SWIFT 系统制裁名单之列,为保证资金安全,双方暂停资金结算,俄罗斯正在调整银行业务,寻找新的结算通道。还有公司反映从俄罗斯进口 LNG 均为现货合同,没有签署长期购销协议(又称自主协商,以下简称长协),现货采购来源国较多,有需求时将依据各国供应商的价格决定。与俄罗斯已签订的北极液化天然气 2 号项目(Arctic LNG 2,以下简称北极 LNG 2 号项目)长协将于 2023 年底起供气,供应量约为 200 万吨/年，暂未受俄乌冲突影响。

2. 大部分企业外汇结算业务未受影响

本次欧美等西方国家对俄罗斯实施的金融制裁是对俄罗斯部分银行禁用 SWIFT 系统，与能源相关的结算不在其制裁范围内，由于俄罗斯能源行业的全球影响力和市场占有率较高，完全禁止俄罗斯能源出口的概率较小。因此，该金融制裁对能源进口企业对俄付汇的影响有限。对军工行业而言，跨境结算风险性更高，对支付路径安全性的要求也更高。某银行共有 584 家企业客户从事涉俄业务，尚未受到影响，但个别企业高度关注俄乌局势变化，对未来收付资金的安全性表示担忧。

3. 部分企业考虑改用跨境人民币结算

本次制裁后，相关企业表示最大的担心是对俄罗斯 SWIFT 系统被停用后，TLT（电汇）项下外币清算会受影响。为此，涉俄业务企业加强了涉俄贸易链条各交易要素的制裁合规风险排查工作，审慎选择涉俄贸易合同的结算银行、结算币种及结算方式。部分企业仍担心原有的涉俄正常贸易订单无法继续履行，因此准备了应急预案，计划通过调整结算银行、结算币种的方式来规避风险。辖内银行也表示，将进一步加强与企业沟通，提示涉俄业务的结算风险，为企业积极做好金融服务工作。

北京服务贸易的现状与问题

王　越　汪松岭　刘传明　贺　杰　叶　欢①

摘　要：党的十八大以来，我国经济发展已进入转型升级新阶段，在党中央、国务院的坚强领导下，服务业改革开放持续深化，服务贸易日益成为对外贸易发展的新引擎，对外深化开放的新动力。服务贸易作为国际软实力的体现，对地区产业转型升级起到决定性作用。2022 年前 10 个月，北京地区服务贸易发展趋势总体向好。从结构上看，知识密集型服务出口呈现亮点，服务贸易与货物贸易联系越发紧密，呈现融合发展态势。虽然北京地区服务贸易发展稳步向好，但服务贸易收支增长速度落后于上海市、广东省等地，运输服务贸易增长可持续性不强以及知识产权使用费与广东省差距明显。北京地区应横向比较、纵向发力、协同整合，发扬比较优势，补足短板，支持服务贸易创新融合发展。

一、北京地区服务贸易总体情况

北京地区服务贸易增长态势良好。2022 年 1—10 月，北京地区服务贸易收支合计 924.3 亿美元②，同比增长 6.2%，占地区对外贸易的比重为 13.6%。当前，国内外宏观经济形势复杂多变，在全球服务贸易持续低迷的情况下，服务贸易已成为北京地区对外贸易增长的新亮点。

---

① 王越、汪松岭、刘传明、贺杰、叶欢：供职于中国人民银行北京市分行经常项目管理处。
注：本文仅为调研组学术思考，与供职单位无关。
② 资料来源：国家外汇管理局，国际收支口径，下同。服务贸易主要包含 12 大类：加工服务、运输服务、旅行服务、建设服务、保险服务、金融服务、其他商业服务、电信计算机和信息服务、文化娱乐服务、维护和维修服务、知识产权使用费以及政府货物和服务。

北京地区服务贸易收支维持在千亿美元。2017—2021 年，北京地区服务贸易年均收支总额在 1000 亿美元左右，收支总额年均增速约为 3.2%，低于广东省约 10 个百分点（见图 1），收支总额约占全国服务贸易收支的 16%，在全国排名第三，仅次于上海市、广东省。

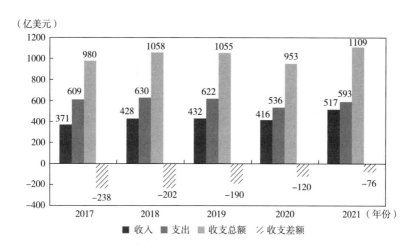

（亿美元）

图 1　2017—2021 年北京地区服务贸易国际收支情况

资料来源：中国人民银行北京市分行。

北京地区服务贸易国际竞争力持续提升。北京地区服务贸易整体结构在持续优化，特别是知识密集型和创新驱动型服务贸易已成为发展的新动能。2021 年，北京地区生产性服务贸易收支规模约达 981 亿美元，较 2017 年增长 31%，占服务贸易收支总额的比重由 76% 上升至 88%；知识密集型服务贸易逆势上扬，出口收入占服务贸易收入总额的比重为 68%，较 2017 年增长 3 个百分点，反映出北京地区的服务贸易质量持续改善。

二、北京地区服务贸易发展特点

一是服务贸易出口持续发力。2022 年 1—10 月，北京地区服务贸易收入总额为 437.6 亿美元，同比增长 8.8%，支出总额 487.7 亿美元，同比增长 4%。在出口行业中，运输服务、电信计算机和信息服务以及其他商业服务增长较快，同比增长率分别为 61.9%、14% 和 7.4%。值得关注的是，知识产权使用费收入同比增长了 115.3%，以研究院、移动通信行业、文化行业等为代表的北京地区企业，将自身科研能力转化为知识产权项下专利及特许权，输出境外获取知识产权使用费，充分体现了北京高新技术企业及文化企业科技创新能力及国际输出能力的不断提升。

二是服务数字化趋势明显。2022 年 1—10 月，北京地区数字服务贸易①占服务贸易收支总额的比重为 51.6%，较 2017 年提高 6.8 个百分点（见图 2）。数字贸易中，其他商业服务以及电信计算机和信息服务规模最大，2017 年和 2021 年的收支年均增速分别为 4.3% 和 7.5%。在其他商业服务项下收支份额排名前 20 的企业中，有 15 家为外资企业，收支份额占前 20 家企业收支总额的 77%。在电信计算机和信息服务项下，以外资承接服务外包和内资主动研发输出为主要形式，其中，收支份额排名前 20 的企业中，有 13 家为内资企业，其增长份额对前 20 家企业收支规模增长的贡献率为 82%，体现出本土移动通信行业竞争力不断增强。

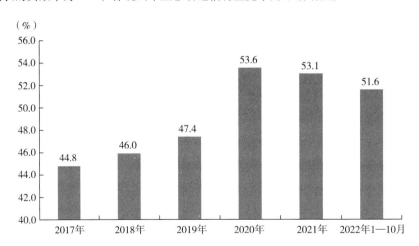

图 2　2017—2022 年北京地区数字贸易占服务贸易收支比重

资料来源：中国人民银行北京市分行。

---

①　参考联合国贸易和发展会议以及中国信通院发布的《数字贸易发展白皮书（2020）》。选取其他商业服务、电信计算机信息服务、知识产权服务、文化娱乐服务、金融服务和保险服务六大类进行估算。

三是运输和旅行持续发力。2022 年 1—10 月，北京地区运输服务收支总额 221 亿美元，同比增长 36.5%，其中收入份额为 59 亿美元、支出份额为 162 亿美元，同比分别增长了 61.3% 和 29.3%。国际运输呈现客降货增的态势，国际客运服务收支同比下降了 3.8%，国际货运收支同比增长了 37.8%。海运运价虽有所下调，但仍居高位。在我国对外贸易进出口保持高需求的背景下，北京地区货物运输继续保持向好态势。2022 年 1—10 月北京地区旅行服务支出为 76 亿美元，同比增长 6.5%，逆转了连续两年下降态势。其中，留学及教育相关旅行服务支出为 38 亿美元，同比增长 26.7%。

四是美国是最大的贸易对手国。2022 年 1—10 月，北京地区对美服务贸易跨境收支总额为 200.4 亿美元，同比增长 8.6%，主要是来自运输、电信计算机服务行业的收支增长。北京地区对美贸易跨境收支总额占比 20.6%，连续两年排名首位，对美服务贸易跨境收支总额基本稳定在 200 亿美元左右，中美贸易摩擦对于服务贸易领域的影响暂时未有明显体现。北京地区对《区域全面经济伙伴关系协定》（RCEP） 14 国[1]的服务贸易跨境收支总额为 145.7 亿美元，同比增长 3.9%，主要为运输行业。北京地区对 RCEP14 国的服务贸易跨境收支总额占比为 15.3%，RCEP 将持续发挥作用，推动北京地区对 RCEP14 国服务贸易收支的持续增长。

五是货物和服务贸易融合发展。2022 年 1—10 月，北京货物贸易和生产性服务贸易收支[2]均达到 5 万美元的企业约 2300 家，企业数量仅占北京地区贸易企业数量的 5%，但贸易收支总额为 4600 多亿美元，占北京地区贸易收支的 65.7%。企业将技术、专利、品牌、商誉等服务要素融入制造业产业链，推动货物贸易及服务贸易融合发展，并成为北京地区对外贸易增长的重要推动力量。例如，电子制造企业从加工制造向研发设计、检测维修等价值链延伸，同时提供管理咨询、技术服务等相关配套服务；生物医药领域企业以提供研发、技术等服务为主，并在研发过程中产

---

① RCEP 14 国包括东盟十国（印度尼西亚、马来西亚、菲律宾、泰国、新加坡、文莱、柬埔寨、老挝、缅甸、越南）、日本、韩国、澳大利亚和新西兰。

② 指除旅行服务和文化娱乐服务外的其他十项服务贸易。

生相关原料进口、研发成品出口等货物贸易需求。

三、值得关注的问题

一是北京地区服务贸易增速落后于上海、广东等地区。从服务贸易收支规模来看，北京地区服务贸易收支规模于 2019 年已被广东省超过，排名全国第三。从服务贸易收支平均增速来看，2017—2021 年，北京地区服务贸易收支年均增速为3.2%，分别低于上海和广东 0.9 个和 10.7 个百分点（见表1），同时低于全国服务贸易收支增速约 3.5 个百分点。从交易项目来看，北京在建设服务、保险和金融服务以及文化娱乐服务规模上具有优势，但除建设服务外，其余十一大项目 2017 年至 2021 年的年均增速均低于广东。即使是北京增长比较强劲的电信计算机和信息服务项，年均增速也比广东省低 6.9 个百分点，表明北京地区的服务贸易发展仍需全面发力。

表 1　北京、上海、广东三地服务业及服务贸易比较

地区	2021 年服务业增加值（万亿元人民币）	2017—2021 年年均增速（%）	2021 年服务贸易收支总额（亿美元）	2017—2021 年年均增速（%）	服务业外贸依存度（%）
北京	3.3	7.2	1109.3	3.2	21.7
上海	3.2	8.6	2294.4	4.1	46.3
广东	6.9	8.4	1408.1	13.9	13.2

注：①服务业增加值、服务贸易收支总额数据来自各地统计局。其中，上海地区服务贸易数据包括银联商务数据，导致整体服务贸易收支总额及服务业外贸依存度偏高。

②服务业外贸依存度，即服务贸易收支总额/服务业增加值。

资料来源：笔者自行整理计算。

二是北京地区知识产权使用费与广东地区差距较大。知识产权是地区自主创新能力及国际竞争力的重要体现。从知识产权使用费规模来看，2021 年北京地区知识产权使用费收支为 63.1 亿美元,仅为广东地区知识产权使用费收支总额的 31.4%(见图 3),其中北京地区知识产权使用费收入仅 5.3 亿美元,广东地区知识产权使用费收入 87 亿美元。从知识产权使用费的年均增速来看,北京地区知识产权使用费收支在 2017 年至 2021 年的年均增长率为 9.6%,比广东地区低 5.3 个百分点。广东知识产权使用费收入集中在腾讯系企业游戏收入以及华为系企业通信技术使用费收入,体现了龙头企业服务业的集聚性、引领性特点。北京地区龙头科创企业匮乏,产业集聚效应不强,在国际市场上知识产权"输出"能力有待提升。

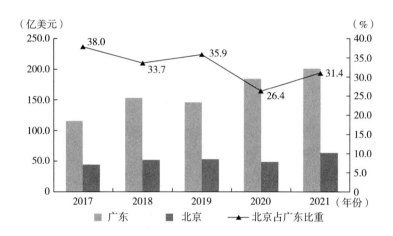

图 3 2017—2021 年北京和广东的知识产权使用费收支情况

资料来源:笔者自行整理。

四、相关建议

当前,我国对外贸易呈现量稳质升态势,贸易结构逐渐优化升级,贸易方式越发融合多元。服务贸易作为国际贸易的重要组成部分和国际经贸合作的重要领域,在构建新发展格局中具有重要作用。面对当前国际经济贸易新格局,北京地区服务贸易应从横向和纵向上共同发力、协同整合,推动地区服务贸易高质量发展。

一是横向比较，发扬比较优势的同时补足短板。发挥北京建设服务、保险和金融服务总部经济区域优势，推动地区对外承包企业走出去，支持出口信用保险等与货物贸易相关保险金融产业发展。同时，立足地区科创及人才资源优势，不断提升地区电信计算机和信息服务、知识产权使用费等相关数字服务国际竞争力。

二是纵向发力，培育中小企业服务贸易创新发展。当前，我国中小企业融入全球化程度加深，对外输出高附加值服务能力提升，已成为国际贸易的重要参与者。中小企业是我国经济高质量发展的生力军，尤其是"专精特新"企业，创新能力强、科技含量高、活跃度强，是推动技术和产业创新的重要基础。建议整合资源，培育地区中小企业龙头企业，促进相关先进制造业与现代服务业产业集聚，推动服务贸易创新发展。

三是协同整合，推动服务贸易与货物贸易深入融合。贸易融合已经成为全球进出口增长的重要动力，应进一步顺应全球贸易融合发展趋势，发挥传统贸易优势，鼓励企业通过贸易融合发展拓展国际布局，提高核心竞争力。同时，积极推动构建统一高效、精准稳定的政策支持体系，并充分依托跨境电商等新业态新模式，探索搭建新型融合发展平台，立足融合发展需求，在财政、税收、通关、人才等方面为企业提供一揽子政策支持措施，为企业融合发展提供有效保障。

北京市高新技术企业增值税留抵退税情况及效果研究

魏超然①

摘　要： 自 2022 年 4 月 1 日大规模增值税留抵退税政策落地以来，高新技术企业成为受益主体之一。为了解高新技术企业留抵退税情况及效果，中国人民银行北京市分行对辖内 415 家高新技术企业开展问卷调查②。调查结果显示，大规模留抵退税政策助企纾困效果明显，一是为退税企业注入了资金"活水"，增强了企业应对经营困难的能力；二是为高新技术企业加大研发投入增添了助力；三是与其他税费优惠政策形成合力，促进高新技术企业轻装上阵、专注发展。调研发现，部分处于初创期的高新技术企业、部分从事软件设计和研发的企业等，对进一步加大留抵退税等助企纾困政策力度的诉求相对强烈。建议强化配套资金支持，拓宽企业融资渠道；持续优化营商环境，促进科技成果转化。

一、北京市高新技术企业增值税留抵退税基本情况

（一）大规模留抵退税政策高效落地，高新技术企业是受益主体之一

自 2022 年 4 月 1 日起，大规模增值税留抵退税政策全面实施，在经济发展中发挥创新引领作用的高新技术企业成为留抵退税政策的主要受益群体之一。据统

---

① 魏超然：供职于中国人民银行北京市分行国库处。

注：本文仅为调研组学术思考，与供职单位无关。

② 调查选取的 415 家样本企业均为国家级高新技术企业或中关村高新技术企业一般纳税人，大型、中型、小型、微型企业占比分别为 7%、34%、44%、15%，软件和信息技术服务业、制造业、科学研究和技术服务业的企业占比分别为 41%、22%、13%。

计，2022 年 4—6 月，北京市高新技术企业留抵退税户数约为 0.6 万户，退税规模约 166.3 亿元①。

（二）科学研究和技术服务业退税企业户数较多，高技术制造业户均退税规模较大

一是在办理留抵退税的高新技术企业中，科学研究和技术服务业退税企业户数约占 3/4。科学研究和技术服务业企业具有数量多、规模小的特点。据统计，2018 年北京市科学研究和技术服务业法人单位数共 15.4 万个②，而规模以上法人单位数仅 3000 余个③。2022 年 4—6 月，从事科学研究和技术服务业的高新技术企业退税户数共 4000 余户，在办理留抵退税的高新技术企业中占比约为 75%。二是高技术制造业户均退税规模较大。近年来，北京市不断疏解一般制造业企业，推进制造业向高端、智能、绿色方向发展。不同于科学研究和技术服务业，北京市高技术制造业企业具有规模大、数量少的特点，2022 年 4—6 月高技术制造业企业户均退税金额共计 546 万元，分别较软件和信息技术服务业、科学研究和技术服务业高新技术企业高 212 万元和 374 万元。

（三）由于可享受即征即退政策等原因，软件和信息技术服务业享受留抵退税的企业户数相对较少、退税规模相对较小

一是在软件和信息技术服务业高新技术企业中，符合即征即退政策条件的企业较多。除留抵退税政策外，高新技术企业在符合"销售其自行开发生产的软件产品、内资研发机构和外资研发中心采购国产设备"等情形时，还可以选择享受即征即退政策。据调查，52% 的软件和信息技术服务业样本企业满足即征即退政策条件。二是留抵退税政策和即征即退政策之间只能选择其一，多数样本企业选择享受即征即退政策。据调查，在符合即征即退政策条件且有留抵税额的软件和信息技术服务业样本企业中，60.9% 的样本企业由于自 2019 年 4 月 1 日以来享受过即征即退

---

① 资料来源：中国人民银行北京市分行。
② 资料来源：第四次全国经济普查（2018 年）。
③ 资料来源：北京市统计局。

政策，且不打算缴回已退还的增值税即征即退税款，因而不符合享受留抵退税政策的条件，29.7%的样本企业虽然符合享受留抵退税政策的条件，但其表示更倾向于选择享受即征即退政策。2022年4—6月，办理的高新技术企业留抵退税中，软件和信息技术服务业退税企业户数占比、退税规模占比分别为5%、5.9%，退税企业户数占比分别低于高技术制造业企业、科学研究和技术服务业企业1.5个和70.1个百分点；退税规模占比分别低于二者6.6个和39.7个百分点。

二、大规模留抵退税政策在促进缓解高新技术企业资金压力、助力高新技术企业创新发展等方面发挥作用

（一）大规模留抵退税政策为退税企业注入了资金"活水"，提高了企业应对经营困难的能力

一是留抵退税将部分重资产型高新技术企业的留抵税额转化为当期可用资金。据了解，部分重资产型高新技术企业前期采购设备、原材料较多，导致留抵税额占用了大量资金，大规模留抵退税政策使这些资金得以释放，重新投入企业生产经营活动。调查显示，63%的样本企业将退税资金用于房租水电、员工工资、原材料采购等日常周转，29%的样本企业将退税资金用于缴纳其他税费、偿还贷款或支付利息。二是退税资金有助于企业更好地应对订单下滑、原材料价格上涨等经营困难。2022年第二季度北京市部分高新技术企业由于销售端乏力、资金回流受阻，加之大宗商品价格上涨，导致原材料采购成本增加。大规模留抵退税政策缓解了企业经营困难。调查显示，在退税样本企业中，超九成样本企业反映留抵退税政策能够缓解资金周转压力，约八成样本企业对留抵退税政策效果表示满意。

（二）大规模留抵退税政策为高新技术企业加大研发投入增添助力

一是超六成样本企业表示会将退税资金用于研发，研发投入规模较大是高新技术企业的典型特征。调查结果显示，64%的退税样本企业表示会将退税资金用于增

加研发投入。二是高新技术企业研发费用和研发成果实现双增长。受大规模留抵退税等因素推动，2022 年 1—7 月，中关村示范区规模以上企业研发费用同比增长了 14.6%，其中电子与信息领域企业研发费用同比增长了 18.5%①。据被调研的样本企业反映，大规模留抵退税政策使企业用于购买关键材料和技术的预算增加，有利于加快企业新产品研发进度。

（三）大规模留抵退税政策与其他税费优惠政策形成合力，促进高新技术企业轻装上阵、专注发展

在 2022 年新实施的组合式税费支持政策中，有多项政策与高新技术企业有关，其中，减税政策包括对高新技术企业所得税采取优惠税率、科技型中小企业研发费用加计扣除、小型微利企业所得税减免、小微企业"六税两费"减免等；退税政策包括增值税即征即退、留抵退税等；缓缴政策包括制造业中小微企业延缓缴纳部分税费、阶段性缓缴企业社会保险费等。调查结果显示，超九成样本企业正在同时享受两项及以上的税费优惠政策。大规模留抵退税政策与其他税费优惠政策相互组合，共同推动减轻降低高新技术企业负担。2022 年上半年，北京市信息传输、软件和信息技术服务业税负②较上年同期下降了 1.8 个百分点，其中增值税税负较上年同期下降了 1.7 个百分点。

三、三类高新技术企业对进一步加大留抵退税等助企纾困政策力度的诉求相对强烈

一是相对于成熟期及转型期③的高新技术企业而言，初创期企业对留抵退税政策的需求相对迫切。处于初创期的高新技术企业前期投入较多、盈利能力较弱。据

---

① 资料来源：北京市统计局。
② 行业税负＝行业税收/行业增加值。
③ 高新技术企业的发展阶段一般可以划分为四个时期，即初创期、成长期、成熟期和转型期。在调查样本中，初创期、成长期、成熟期、转型期企业占比分别为 10.1%、60.5%、24.1%、5.3%。

调查，处于初创期的样本企业中，存在留抵税额的样本企业占比为61.9%，享受留抵退税政策优惠的样本企业占比为28.6%，两项指标分别高于成熟期和转型期样本企业16个百分点和14.6个百分点。据了解，一些初创期样本企业对未来发展缺乏信心，希望留抵退税等税费优惠政策能够继续完善并长期实施。

二是软件和信息技术服务类企业普遍具有轻资产、高研发投入的特点，为保持市场竞争力，需要不断投入资金进行技术改造和升级。但由于缺少抵押物，软件企业的融资难度相对大于制造业等重资产行业企业。调查显示，在软件和信息技术服务业样本企业中，反映"资金周转压力大"的样本企业占比达50.3%，高于制造业、科学研究和技术服务业。一些从事软件设计和研发的样本企业提出，希望在享受即征即退、留抵退税等政策优惠的同时，还能够获得其他方面的资金支持。

三是部分盈利能力明显下降的高新技术企业诉求也较为强烈。调查显示，60.2%的制造业样本企业面临原材料价格上涨的压力，42.6%的科学研究和技术服务业样本企业业务拓展受限、订单不足。受成本增加、订单减少等因素的影响，部分高新技术企业难以实现盈利甚至陷入亏损，导致针对高新技术企业、技术先进型服务企业的企业所得税税率优惠政策，以及针对科技型中小企业的研发费用加计扣除政策无法发挥作用，进而削弱了组合式税费支持政策的效果。42.4%的样本企业表示上半年处于亏损状态，表示上半年亏损的这些企业对组合式税费支持政策的满意度评分平均为3.74（5分制），较上半年盈利的企业的评分满意度低了0.31分。

四、政策建议

（一）完善财税支持政策

在保障财政资金平稳运行的同时，适当扩大部分税费优惠政策适用范围，延长部分政策实施期限，适时推动增值税税率三档简并两档改革。

（二）强化配套资金支持，拓宽企业融资渠道

一是统筹用好产业领域各类政府引导基金，打造和完善科创基金投资生态链。

二是优化知识产权质押融资服务体系，在风险可控的前提下进一步扩大知识产权质押融资、信用贷款、中长期贷款规模，加大力度吸引天使、创投等资本聚集，引导开展长期投资和硬科技投资。

（三）持续优化营商环境，促进科技成果转化

一是建立普惠、精准的企业服务机制，加大创新型人才培养力度，畅通创新成果产业化渠道，推动重点产业链强链补链。二是完善高水平对外开放政策体系，加强与全球一流创新中心的联系，持续推动国际产能合作提质升级，深度参与全球产业链、供应链重构重组。

北京地区金融科技人才队伍建设现状及对策建议

马 懿 张凯宁 杜雪嫣 吴静仪 张 艺 赵 磊 赵 雪①

摘 要：金融科技人才是金融科技创新的主体，目前对于金融科技人才队伍建设的研究尚处于探索阶段。本文立足于北京地区金融科技人才发展现状，从金融科技人才的供给和需求两个方面入手，通过对 95 家金融机构和 5 家高校开展调研，深入分析了在金融科技人才队伍建设方面存在的主要问题，并从政产学研用等多个角度提出了推动金融科技人才队伍建设的相关政策建议，旨在引导和促进金融科技职业发展，推动金融行业数字化转型。

一、金融科技人才队伍建设的现状

金融科技的快速发展，带来了金融科技人才的需求缺口。《2020 年中国金融科技人才现状与需求调研分析报告》指出，56.45%的企业反映金融科技人才紧缺，30.65%的企业反映金融科技人才十分紧缺。中国人民银行发布的《金融科技（FinTech）发展规划（2019—2021 年）》中也提出要加强人才队伍建设，造就既懂金融又懂科技的专业人才。为了更准确地把握金融科技人才队伍建设现状，深入了解金融科技人才队伍建设存在的问题以及努力方向，本文通过问卷调研、文献查阅等形式，对北京地区金融机构金融科技人才队伍建设的现状及高校金融科技专业设置

---

① 马懿、张凯宁、杜雪嫣、吴静仪、张艺、赵磊、赵雪：供职于中国人民银行北京市分行科技处。

注：本文仅为调研组学术思考，与供职单位无关。

情况进行阐述。调研结果显示，受访金融机构（以下简称机构）中，有91%的金融科技人才为技术相关专业出身，部分银行中有少数金融相关专业出身的人才。机构对于金融科技人才工作经验的要求普遍在3年及以上，年龄要求主要集中于26~30岁。其中约75%的金融科技人才承担技术开发方面的工作（包括项目经理及开发人员），12.5%的人才从事需求方面的工作，12.5%的人才从事其他工作。银行对从事业务方面工作的金融科技人才需求较强。

从技术能力来看，需求主要集中在产品研判、数据分析、技术架构方面，项目统筹、网络管理方面需求较低。其中，支付机构及银行的技术需求有所不同，支付机构对技术架构技术的需求较高，而银行则对数据分析技术需求较高。除此之外，机构对风险策略技术、信息安全技术、信创技术也有一定需求，尤其是风险策略技术。机构比较注重的技术主要包括数据安全、网络安全、大数据、场景应用、数据治理、云计算、架构设计、人工智能等，但对于集成电路、5G通信、量子技术、虚拟现实、增强现实等技术的关注程度较低。

二、金融科技人才队伍建设过程中存在的问题

（一）需求侧①存在的问题

通过对调研结果进行分析，以北京为例，需求侧金融科技人才队伍建设存在以下几个方面问题：

行业需求量增加，人才供需不匹配。调查显示，由于数字化技术应用、业务规模扩张、机构提质增效等原因，机构的金融科技人才需求量快速增加，有65%的机构认为存在金融科技人才缺口。此外，约48%的机构认为目前金融科技人才的专业水平和业务技能不高。造成金融科技人才缺口排在前五的原因分别为金融科技人员竞争激烈、流动性较大，入职人员在金融科技技能经验方面能力不足，薪酬缺乏竞

---

① 需求侧：主要指银行、支付机构、科技公司等金融科技人才的需求方。

争力，招聘职务和目前高校的基础教育学科不匹配，机构在金融科技人才培养和发展扶持政策不足。

岗位性质不明确，激励机制不健全。调研结果显示，部分机构的金融科技激励机制还不够完善，职位晋升通道不明确，机构未设立专门的金融科技职称序列，较多机构使用技术序列评定金融科技人才职称，少部分机构则使用金融序列评定。此外，在金融科技人才等级划分方面，有近七成机构依照不同标准对金融科技人才进行了等级划分，其他机构则未进行等级划分。

内部培训不完善，培训内容不专业。调查结果显示，2021年，有超过90%的机构组织开展了金融科技业务培训，但也有个别机构未组织开展培训。机构反馈金融科技人才培训少的原因主要包括机构内部不够重视、课程设计交叉与融合性不足、机构内部专业师资队伍组建困难、培训内容与实际需求不匹配，以及外部金融科技培训专业性不足等。

（二）供给侧①存在的问题

专业定位不够清晰，课程设置偏重金融。目前，市场上对金融科技人才及金融科技专业的定位尚不明确，大部分高校仍然通过金融工程专业实现对金融科技人才的培养，北京市已开设金融科技专业本科的高校仍较少。通过对比金融机构对金融科技人才的需求，与高校金融科技专业的课程设置，课题组发现，目前高校在金融科技专业的课程设置上与市场的需求方存在明显偏差，主要体现在专业课程大多偏向于经济金融类和技术的基本原理上，缺少对计算机编程等能力的培养。

学科交叉融合性强，学校师资力量匮乏。金融科技专业多为金融专业与计算机类技术专业交叉的学科，要求学院同时配备金融、量化、计算机等多学科背景的教师，对师资要求较高。调查显示，跨学科教学对师资力量要求高，已成为高校培养金融科技人才的主要难点。

缺少课程实践场景，难以满足就业需求。金融科技专业作为近些年新成立的专

---

① 供给侧：主要指高校等金融科技人才的供给方。

业，尚未建立起成熟的人才培养体系，高校学生学到的理论知识缺少实践机会。近七成被调研机构认为，入职人员在金融科技技能经验方面能力不足，已成为招聘过程中的难点问题。

市场化培训机构少，再教育体系不完善。目前，金融科技人才的评价标准和培养体系尚未完全建立，市场上对金融科技人才的定位较为模糊。同时，相关部门尚未出台统一的人才评价体系，金融科技人才培养模式基本以高校培养为主，缺少市场化培训机构，培养模式较为单一。调查结果显示，超过九成的金融科技人才是技术背景，入职后自学经济金融知识完成转型，这也使得金融科技人才门槛提高，不利于金融科技人才的成长与发展。

三、加强金融科技人才队伍建设的对策建议

（一）金融机构要进一步完善金融科技人才激励机制

一是要建立健全考核评价激励机制，激发技术人员创新活力，做到人岗相适、人事相宜、人尽其才，确保金融科技人才的稳定性和人才结构的合理性；二是制定科技与业务人员内部轮岗交流方案，通过大力推进金融科技人才专业技术序列评聘工作，选配一批高素质金融科技复合型中高管人员，逐渐完善金融科技人才职业发展路径；三是要做好金融科技人才的职业规划，从制度上建立阶梯式的晋升通道，明确金融科技人才的发展前景，调动金融科技人才工作的积极性，减少金融科技人才的流失；四是提高金融科技人才福利待遇，吸引、留住金融科技人才，提升金融科技人才的工作效率。

（二）教育机构要优化专业课程设置，加强职业再教育

一是在课程设置方面，增加计算机类课程在专业课程中的占比。高校在培养金融科技人才的过程中，应当注重对学生计算机编程能力的培养，使得金融科技专业的学生既具备丰富的金融基础知识，又具备扎实的技术能力。二是在社会实践方面，加强与金融机构合作创造实践场景，搭建金融科技场景的实践平台。通过寒暑

期实习、联合调研等形式，与金融机构开展合作，及时了解市场需求，拓宽学生视野，增加学生实践经验。三是在人才培养方面，建立人才培养体系。针对目前金融科技人才紧缺的现状，高校应当建立从入学到就业的金融科技人才培养体系，丰富教育形式，增强对复合型金融科技师资力量的引进，增设在职教育课程，加快完成金融科技专业的建设。

（三）相关部门应建立统一的金融科技人才评价体系

金融科技人才在银行、互联网公司、金融科技企业等机构之间的流动已成为常态。目前，我国在金融科技人才认证方面主要有三类证书（见表1），其在等级设置及课程体系方面有所不同，且不能互认。为了便于促进金融科技人才的流动，金融管理部门、行业组织需要发挥引领带动作用，尽快出台金融科技人才能力评价标准，明确人才认定标准、等级标准和统计口径，推动金融科技从业人员资格认证纳入全国统一的职业资格制度，完善金融科技职业资格认证，推动出台全国适用的金融科技类证书，促进金融科技人才的跨区域流动，帮助政府部门、金融管理部门、企业、院校建立金融科技人才培养体系和金融科技人才评价标准，构建具有中国特色的全球金融科技"人才技能认证""人才教育培养""人才价值生态"新体系。

表1 国内金融科技从业资格认证

证书简称	证书全称	发起机构	课程体系
SHMFTPP	深港澳金融科技师专才计划	深圳市地方金融监督管理局、中国香港金融管理局、中国澳门金融管理局	设置三个级别，目前已推出一级和二级考试。一级包括经济、金融、金融标准化、财会、创新管理、监管与合规、金融伦理、战略性新兴产业、人工智能、大数据、区块链、云计算和5G共13门课程；二级分人工智能和大数据方向，讲义包括10多个金融案例应用、金融伦理和金融法规等
CGFT	特许全球金融科技师	上海交通大学、上海高级金融学院、上海高金金融股研究院	设置四个级别，目前已推出一级考试。一级包括金融学基础、会计学和财务分析基础、大数据技术原理与应用，Python 语言基础、机器学习原理与应用、区块链技术原理及应用、金融科技应用专题

证书简称	证书全称	发起机构	课程体系
CFT	中国银行业金融科技师	中国银行业协会	已推出初级考试，主要面向银行业管理层，课程包括大数据、人工智能、区块链、云计算、移动互联网、物联网、5G 等，业内大咖案例和经验分享，不涉及编程实操

资料来源：笔者自行整理。

（四）地方政府应进一步完善金融科技人才支持政策

未来城市间的金融科技人才流动和竞争将会更加激烈，地方政府需要根据金融科技人才的变化趋势，不断提高相关政策的落地效果和精准程度。一是将人才支持和奖励政策与企业扶持优惠政策有机结合，突出金融科技人才的创新贡献；二是进一步加大对高层次领军人才的引进和支持力度，发挥金融科技领军人才的带动作用。以北京为例，可以实施金融科技人才聚集工程，在人才计划中强化金融科技人才相关内容。通过对《2021 年数字经济人才白皮书》调查分析得出，我国 19.5%的数字经济人才分布在北京，金融科技人才不仅构成了北京数字经济人才的重要组成部分，也为北京更好建设国家金融管理中心提供了强有力的支撑。

关于地方国库现金管理与地方政府债务管理协调配合情况的研究

魏超然[①]

摘 要: 2015 年以来,地方国库现金管理操作与地方政府债券发行次数增多,国库资金高存量与地方政府高负债并存现象,以及国库存在闲置资金却仍然发行债券募集资金的现象逐渐引起关注。为研究地方国库现金管理与地方政府债务管理协调配合情况,本文分别对北京市"高库存与高负债并存""国库闲置资金与债券发行并存"等现象进行了统计,总结了现象特点及可能产生的影响,分析了产生原因,并提出了加强地方国库现金管理与地方政府债务管理协调配合相关的政策建议。

一、北京市国库资金存量与负债"双高"现象简析

近年来,国库资金存量与地方政府负债的"双高"现象逐渐引起关注,然而"双高"的判断标准尚未统一和明确。本文认为"双高"具有两层含义:一是国库资金高存量与地方政府高负债并存;二是地方政府有闲置资金不用却仍然发行债券募集资金。因此,本文首先对"高库存与高负债并存"现象进行考察研究,其次对"国库闲置资金与债券发行并存"现象进行统计分析。

(一) 高库存、高负债现象

本文基于米勒-奥尔(Miller-Orr)模型,对北京市全辖国库最优现金持有量进

---

① **魏超然:** 供职于中国人民银行北京市分行国库处。
注:本文仅为调研组学术思考,与供职单位无关。

行分析，计算得到全辖最高库存资金（以下简称库存上限），进而将超过库存上限的作为库存偏高的标准，得到自 2014 年以来北京市全辖库存余额偏高的时段。2014 年 1 月至 2022 年 9 月的 104 个月中，有 41 个月的月末库存余额高于库存上限，其中 2019—2021 年分别有 3 个月、2 个月和 7 个月月末库存偏高，2022 年 1—9 月不存在库存偏高情况。

同时，计算反映地方政府债务水平及债务风险的负债率指标，即政府债务余额与地区生产总值的比率。2014—2021 年末，北京市政府负债率从 0.5%上升至 21.7%，但依然低于国际通行的风险警戒线（60%）。因此，北京市暂未出现过负债偏高情况，也不存在"高库存与高负债并存"现象。

（二）国库闲置资金与债券发行并存现象

将库存余额高于库存上限的部分（超额库存）视为闲置资金。首先，统计超额库存与债券发行同时存在的时点，统计结果显示，2014 年 1 月至 2022 年 9 月的 104 个月中有 19 个月北京市发行债券的同时国库存在超额库存，11 个月超额库存规模大于当月债券发行规模。其次，在统计超额库存与一般债券发行同时存在的时点时，发现在 2014 年 1 月至 2022 年 9 月，共有 16 个月发行一般债券的同时国库存在超额库存，13 个月超额库存规模大于当月一般债券发行规模。

二、北京市国库闲置资金与债券发行并存现象的特点及可能产生的影响

（一）国库闲置资金与债券发行并存现象的特点

一是自 2020 年以来，国库超额库存规模大于债券发行规模的情况增多。在 2014—2019 年与 2020—2021 年，分别有 6 个月和 5 个月存在国库超额库存规模大于当月债券发行规模，并且分别有 6 个月和 7 个月超额库存规模大于当月一般债券发行规模的情况。二是以上现象单次持续时间不超过 3 个月。自 2014 年以来，国库超额库存与债券发行并存的现象最长维持了 3 个月，超额库存规模大于当月债券

发行规模的情况最长维持了 2 个月，大于当月一般债券发行规模的情况最长维持了 3 个月。

（二）国库闲置资金与债券发行并存现象可能产生的影响

国库闲置资金与债券发行并存现象的影响主要体现在资金成本方面。2014 年以来，发行的地方政府债券票面利率在 1.99%—4.24%；而地方国库现金管理加权平均中标利率超过 2% 的仅有 6 期，且均发生在 2014—2015 年，2016 年以来现金管理加权平均中标利率未超过 1.9%。若不开展现金管理操作，国库资金收益率仅有 0.35%。因此，在未充分利用国库闲置资金的同时发行地方政府债券，可能会产生许多不必要的资金成本。

三、国库闲置资金与债券发行并存现象出现的原因分析

（一）短期库存余额无法满足长期资金需求，因暂时的库存高企而取消发行或提前偿还债券的可行性不高

一是地方政府债券发行期限多为 3 年及以上。2014 年以来，北京市政府发行的债券期限均为 1 年及以上，期限为 3 年及以上、5 年及以上、10 年及以上的债券规模占全部债券规模的比重分别为 93.1%、72.9%、23.3%，筹集资金用于土地储备、棚户改造、公路等特定项目建设的专项债券规模占比为 73.1%。二是国库库存余额不存在长期偏高现象，无法满足长期资金需求。2019 年至今，北京市全辖国库库存不存在连续 1 年超过库存上限的情况，2021 年库存余额先后 2 次连续 103 天和 64 天超过库存上限；2022 年 1—9 月的库存余额超过库存上限的天数仅有 46 天。

（二）地方债发行时点与项目资金需求时点不能完全匹配，债券资金延迟拨付导致国库库存升高

据悉，若专项债券发行在先、项目资金需求在后，债券募集资金短期内滞留在

国库，则会推高库存水平，进而影响国库资金使用效率。例如2021年6—8月，部分专项债券对应项目工程进展较慢，债券虽然按计划发行，但募集资金未能按计划支出。受相关因素影响，2021年8月末全辖库存余额创2015年以来新高。此外，部分再融资债券先于原债券到期日发行，也会在一段时间内推高国库库存水平，造成国库闲置资金与债券发行并存现象。

（三）现金管理操作灵活性及精准度不足，熨平短期库存波动的效果欠佳

一是现金管理品种较为单一，期限较为固定。目前，地方国库现金管理操作仅有定期存款这一个品种，期限多为3个月或1个月，难以起到熨平更短期国库库存波动的作用。二是现金流预测缺少必要信息，无法做到精准预测，进而无法有效指导现金管理实践。经验表明，基于历史数据的模型预测难以取得稳定良好的效果，尤其是近年来政策调整等因素打破国库资金历史运行规律的情况增多，给现金流预测工作带来了不少挑战。三是国库库存目标余额缺失，现金管理操作规模没有恰当的基准。受相关因素影响，地方国库现金管理力度难以精准把控，熨平库存波动的效果欠佳。

四、加强地方国库现金管理与地方政府债务管理协调配合的政策建议

（一）建立国库目标余额管理制度，明确库存偏高或债务偏高标准

一是明确国库库存偏高标准，为开展现金管理操作提供参考。按照"适量"原则科学设定国库库存目标余额，将保持国库库存余额的稳定作为现金管理的目标之一。二是明确政府债务偏高标准，积极防范地方政府债务风险。科学评估地方政府财力增长前景和偿债能力，完善地方政府债务风险预警和常态化监测机制，将地方政府债务规模维持在风险可控范围内。

（二）强化地方债按需发行理念，提高发债节奏与项目进展的匹配度

一是合理确定地方政府债券发行期限、规模、时点。均衡一般债券期限结构，结合项目周期、债券市场需求等因素合理确定专项债券期限。及时跟踪项目进度，根据项目阶段性需求，确定发债规模和发债时点，避免债券募集资金滞留国库。二是创新地方政府债券品种。加强对可赎回债券、可续期债券等品种的应用，使专项债券期限更好地匹配项目周期，降低期限错配风险。

（三）补充现金管理操作手段，提高现金管理灵活性

一是创新操作品种和操作期限。探索使用通知存款、带赎回条款的定期存款等工具，实现国库现金管理的超短期操作、灵活期限操作。二是提高现金管理操作效率。加强国库部门、财政部门、货币政策部门之间的协调配合，简化现金管理操作流程，提高现金管理操作智能化水平，缩短从计划操作到实际划款之间的时间。

从经理国库视角看北京市非税收入划转的成效、问题及建议

韩　芸　曹甜甜　于陈洋　翟盼盼　魏超然　彭　鹏　戚逸康[①]

摘　要：非税收入作为财政预算收入的重要组成部分，占据预算收入较大比重，与税收收入形成优势互补，共同服务于我国经济社会高质量发展。为推进非税收入可持续发展，我国逐步分批将部分非税收入划转至税务部门征收，各相关部门贯彻落实政策部署，已取得显著成效。本文结合这一背景，从业务压力、系统压力、收支预测、国库监督等方面对非税收入划转各方面问题进行了梳理，并在此基础上提出了针对性的政策建议。

一、北京市非税收入划转历程

非税收入划转改革历程按照时间可以划分为授权征收、零星划转、全面划转三个阶段。一是在 2015 年之前，税务部门统一征收教育费附加、地方教育附加、残疾人就业保障金、文化事业建设费、废弃电器电子产品处理基金 5 个中央项目。二是 2015—2018 年，按便利征管、节约行政资源的原则，将部分非税收入改由地税部门征收[②]，北京市地税局代征了无线电频率占用费等 6 项非税收入。

---

①　韩芸、曹甜甜、于陈洋、翟盼盼、魏超然、彭鹏：供职于中国人民银行北京市分行国库处；戚逸康：供职于中国人民银行北京市分行金融研究处。

注：本文仅为调研组学术思考，与供职单位无关。

②　2015 年 12 月，中共中央办公厅、国务院办公厅印发的《深化国税、地税征管体制改革方案》，要求发挥税务部门统征效率高的优势，按便利征管、节约行政资源的原则，将部分非税收入改由地税部门征收。

三是 2018 年至今，按照成熟一批划转一批的原则①，北京市共完成四轮非税收入划转。

第一轮，2019 年 1 月 1 日，由原财政监察专员办事处征收的 11 个项目，以及 15 个省的 22 个省级项目划转至北京税务部门征收。由北京市承接财政部北京监管局国家重大水利工程建设基金等 5 项非税收入项目，以及世界文化遗产公园门票收入等 3 项省级项目的征管职责。

第二轮，2020 年 1 月 1 日，由中华人民共和国水利部、财政部主管的水利建设基金和国家重大水利工程建设基金地方部分，以及园林绿化补偿费、绿化用地面积补偿费 2 个省级项目已完成划转。其中，北京市仅涉及对水利建设基金非税收入的征管，但已于 2019 年 1 月 1 日起停征。

第三轮，2021 年 1 月 1 日，由中华人民共和国水利部、生态环境部、国家人防办主管的水土保持补偿费、地方水库移民扶持基金、排污权出让收入、防空地下室易地建设费均已完成划转。由北京市承接水土保持补偿费等非税收入，其中北京市对排污权出让收入尚未开征。

第四轮，2021 年 7 月 1 日，由中华人民共和国自然资源部、住房和城乡建设部主管的土地闲置费、城镇垃圾处理费两个项目划转至北京税务部门征收，北京市共承接了两项非税收入项目，但这两项非税收入金额为零。2022 年 1 月 1 日，自然资源部主管的国有土地使用权出让收入、矿产资源专项收入、海域使用金、无居民海岛使用金四项非税收入，按照先试点后推开的原则实施职责划转。北京市承接了本市所有国有土地使用权出让收入、矿产资源专项收入、自然资源部本级矿产资源专项收入、海域使用金、无居民海岛使用金等征管职责。

---

① 2018 年 7 月，中共中央办公厅、国务院办公厅印发的《国税地税征管体制改革方案》，要求按照便民、高效的原则，合理确定非税收入征管职责划转到税务部门征收的范围，对依法保留、适宜划转的非税收入项目成熟一批划转一批，逐步推进。

二、北京市非税收入划转取得显著成效

（一）建立健全征管部门间联席会商机制

北京市财政局、北京市规划和自然资源委员会、北京市税务局，以及中国人民银行北京市分行建立了四部门联席会商机制，及时沟通协调解决划转过程中遇到的问题，努力提升纳税人缴费便利度。人民银行北京市分行国库处在承接此前先进做法的基础上，迅速完成文件转发工作，指导辖内 18 家区级国库及其管辖分行提高站位，组织开展专题培训，就划转时间、参数维护、职责交接、退付原则等进行详细解读。北京市辖内非税收入征管职责划转至税务部门已顺利完成 4 轮，成功发挥了税务部门在征缴税费方面的规模效应优势，非税收入征管职责划转稳步推进。

（二）提高非税收入的征收效率

税务部门作为政府预算资金的征收机关存在比较优势，税收收入电子化起步时间较非税收入早、发展历程长，财税库银横向联网系统经过数次升级后，系统运行日趋成熟稳定，将适宜的非税收入划转至税务部门征收，纳税企业或个人通过在税务机关申报，利用银行端查询缴税等方式，将税款从国库经收开户银行账户中扣除，划入待报解账户中，次日统一与中国人民银行国库部门清算资金并发起对账，国库信息处理系统按照预先设置完成的系统参数，根据对应的非税收入科目名称、科目代码、预算级次、分成比例等条件，分别完成中央级和地方级非税收入资金的上解和报解，已划转的非税收入将入库处理，实现全流程电子化管理。

（三）非税收入信息及时足额反映

以国有土地使用权出让收入项目为例，土地使用权出让收入的非税收入项目具有资金规模大、集中度高的特点，将资源规划权与出让收入款项征收归口至单个部门，存在着一定的弊端。但划转至税务部门征收，有利于执行收支两条线的改革要求，避免出现"坐收""坐支"等情况，消除预算单位的收入和支出密切相关、高度挂钩的隐患，杜绝非税收入资金截留、挪用等风险。非税收入收缴单笔明细信息、资金规模及结构、同比增速均可通过国库各业务和信息系统清晰地反映，便于上级机关进行统一监督和调配。

（四）国库单一账户的建立迈出坚实步伐

预算资金最终都将流入国库中①，北京市辖内部分非税收入项目已顺利划转至税务部门征收，相关预算资金已及时、合规地办理了入库，取消了财政部门为接收非税收入而在商业银行开立的财政专户，推进了"国库一本账"核算政府收支的进程，为后续更多依法保留、适宜划转的非税收入项目顺利完成划转，最终完成"国库单一账户"建设，而非"国库单一账户体系"建设，实现国库集中收付制度改革，打下了坚实的基础。

三、北京市非税收入划转存在的问题

（一）部分未划转项目加大业务审核压力

以诉讼费和不动产登记费为例，二者是分别由北京地区各级法院和各区规划和自然资源局负责征收的非税收入，属于未划转项目。中国人民银行国库部门负责执行非税收入的入库和退库，由于财税部门管理的非税收入系统，目前尚未与人民银行国库部门完成系统联网，未实现电子化办理，因此存在着一定的审核压力。

（二）多种类型业务重叠加大国库系统运行压力

非税收入征管职责划转后，税务部门征收的非税收入通过财税库银横向联网系统传输数据，由于辖内社保费收入已划转至税务部门征收，叠加每年3月至6月开展个人所得税综合所得汇算清缴退税，以及按照国务院部署开展的大规模增值税留

---

① 2020年修订出台的《中华人民共和国预算法实施条例》指出，一切有预算收入上缴义务的部门和单位，必须将应当上缴的预算收入，按照规定的预算级次、政府收支分类科目、缴库方式和期限缴入国库。

抵退税工作，国库信息处理系统和国库会计核算系统面临巨大的运行压力，如后续将具有分散化程度高、业务笔数多的非税收入项目划转至税务部门征收，将会对国库系统稳定运行带来一定挑战。

（三）收入和退库金额的不确定性造成收支存预测困难

非税收入具有灵活性特点。一方面，伴随辖内市场主体开展经济活动，收入金额在月度、季度和年度时间范围内存在一定波动。另一方面，纳税人需在向原执收单位申请退库后，国库部门依规办理资金退付，结合非税收入执收单位的工作安排，以及退库业务办理的实际情况，非税收入退库存在着不确定性。收入和退库两个方面因素交织，增加了国库库存预测的工作难度。

（四）国库监督缺乏有力抓手

非税收入在法治化管理和规范度提升方面存在着很大的发展空间，尚未从较高层级法律法规层面，对非税收入征管职责及划转至税务部门征收后的监督管理进行统一安排。人民银行国库部门也尚未对非税收入的违规行为及对应的处罚手段及处罚额度作出明确界定。人民银行国库部门不掌握开立在商业银行的非税收入专户，对代理非税收入收缴业务的商业银行资格认定工作也存在着短板，为国库监督工作带来难度。

四、相关政策建议

（一）强化非税收入依法治理能力

统筹考虑当前存在的非税收入征管困难，国家制定并出台相关法律法规，对包括财政部门、税务部门、中国人民银行等在内的非税收入征管职责权限进行界定划分，出台相应的法律实施条例和处罚办法，并要求各相关单位依照分工安排，制定出台各自履职权限范围内的规章制度，确保非税收入有法可依、有法必依。

（二）规范缩减合并非税收入项目

非税收入种类繁多，部分项目设置已不适应当前经济社会发展的要求，对最终实现财税体制改革目标造成了阻碍，应持续按照"分流归位"的原则，逐步规范缩减合并非税收入项目，提升政府资源的利用率，提高纳税人纳税缴费的便利化水平，降低纳税成本，将划转的非税收入业务量增长速度控制在合理稳定的水平内。

（三）提高信息化水平、提升系统性能

为适应日益增长的非税收入划转项目，需秉承系统建设先行的理念，逐步提高非税收入的电子化水平。向各级国库征集系统优化升级方案，广泛听取一线业务部门和工作人员的意见建议，提高国库信息处理系统的承载能力，探索将各区级代理支库的国库会计核算系统升级为国库会计集中系统，提高国库处理能力，深化科技赋能非税收入的高质量发展。

（四）优化缴费退费流程

将财政部门非税收入系统与国库信息处理系统联通，优化非税收入收缴流程设置，推广退库业务电子化办理，以自动化程序的"机审"代替纸质票据的"人审"，将国库人员从票据审核的重复性工作中解放出来，提高审核效率，加快业务办理进度、缩短资金收缴和退付时间。

保障老年群体取现需求的研究报告
——以北京市为例

胡　月[①]

摘　要：2022 年，北京市广播、中视、报纸等媒体对老年人取款困难的情况进行了报道。针对上述情况，本文根据老年群体取现困难发生的背景，结合"居民现金使用情况调查"的数据，分析老年群体现金需求特点，并就保障老年群体现金需求提出相应的对策建议，以维护公民金融权益，推动辖内银行现金服务进一步提升。

一、老年群体取现困难的背景

（一）老年人取款具有明显的时间特性

以北京市为例，养老金发放日为每月 15 日，养老金发放日后取现量明显增多。某银行的相关负责人表示，每月 15 日至 17 日均有大量老年人前往银行网点查询养老金到账情况、补登存折，取款的集中度非常高。商业银行在中国人民银行发行库的取款数据也显示，每月 15 日前后，承担养老金发放的银行从中国人民银行发行库调款金额为平日的 2~3 倍，占当月调款总额的比例约为 50%。因此，老年人取款时间普遍集中在养老金发放日之后的几天。

（二）部分老年人仍习惯使用存折取现

受长期以来形成的存储习惯影响，目前仍有一定比例的老年人使用存折存取

---

①　胡月：供职于中国人民银行北京市分行货币金银处。
注：本文仅为调研组学术思考，与供职单位无关。

款，并且他们没有办理过银行卡。在访谈调查过程中，一位老年客户张大爷（73岁）表示"存折能随时看到余额和存取记录，心里踏实。而银行卡则需要使用手机银行或在自动取款机（ATM）上才能看到有多少钱，用起来不方便"。仅持有存折的老年人在取款时，必须依靠柜台人工服务，或者在人工指导下使用放置在银行网点内部、具备存折取现功能的自助机来实现。

（三）受银行业务转型影响，持有存折的老年人取款渠道有限

当前，银行网点着力推动"数字银行""智能化服务"的自助型业务，逐步压缩人工窗口数量，部分老年人短时间内难以适应银行的数字化转型。由于存折类自助机具的数量更少，进一步造成仅持有存折的老年人无法获得可靠的取现途径，且在养老金发放日后情况更加突出，给老年群体的日常消费和储蓄带来一定程度的影响。

二、老年人现金需求调查及分析

（一）老年人现金需求调查基本情况

为了解居民现金的真实需求，中国人民银行北京市分行自 2020 年以来持续开展居民现金使用情况问卷及访谈调查，以非随机抽样调查与主动参与调查相结合的方式，向北京地区居民发放《北京市现金使用情况调查问卷》，并对部分调查对象进行深入访谈。截至 2022 年 9 月，累计回收有效问卷共计 2.4 万份，访谈各年龄段居民共计 152 人。其中针对老年群体（60 岁以上）的调查模块中，共回收有效问卷 3341 份，访谈对象 34 人。

（二）针对老年人现金需求的调查结果分析

1. 老年人为各年龄段中使用现金比例最多的群体

81.41% 的老年人日常使用现金支付笔数的比例超过 50%，该比例远超过中年群体（45—60 岁）、中青年组（30—45 岁）、青年组（18—30 岁），其中有 26.28%

的老年人全部使用现金支付。

2. 老年人使用现金最主要的目的是日常交易和应急储存

92.79%的老年人表示使用现金的主要目的是用于日常购物交易。86.53%的老年人表示会留存一定数量的现金作为应急储存。访谈调查中，从事社区服务工作的李女士（62岁）表示"以往家中储备现金，主要用于给晚辈压岁红包、临时的婚礼丧葬等人情往来。由于不善于使用网银和网购，为了应对各种不确定性，老年人选择增加应急储存的数量，避免'卡里有余额、手中无现金'的情况发生"。

3. 老年人支取现金主要来源是银行柜面和自助设备

97.28%的老年人表示支取现金的来源是银行柜面和自助设备，其余老年受访者表示因身体原因，由他人代为取现。有65.33%的受访者希望银行能够在老年居民集中度较高的区域设置更多的网点或自助设备。其中，20.15%的受访者希望银行增加一定比例支持存折取现的自助机具，以方便仅持有存折居民支取现金。

4. 老年人对现金具有较强的"刚性"需求

在对"今后使用现金意愿"的调查中，55.61%的老年人表示会"增加"和"持平"当前现金使用频率。另外，有38.13%的老年人未使用过移动支付，"未使用移动支付原因"的调查结果显示，未使用移动支付最主要的原因认为移动支付风险大，学习移动支付太麻烦，这两大原因占比分别达到41.3%和40.4%。访谈调查中，退休职工张先生（72岁）表示"一直以来家人都督促自己学习用手机支付，觉得那样方便。但是自己年纪大了，学习起来比较麻烦，担心一旦操作失误会蒙受更大损失，自己今后还是会坚持用现金结账"。上述调查结果表明，老年人在当前和今后都是现金使用的主要群体，出于对移动支付安全性的担忧，这种对现金的"刚性"需求并不会因移动支付的发展而改变，现金交易对老年人来说依然是最安全、最友好的支付方式。

三、调查中发现的主要问题

（一）老年群体对现金的高依赖性与银行网点减少趋势存在着矛盾

调查结果显示，老年人对现金有较高的依赖性，普遍认为现金交易更为安全、简单、方便。受传统观念影响，大多数老年人习惯在家中留存一定数量的现金以备不时之需，具有强烈的预防储藏需求。预计未来老年人对现金的需求也不会出现大幅减少，且主要通过银行人工服务来实现存、取款需求。但是，随着推进数字化转型以及出于节省经营成本的考虑，商业银行不断压缩实体网点数量、减少自助机具配备。以北京市为例，银行业金融机构现金收支统计数据显示，截至 2021 年第二季度末，辖内开立现金业务的商业银行网点共有 3855 个、自助机具共 17126 台，而该数据在 2022 年第二季度末已降至 3814 个和 14253 台，同比下降 1.06% 和 16.78%。实体网点和自助机具的减少将进一步压缩老年人获取现金服务的渠道，从而影响其日常生活的便利度。

（二）老年群体运用智能技术困难与银行普及智能设备之间存在矛盾

由于智能设备大幅降低了人力和时间成本，因此，智能化设备在银行服务中被广泛使用。尽管这些智能化设备对大多数人来说操作简单便捷，但可能会让老年人群无所适从，最后仍然要依靠银行工作人员协助进行操作。在对老年客户访谈时了解到，大多数老年人并非不愿意接受智能化工具，只不过在信息快速发展、设备不断更新迭代的背景下，他们缺乏有效了解和使用智能技术的渠道，相较于由工作人员引导操作，老年人更倾向于传统的柜台现金服务。

四、工作措施

（一）建立完善保障现金供应应急预案

人民银行北京市分行指导辖内商业银行，结合各行自身业务特点，制定保障现金供应应急预案。一是通过建立应急保障领导小组，统筹处置各类应急情况，并定期开展应急演练及监督检查。二是加强异常情况监测与预警，定期对营业网点现金需求、现金库存、现金收付量进行梳理，设定现金铺底库存"警戒线"，通过现金收付数据及时发现异常存取款情况，确保现金储备充足。三是加强横向联动，出现大额现金挤兑时，能够快速做出反应，及时向中国人民银行发行库或现金开户行提出取款需求，统筹区域资源保障现金供应。四是加强与外包服务公司的沟通，建立与先进保安服务机构的协调联络机制，掌握其代理的现金押运、寄库、自助机具清分等业务运行情况，如出现押运站点临时被封闭等紧急情况，及时采取应急措施保障现金调运安全。

（二）制定"适老化"现金服务措施

针对特殊情况下银行网点暂停营业的情况，人民银行北京市分行联合地方金融办等，部署商业银行因地制宜采取相应的"适老化"措施，保障老年人金融权益。一是在暂停营业的网点门口张贴公告，公布服务热线和值班电话，安排值守人员指导公众办理自助现金服务。二是针对存折取现问题，通过"二维码取款""刷脸"等多种方式，指导并帮助老年人在自助服务区办理无卡无折取款业务，或持移动机具为有意愿办理银行卡的老年人提供快速办卡服务，协助其办理取现业务。三是针对有存折取现偏好群体的周边网点，加大网点服务力量，在自助服务区适量配备具有存折取现功能的自助机具，并做好提示工作。四是建立社区联防联动机制，由银行设置社区联系人，提供专门服务，满足责任区内老年群体的现金需求，向客户提供上门服务。

（三）提升针对老年人的现金服务质量

一是设置老年人办理现金业务的"绿色窗口"，优先为老年人办理业务，减少老年人办理业务的等候时长，有条件的银行可在取号机设置老年人办理现金业务选项。二是根据业务需要在自助机具周边安排引导人员，全程指导老年人的业务办理，提高办理效率。三是针对有养老金发放业务的网点，提前准备充足备付金，在养老金发放日等业务办理高峰期，提前预留应急窗口、增派工作人员，保障老年人群的基本现金需求。四是如遇老年人取款异常增加等突发情况，及时了解情况，做好疏导，通过加开应急窗口、专人引导等方式满足老年人群的特殊现金需求。五是加强对网点内部和自动取款机（ATM）自助服务区的通风和消杀频次，保障老年人等特殊群体取现时的安全。

（四）加强涉及现金服务的舆情信息监测与处置

一是通过媒体、网络等多种形式，及时关注有关现金供应、现金服务方面的舆情信息。与商业银行建立敏感信息报送机制，如发生突发大额现金挤兑、现金供应不足、现金服务缺失等舆情，要求商业银行及时向中国人民银行报送，并组织相关部门迅速采取有效措施予以处置。二是做好与群众的沟通服务，引导商业银行针对网点开业停业情况、老年人取现等问题制定相应话术，对电话客服、网点一线人员进行相关培训，稳妥回复社会公众关切问题。

第三篇

金融监管与金融稳定篇

浅谈金融支持绿色发展的
法制化方向

姚 力 等①

摘 要: 我国绿色金融立法包括绿色金融综合性规范和在细分领域内的单一性规范,存在立法层级不高、指导性规范多而强制性规范少、各领域法制化程度不一等问题。从发达经济体的绿色金融立法实践来看,我国应当加快构建绿色金融法律体系,充分发挥市场的决定性作用,硬法与软法并行,限制性规范与鼓励性规范并举。

一、我国绿色金融的立法现状

截至 2022 年,我国绿色金融综合性法律规范主要是党中央、国务院以及相关部门制定的规范性文件,其中较为重要的有以下三项:一是 2015 年中共中央、国务院制定的《生态文明体制改革总体方案》;二是 2016 年中国人民银行等七部委发布的《关于构建绿色金融体系的指导意见》;三是 2019 年国家发展和改革委员会等七个部委发布的《绿色产业指导目录》。这三部规范性文件基本搭建起了我国绿色金融综合性法律规范的顶层设计。

在绿色金融细分领域的单一性规范方面,主要集中体现在绿色信贷、绿色债券等领域的绿色金融立法。例如,原银监会发布的《绿色信贷指引》(2012 年)、《绿

---

① 姚力:曾任中国人民银行北京市分行副行长;孙宇、汪典:供职于中国人民银行北京市分行法律事务处(金融消费权益保护处);戚逸康:供职于中国人民银行北京市分行金融研究处。
注:本文仅为调研组学术思考,与供职单位无关。

色信贷统计制度》（2013 年）、《绿色信贷实施情况关键评价指标》（2014 年），中国人民银行发布的《关于在银行间债券市场发行绿色金融债券有关事宜的公告》（2015 年）等。

二、我国银行绿色金融立法存在的不足

综合考量我国现行绿色金融法律综合性规范和单一领域立法现状，可以看出，我国现行绿色金融法律规制体系存在以下三个方面的不足：

一是立法层级不高。在我国现行绿色金融法律规范中，大部分是由国务院或其相关部门制定的部门规章或规范性文件，法律及行政法规数量相对较少。由此导致了现行绿色金融法律规范在权威性及法律效果上还有待提升。

二是指导性法律规范多，强制性法律规范少。在现行绿色金融法律规范中，大部分属于指导性规则，而强制性规则较少，导致对绿色金融市场的针对性约束力不足，易产生实际执行偏离政策构想的后果，且对此缺乏强有力的纠偏手段。

三是绿色金融各领域法制化程度不一。现行绿色金融法律规范中，绿色信贷法律规范数量最多，而有关绿色保险、绿色基金、绿色 PPP 项目①等相关内容则较少。立法不均的状态，不利于绿色金融的全面均衡发展。

三、部分发达经济体的立法模式借鉴

（一）美国绿色金融的立法模式

美国绿色金融的发展始终秉持以市场为导向，其立法主要集中在规范市场秩序和利用经济手段刺激市场规模方面。此外，1996 年美国修订了《综合环境反应、

---

① 绿色 PPP 项目：是指具有支持污染防治和推动经济结构绿色低碳化作用的项目。PPP 模式（Public-Private-Partnership）是政府部门和社会资本在基础设施及公共服务领域建立的一种长期合作关系。

赔偿和责任法》（Comprehensive Environmental Response, Compensation and Liability Act，简称《超级基金法》），明确了银行等金融机构也可能承担任何潜在的环境污染治理责任，推动了银行业的绿色转型。但该法案的制裁制度过于严苛，导致银行为避免承担责任而拒绝或减少向企业提供信贷服务。

（二）新加坡绿色金融的立法模式

新加坡的邻国印度尼西亚毁林开荒现象层出不穷，导致新加坡的雾霾情况日益严重。因此，该国于 2014 年通过《跨界雾霾法》，针对国内外实体或个人对新加坡造成雾霾污染的任何行为规定了行政、刑事和民事责任，并与《超级基金法》类似地规定了金融机构等不参与直接生产的经济实体对雾霾防治的责任。

四、我国绿色金融法制化的发展方向

大力发展绿色金融是我国经济发展的重要方面，构建我国绿色金融法制体系的进程也应加快步伐。我国绿色金融法制化的发展方向应当是：

在立法宗旨方面，使环境利益可持续发展成为金融业的重要经营目标，促进绿色金融市场发展。就立法的表现形式而言，应当确立"绿色金融基本法"作为母法，明确立法宗旨和基本原则，以相关的单行法、行政法规等作为子法，规范不同主体的具体权利和义务，形成金字塔模式的结构体系。就细分领域立法而言，应当加快绿色基金、绿色保险等领域的立法进程。同时，还应加强绿色金融法律制度的域外效力。此外，在立法过程中，还要注重以下几个要点：

一是市场推动与政府引导相结合，发挥市场在绿色金融中的决定性作用。我国绿色金融立法需要遵循"以市场自我调节为主导，以政府引导为辅助"这一理念，激发金融机构开展和不断创新绿色金融业务，提高绿色金融的商业可持续性。二是硬法与软法并行。绿色金融法制化既要依托国家强制力保障实施的硬法，也要借助政策性法律规范等软法来发挥其补充作用。软法可以对硬法作出解释、填补漏洞，并在硬法尚未出台的前提下先行探索、总结经验。三是限制性规范与鼓励性规范并举。美国《超级基金法》的经验和教训表明，任何一部良法都应当在赋予市场主体责任和义务的同时具备包容性。在绿色金融处于实践初期阶段，不宜配以过于严格的追责制度。同时，在立法中要注意发展经济激励与政府激励并行的机制，以强化企业和金融机构的社会责任。

关于新发展格局下加强金融消费者
权益保护的研究

洪　波　等①

摘　要：近年来，金融消费权益保护工作取得了长足进步，但在当前新发展格局下，仍面临着立法缺位导致的顶层设计不足、信息风险和金融风险等问题，引发监管挑战、权利救济体系不成熟等现实难题。需要进一步从强化法治建设、加强监管协调、加强风险预警、丰富非行政处罚手段、充实权利救济体系和完善监管问责六个方面，不断增强金融消费权益保护的有效性。

一、新发展格局下金融消费者保护监管面临的新挑战

（一）顶层设计不足，导致金融消费者权益保护缺乏立法支撑

主要发达经济体均将金融消费者权益相关的保护法律放在突出位置。目前，我国各监管部门一般以两种方式开展工作：一是根据国务院发布的指导性文件，以散落在法律法规规章中的行为规范要求为基础建立监管体系，但体系性较差，且存在空白或者交叉。二是以消费者权益保护法为上位法，在各自职责范围内细化金融消费者权益保护内容，但协同性不足。

---

① 洪波：曾任中国人民银行北京市分行纪委书记；秦瑜、舒昱：供职于中国人民银行北京市分行法律事务处（金融消费权益保护处）；王璐瞿：供职于中国人民银行北京市分行纪检监察办公室。

注：本文仅为调研组学术思考，与供职单位无关。

（二）信息风险和金融风险双重放大带来的监管挑战

信息科技在金融领域深度运用，丰富了金融市场供给，在带来金融便利的同时，也创设出大量超出一般民众金融认知水平的复杂产品。有些产品甚至在未履行适当性管理要求和风险提示义务的情形下就大肆发售，这对现有金融监管规则的有效性、适用性提出了新的挑战。

（三）矛盾化解和司法救济途径的不足引发非理性行为

部分金融和类金融公司的无序扩张、野蛮生长累积的风险开始集中显现。一方面，由于纠纷双方地位不对等、信息不对称、资源不平均，金融消费者权益得不到有效保障，也同步催生出催收乱象、金融黑产乱象等。另一方面，金融与科技跨行业融合导致业务链条复杂，内控不足，进一步增加了金融消费权益受损的概率，也拉长了维权链条，一些维权有时难以找准目标，有的金融消费者因为业务问题甚至投诉至纪检部门求助。

二、新发展格局下金融消费权益监管发展的策略研究

参考境外金融消费权益保护较好的经济体的成熟经验可知，以法为本、设立专门机构、加强自律约束、提供司法协助是较为常见的做法。

（一）出台金融消费者权益保护专门立法

不应将金融消费者仅当成"客体"来进行保护，而应将其视为能动的、能够参与并影响市场的"主体"，分别构建明确金融机构、金融消费者双方的权利、义务、责任体系，双管齐下约束产品供给和金融决策行为，从源头上帮助金融消费者建立自我保护意识。

（二）加强监管协调，统筹好宏观审慎与微观审慎、金融发展与金融消费者权益保护等关系

在"货币政策""宏观审慎""金融稳定"等央行重要政策目标制定和执行过

程中，要始终将金融消费者权益保护作为核心考量。在中央和地方纵向关系上，要加强协调，确保各地在推动金融发展的同时，注重维护金融消费者权益。在金融管理部门之间，要关注监管空白和监管交叉地带，注重发挥监管合力。还应建立行之有效的决策和落实机制，确保各金融管理部门之间协调配合，防止推诿扯皮现象。

（三）对金融创新带来的风险早发现早纠正，平衡好金融创新与金融消费者保护之间的关系

支持金融监管部门与金融企业建立直接的良好互动关系，营造宽松、有底线的金融创新环境。建立干预措施的动态调整和信息公开机制，明确干预原则和规则。加快金融产品质量标准建设，大幅提高金融产品和服务的通俗易懂性，引导消费者科学理性决策。

（四）丰富非行政处罚手段，推动行政处罚和金融监管双管齐下

建立系统化的"不利信息发布"制度，畅通市场信息收集和反馈通道，择机向行业发布或向社会公布。增加消保评估等柔性监管手段运用，构造与保障消费者权益最为相关的评估数据，构建可向社会公开的金融消费权益保护指标体系。充分发挥金融行业自律管理机制的作用，推动金融消费者参与自律管理。

（五）推动多元解纷、私力救济、公益诉讼共同发展，充实金融消费者权利救济体系

大力发展行业调解、人民调解在化解金融消费者权益纠纷中的作用，创造小额、简单、类型化案件批量调解的基础条件，发布典型案例，加大对疑难案件调解的指导力度。赋能消费者自身与金融消费者保护专业组织，推动二者加入金融行业自律管理环节，降低信息的不对称程度。在立法中构建公益诉讼制度，明确举证责任、适格诉讼主体等法律设计，拓展司法救济的渠道。

（六）完善金融监管问责机制，提升监管效能

要进一步完善监管问责机制，夯实责任担当机制，形成"失职必问""问责必严"的氛围，确保金融监管者依法履职，切实履职。

金融消费者权益保护工作涉及人民群众的切身利益，是央行落实"以人民为中心"理念的重要工作，对金融消费者权益的保护直接影响百姓的金融幸福感和获得感。应当立足我国国情，借鉴国际上金融消费者权益保护的有益实践，不断加强金融消费者权益保护工作，在维护金融消费者合法权益和提高金融效率之间寻找最优平衡点，推动以高质量金融服务促进共同富裕。

信托公司风险监测与预警体系的
探索与思考

——基于北京地区的实践经验

王　晋　等①

摘　要： 近年来，我国防范化解金融风险取得重要的阶段性成果，"影子银行"② 野蛮生长得到根本遏制，形成中国人民银行与监管部门各司其职、各尽其责的监管与风险监测预警体系。但随着信托行业加速转型，中国人民银行需要基于底线思维，从防范系统性金融风险和完善资产管理产品市场规则的角度，建立健全常态化信托公司风险监测预警体系。本文基于中国人民银行北京市分行探索构建信托风险监测预警框架的实践与思考，建议进一步健全上下联动的常态化信托公司风险监测体系，"治已病"与"治未病"相结合，会同监管部门做好信托公司风险处置、完善行业制度等风险监测的"后半篇文章"。

一、引言

自 2001 年《中华人民共和国信托法》颁布实施以来，我国信托行业正式步入

---

① 王晋：曾任中国人民银行北京市分行副行长；周丹、肖炜、郑珩、廖述魁、王晖、邱夏：供职于中国人民银行北京市分行金融稳定处；刘前进、王芳：供职于中国人民银行北京市分行调查统计处。

　注：本文仅为调研组学术思考，与供职单位无关。

② 影子银行又称为影子金融体系或者影子银行系统，是指银行贷款被加工成有价证券，交易到资本市场，房地产业传统上由银行系统承担的融资功能逐渐被投资所替代，属于银行的证券化活动。

主营信托业务的发展阶段，2008—2017年信托业经历了十年的高速扩张期，随着《关于规范金融机构资产管理业务的指导意见》（以下简称《资管新规》）的出台，信托行业进入转型发展期，信托业资产规模从2017年末的最高点快速回落。近年来，按照"稳定大局、统筹协调、分类施策、精准拆弹"的基本方针，金融风险总体收敛，但金融形势依然严峻复杂。信托业作为金融的重要支柱行业，在拓宽投融资渠道、服务实体经济等方面发挥着重要作用。然而，近年来信托行业的风险也有所暴露，因此应不断提升风险防控的前瞻性、全局性和主动性。

二、信托业监管与监测体系

（一）国际信托业监管现状

1. 英国

信托业务主要由银行、保险、证券、财富管理、投资管理公司等经营，主要受金融行为监管局（Financial Conduct Authority，FCA）监管。FCA负责资质准入审核，监测基金运作，以及违规行为监管；养老金基金由养老金监管局（The Pensions Regulator，TPR）和FCA共同监管；慈善信托由专门的慈善委员会监管；遗产信托和离岸信托没有特殊监管，相关纠纷由民事法庭管辖。

2. 美国

在混业经营模式下，信托业几乎是置于银行业予以监管的。美国联邦和州各自均具有立法权。联邦层面主要有货币监理署（Office of Comptroller of Currency，OCC）、联邦储备系统（Federal Reserve System，FED）及联邦存款保险公司（Federal Deposit Insurance Corporation，FDIC）等。2008年国际金融危机后，美国加强宏观审慎监管措施，将符合条件的资管机构纳入系统重要性金融机构。美联储负责监管"具有系统重要性"的银行、保险公司资管部门、专业资产管理公司等，与FDIC共同负责系统性风险处置。

（二）我国信托业的监管体系

1. 国家金融监管总局（原银保监会）承担行业监管职责，形成了"一体三翼"的监管体系

我国信托业务由持有"信托"牌照的信托公司专营。国家金融监管总局对信托公司及其业务活动实施监督管理，承担信托机构准入管理、监测分析、监管评级、现场检查、风险处置和市场化退出等工作职责。中国信托业协会、中国信托业保障基金有限责任公司、中国信托登记有限责任公司依据工作职责形成补充。

2. 中国人民银行基于自身职责，对信托公司实施金融管理

中国人民银行负有"牵头负责系统性金融风险防范和处置""牵头负责跨市场跨业态跨区域金融风险识别、预警和处置，交叉性金融业务的监测评估""统筹金融业综合统计"等多项重要职责。逐步建立完善了信托业务统计制度，对信托公司表内外业务进行较为全面的监测统计，《关于规范金融机构资产管理业务的指导意见》（以下简称《资管新规》）实施后进一步加强了对资管产品统计监测。

（三）完善信托业风险监测体系的必要性

1. 信托业规模大、涉众性强，具有系统性风险特征

中国人民银行承担牵头系统性金融风险防范和应急处置职责。2022 年末，全国信托资产规模 21.14 万亿元[①]，自然人投资者达上百万人，四家信托公司管理资产超万亿元，规模最大的华润深国投信托有限公司（以下简称华润信托）管理的资产超过部分股份制银行的表内资产。但我国仍缺乏对资管业宏观审慎监管的经验，信托业风险频发、高发，有必要借鉴成熟国家经验，基于底线思维持续监测信托业风险，提升防范金融风险的主动性。

---

① 资料来源：中国信托业协会。

2. 信托业落实资管新规是引导资管行业回溯本源的重要一环，信托产品作为典型的交叉性金融工具具有跨市场、跨行业的风险性

牵头跨市场、跨业态、跨区域金融风险识别、预警和处置是人民银行的重要职责之一。信托业务与不同类型金融机构或非金融企业交织，存在大量异地项目，很容易成为金融风险"传导器"乃至"放大器"。部分信托公司在破刚兑、去通道、净值化管理等方面有较大的整改压力。

三、对辖内信托公司风险监测预警的探索

北京辖内共有 11 家信托公司，数量、规模均位居全国之首。中国人民银行北京市分行不断健全辖区金融风险监测与防控体系，信托公司是其中的重要组成部分之一。通过建设信托风险监测数据库、建立异常指标的预警机制、加强部门间信息共享等方式，为风险监测和预警体系框架的构建奠定了基础。

（一）风险监测体系

人民银行北京市分行在借鉴监管评级、行业评级以及相关研究的基础上，结合信托业风险特征、行业发展转型等因素，建立了多维度的风险监测体系。在信用风险方面，主要体现在信托项目特别是主动管理信托项目的风险暴露，以及固有业务的资产质量。监测指标包括存续风险项目规模及占比、新增风险项目规模，表内不良资产余额、不良资产率、新增不良资产等，同时关注集中度高、信用风险高的行业变化及影响。在流动性风险方面，主要体现在按期兑付信托项目或到期债务的资金充裕程度。其中，信托项目正常清算率、存兑付风险项目规模、底层资产回款变现能力、流动性比例、同业拆入比例、是否长期向信托业保障基金借款等指标，可一定程度反映信托公司的流动性风险。此外，随着监管力度强化，资本市场发展、资管产品非标转标、投资者需求的多元化，以及前期传统类项目风险逐步暴露，该体系对信托公司法律合规风险、市场风险以及声誉风险也给予了更多关注。

（二）风险预警体系

国家监管部门对信托公司的各项核心监管指标是信托业风险预警的重要基础。中国人民银行基于风险前期处置高风险金融机构的实践经验，强化对金融风险的早识别、早预警、早发现、早处置，高度关注与同业偏离度过大的异常指标。人民银行北京市分行综合考虑信托业务的各类风险，从信托公司的资本实力、盈利能力、发展潜力、业务转型等各个维度，选取了十项比较具有代表性的定量指标，其中包括固有不良资产率、流动性比例、资产净利率、投向房地产行业信托规模占比等，并设立"轻度""中度""重度"三个程度阈值，建立信托公司的预警体系。

四、北京辖区信托公司监测及预警结果

北京辖区信托业发展总体稳健。受资管新规、"两压一降"① 等一系列监管政策影响，北京辖内信托资管产品规模增速较 2018 年大幅回落，净值化产品占比大幅提升，主动管理能力持续提升，主动管理类产品余额占比超 60%②。融资结构有所优化，服务实体经济能力增强，但仍面临着一些问题。

一是非标产品占比仍处较高水平。受非标产品底层资产缺少公开市场报价、风险项目精细化管理缺乏公允判断等因素影响，非净值化产品仍占主导。信托资管产品③非标资产占比为 84.4%，高于辖内资管产品非标资产平均占比 20 个百分点。

二是表内外信用风险有所增大。北京辖区信托公司表内固有不良资产规模、风险信托项目资产规模同比增长较快。信托公司逐步压缩原有的融资类业务，降低信用风险，加大"非标转标"力度，但转型发展压力较大。

三是交叉性风险高，房地产领域风险突出。风险项目中，来源于金融机构的资金占比 52.66%。同时，随着房地产行业风险的逐步显露，过去信托公司房地产业

---

① "两压一降"即压降信托通道业务规模、压缩违规融资类业务规模，加大风险项目处置。
② 资料来源：中国人民银行北京市分行。
③ 2022 年第三季度末，来源于人民银行调查统计数据。

务较为集中的风险进一步凸显，房地产风险项目同比增长超一倍，且项目处置面临诸多难点。

四是助力小微企业发展力度有待加强。辖内信托资管产品以贷款形式向大型企业提供的融资同比增长 9.9%，以债券形式向大型企业提供的融资同比增长 75.4%，中型企业分别下降 27.3% 和增长 40.4%，小微型企业同比下降 21.5%、28.6%。

五是部分信托公司触发预警指标。2022 年第四季度，11 家信托公司中有 3 家信托公司出现重度预警情形，4 家信托公司出现过中度预警情形，4 家信托公司出现过轻度预警情形。不良资产、风险项目、经营弱化是出现预警情形的重要原因。

五、思考与建议

一是将信托公司纳入系统重要性金融机构监管框架，实施差异化监管。信托公司规模大、涉众风险高，对金融稳定和社会稳定具有广泛影响。应持续健全宏观审慎政策框架的基础性和制度性工作，建立系统重要性信托公司的评估与识别机制，通过差异化监管防范系统性风险的发生可能性。

二是加强构建信托公司风险监测预警体系。聚焦防范系统性、交叉性金融风险，重点关注信托行业整体风险、转型发展情况和高风险信托公司风险，丰富交叉性金融业务监测工具，进一步健全上下联动的常态化信托公司风险监测、预警体系，及时发现风险的"苗头"。

三是加强与监管部门的信息共享和监管协调。配合监管部门进一步完善信托行业监管制度、资产管理产品市场基本规则，加快引导信托公司回归本源；依托地方金融监管协调机制，定期信息共享，提升各方风险预判、研判的准确性；依据金融风险处置原则，发挥好涉及系统性金融风险处置工作的牵头抓总作用。

大数据时代征信领域个人信息
应用现状与监管问题的研究
——以银行业金融机构为例

杨媛媛　赵　睿[①]

摘　要："十四五"时期，我国全面进入数字经济时代，数据已成为重要的生产要素。近年来，我国先后出台了《中华人民共和国数据安全法》《中华人民共和国个人信息保护法》《征信业务管理办法》等法律法规，规范信息的管理与使用，可见个人信息保护与数据安全监管尤为重要。习近平总书记强调，数据基础制度建设事关国家发展和安全大局，要维护国家数据安全，保护个人信息和商业秘密，促进数据高效流通使用，赋能实体经济。中国人民银行征信管理部门作为数据监管的主要部门之一，始终坚守征信为民的初心，牢记服务实体的使命，守住数据安全管理的底线。通过对全国408家银行的外部数据合作情况进行调研，深入了解当前个人征信市场现状，探索银行业个人征信信息监管实践中所面临的问题和困境，并提出政策建议，以期不断提升征信监管的科学性和有效性，促进征信业高质量发展。

一、引言

完善的金融基础设施对经济增长具有重要意义。征信体系作为一项重要的金融基础设施，在防范和化解金融风险、维护金融稳定、破解企业融资过程中的信息不

---

① 杨媛媛、赵睿：供职于中国人民银行北京市分行征信管理处。
注：本文仅为调研组学术思考，与供职单位无关。

对称等方面发挥了明显作用。在数字经济时代，随着人工智能、大数据、云计算、区块链等新兴技术的快速发展和应用，金融行业产品创新和业务变革不断加速，新型线上金融活动和金融业态不断涌现，使得信息采集与使用的深度和广度在不断拓展，信息共享程度不断加深，对征信安全和合规管理的要求也在不断提升。本课题综合运用文献综述法、调研法等，一方面对不同类型的商业银行开展调研，了解分析当前个人征信信息市场的现状；另一方面结合实际监管工作，分析当前监管实践中面临的问题和困境，并力争提出切实可行的政策建议，从而不断提升监管效能。

二、个人征信市场现状分析

为了解个人征信信息使用情况，课题组对全国 408 家银行的外部数据合作情况进行调研，调研对象覆盖全国性商业银行、股份制商业银行、城市商业银行、村镇银行、外资银行等多种类型，共收集到外部数据合作项目共计 2004 个。

从机构类型来看，银行合作的个人信息服务机构中，政府部门及其事业单位、科技公司及数据公司仍是商业银行合作的主力军，征信机构的市场占有份额十分有限，数据和技术优势未能得到较高的市场认可度。随着《征信业务管理办法》过渡期临近结束，商业银行正有序开展信息服务机构的切换工作，征信机构的地位和市场份额显著提高，为推动征信市场高质量发展作出更大贡献。

从数据内容来看，涉及数据内容多少的顺序依次为身份信息、债务信息和通信信息，其他信息还包括财产信息、公积金缴存信息、交通信息等。从数据类型的分布可以看出，替代信息对于商业银行已处于十分重要的地位，尤其是身份、通信等校验类信息几乎成为每家银行的基本采购项目。此外，债务信息依然是信贷模型中的核心数据，在商业银行数据采购中占比较高。

从数据类型来看，商业银行获取的外部个人信息中，近半数提供的是加工数据，包括客户画像、信用评分等；约三成提供的是原始数据，还有部分提供清单数据，如负面清单等。总体来看，大部分个人信息服务机构会对数据进行不同程度的加工，既包括简单的统计分析，也包括复杂的模型处理，加工方法或为个人信息服务机构的竞争优势所在。

三、个人征信信息的应用案例

（一）全国逾 750 万人被法院认定为"老赖"

"老赖"通常指中华人民共和国最高人民法院（以下简称最高人民法院）公布的失信被执行人（含自然人和法人主体）。根据最高人民法院发布的《关于公布失信被执行人名单信息的若干规定》，其认定标准是被执行人未履行生效法律文书确定的义务，并存在具有履行能力而拒不履行或以伪造证据、暴力、威胁等方法妨碍、抗拒执行等情形之一，在法律意义上判定为"失信"的被执行人。

2013 年 10 月，最高人民法院开通失信被执行人查询平台，成为曝光"老赖"的全国统一平台。2019 年底，失信被执行人数量达到顶峰，约 1590 万人次，但因存在履行完毕义务等原因从失信名单中退出及同一执行人因多个案件被多次纳入失信名单的情形，最高人民法院调整了统计口径，调整后数量降至 570 万。截至 2022 年末，最高人民法院公布中的失信被执行人共 799 万。

（二）"老赖"信息被纳入征信系统，成为信贷审批的"一票否决"依据之一

2016 年，最高人民法院与中国人民银行等 44 个部门联合签署了《关于对失信被执行人实施联合惩戒的合作备忘录》，失信被执行人信息被纳入央行征信系统，征信系统接入机构可直接查询相关信息。当失信被执行人履行全部义务，达成和解协议或经人民法院依法裁定终结执行，最高人民法院会将其有关信息从失信被执行人名单库中删除，并同步至中国人民银行征信系统。据调查，失信被执行人在信贷审批过程中属于"一票否决"项，对相关企业和个人的融资能力会产生重大影响。

四、实际监管过程中所面临的问题或困境

（一）法律法规规定与实际监管的落地衔接尚未形成有效范式

《个人信息保护法》《数据安全法》《征信业务管理办法》等法律法规中大多为基本的原则性规定，缺少具体的制度性安排，在实际监管和执法过程中缺乏可操作性。以信息的定义为例，尽管从法律层面上对个人信息和信用信息的定义已基本明确，但在日常监管和执法中仍需基于一定的个人经验和主观判断来进行确认。例如，银行所采集的各类信息是否属于"为金融等活动提供服务"，目前各银行对其理解并不相同；《个人信息保护法》中"基于个人同意处理个人信息的，该同意应当在个人充分知情的前提下自愿、明确作出"，也未明确取得个人同意的具体标准。

（二）部门内部、部门之间尚未形成有效监管合力

银行合作的外部数据机构种类多样，既包括政府部门及其管理的事业单位、水电煤等公用事业单位、电信运营商，也包括取得合法征信业务资质的征信机构，还包括从事数据服务的大数据公司、金融科技公司等。中国人民银行对商业银行和持牌征信机构负有监督管理职责，但对于其他类型的数据提供者监管力度有限。一方面，《征信业务管理办法》第五条中明确规定"金融机构不得与未取得合法征信业务资质的市场机构开展商业合作获取征信服务"，并压实了征信机构对信息提供者、信息使用者的审查责任，明确了征信机构在信息流转环节中的核心责任，因而，也增加了中国人民银行作为征信机构主管部门的监管执法难度。另一方面，数据服务公司等机构的监管权限不在人民银行，间接监管力度有限，要实现数据流转全链条管理仍需加强跨部门、跨地域的协同监管。

（三）新技术的快速发展对金融监管部门提出更高要求

当前，金融活动线上化、数字化趋势日益明显，对监管部门提出了新的挑战。一方面，数字时代的信息量呈指数式爆发增长，这意味着监管部门实现全面、有效

监管的工作量也呈几何级增加，传统的监管手段难以实现真正的"无死角"监督管理，监管部门与商业银行之间存在信息不对称的可能性大大提高。另一方面，面对线上化业务等新型业务形态，监管部门需要摆脱固有的思维模式，既要对新技术、新业务、新场景进行主动深入研判和分析，又要打造具有专业技能的人才队伍，才能跟上金融创新发展的脚步，准确识别金融活动中潜在的信息泄露、信息滥用等风险。

（四）部分银行对征信信息安全与信息保护重视程度有待提升

一是征信信息安全意识仍需强化。当前，部分商业银行并未将信息安全与保护工作纳入整体风险管理框架中，工作机制局限于征信等特定领域，缺乏全行层面的整体统筹，跨条线协作不畅。近年来，多家商业银行因侵犯个人信息被处罚，反映出相关问题较为突出。二是部分银行信息管理机制流于形式。尽管《中国人民银行关于进一步加强征信信息安全管理的通知》中明确要求接入机构等征信信息安全主体应当成立征信信息安全工作领导小组，由领导层中分管征信工作的负责人担任第一责任人，但在实际检查过程中，仍存在内控制度不完善或落实不到位、领导层决策部署缺失、合规培训覆盖面不足等问题。

五、政策建议

（一）丰富监管内涵，加快完善个人征信信息相关法律体系

一方面，完善个人征信信息相关的法律法规体系，尽快出台个人金融信息保护办法和征信领域专门的监管细则，加强金融领域个人信息保护力度。另一方面，仔细研读相关法律法规，加强与法律部门的交流沟通，学习并借鉴已有的执法检查和监管实践经验，在部门内部加紧形成监管范式。

（二）强化监管联动，建立个人征信信息全流程监管机制

对内，加强与消费者权益保护等部门的协同配合，运用多方数据交叉验证，及

时发现风险。探索商业银行与征信机构的联动监管，增强监管的有效性和威慑力。对外，加强与国家互联网信息办公室（网信办）、发展和改革委员会、商务部等部门的协同合作，研究建立关于个人征信信息收集、存储、使用、加工、传输、提供等各个环节的管理规程，明确各部门的权利和义务，建立信息共享和工作联动机制，对掌握大量个人征信信息的征信机构或平台进行全方面监管。

（三）坚持科技赋能，打造以科技手段为支撑的监管执法模式

积极主动运用现代科技手段提升监管效能，综合开发运用各类内外部信息资源，及时准确掌握金融机构和金融市场的相关重要信息，探索建立实时、全量、多维度的数字化监管系统，加强风险分析研判，真正做到早识别、早发现、早预警、早纠正、早处置，持续提升监管反应速度，提高监管手段的针对性和精确性，不断完善监管执法模式。

（四）加大监管力度，引导商业银行做好征信信息管理的全局性部署

鼓励商业银行设立董事会直属的信息安全管理专职部门，建立健全征信信息管理内控机制，增强信息安全防护意识，将培训学习和警示教育落到实处，不断完善内部监督和惩戒机制。同时，加强对征信信息管理领域违法违规行为的惩处力度，始终保持零容忍的高压态势，提高商业银行的违法成本。

比较视域下对"先用后付"行业金融治理的研究

侯圣博①

摘　要： 在移动支付勃兴与消费主义浪潮下，"先买后付"的支付方式在全球快速兴起。究其本质，属特定场景下买卖与消费信贷、保理的结合业务。经考察，当前全球各国普遍缺乏针对性监管规制，行业的粗放发展可能干扰政策金融监管秩序，引发债务风险向金融机构传导蔓延，侵犯消费者合法权益。建议严守"金融业务持牌经营"红线，遵循"同样业务同样监管"原则，纳入金融监管框架，坚持底线思维与鼓励创新转型升级相结合。牢牢守住不发生系统性金融风险的底线，严防"先买后付"成为新的互联网金融风险源。

一、"先用后付"发展历程与行业现状

"先用后付"又称"先买后付"或"先享后付"，由英文"Buy Now Pay Later"（BNPL）直译而来，指用户购物时，商家根据其信用情况提供的赊销服务。选择"先用后付"方式的消费者可在限期内先享受商品或服务，在一定期限内再支付价款，且免收利息。

从国际来看，"先用后付"源起于北欧，2005 年瑞典金融科技公司 Klarna 为便利网络消费者支付，推出"先用后付"信用购服务。用户购买商品后，由 Klarna

---

① 侯圣博：供职于中国人民银行北京市分行支付结算处。
注：本文仅为调研组学术思考，与供职单位无关。

先向商家垫付，待用户收到货物后再向 Klarna 付款。2012 年后，美国、澳大利亚等国先后成立 Affirm、Afterpay 等公司专营"先用后付"业务。近年来，随着信用消费浪潮和移动支付勃兴，Apple 等大型科技公司以及 Paypal、Visa 等境外支付清算机构也布局"先用后付"行业。截至 2022 年 7 月，Klarna 公司在全球拥有 1.47 亿用户，市场估值 67 亿美元，并曾于 2021 年最高达 456 亿美元。"先用后付"成为全球金融科技热门领域。

从国内来看，最早由微信与淘宝于 2019 年先后试行"先用后付"。目前，拼多多、美团等大型网络电商平台多数均开通了该项服务。同时，亦有西瓜买单等 App，脱离电商平台独立提供"先用后付"服务。

在移动支付勃兴与消费主义浪潮下，"先用后付"支付方式在全球兴起并快速发展。但由于行业发展过快，实践经验不足，各国对"先用后付"业务的监管规则并不系统、完备，为金融风险防控、消费者权益保护带来了挑战与隐患。

二、"先用后付"展业模式的探析

（一）"先用后付"业务流程

第一，绑卡。用户在付款前通常需绑定银行卡，与"先用后付"公司签署协议，进行银行卡扣款授权。第二，授信。即由用户提供身份信息，"先用后付"公司通过调取内部或第三方资信数据，进行用户资信评估，以确认用户信用可靠且有还款能力。第三，下单支付。用户确认选择"先用后付"的付款方式后，在"先用后付"App 支付页面会显示对应的还款计划，包括还款期数、每期应还款金额等信息，并需勾选对应的支付服务协议，点击确认后完成安全验证即可完成消费。第四，还款。"先用后付"账期通常较短，多在 1 周至 3 个月不等，通常支持到期系统自动代扣和用户主动还款两种方式。正常按期还款或提前还款不向用户收取额外费用，延期还款或违约可能会收取滞纳金。

（二）"先用后付"业务的法律实质

经检视国内主流"先用后付"产品，透过其复杂的外表，大概可分为两类业务模式：

一是"买卖+借贷"模式。此模式将"先用后付"产品拆分为一个分期付款买卖合同加一个附加条件成立的借贷合同。借贷合同中，由"先用后付"服务机构或其合作的消费信贷机构向消费者提供个人消费信贷服务。消费者可将所获资金用于购买指定商品或服务，资金基于用户用款申请定向发放给用户的交易对手或其他指定账户。当消费者逾期未付时，则由"先用后付"服务机构或其合作的消费信贷机构向消费者收取逾期利息等金融孳息。

二是"买卖+保理"模式。同理，此模式下，可将"先用后付"产品拆分为一个分期付款买卖合同加一个保理合同。消费者在商户购买商品或服务时，由保理公司向商户提供资金，"先用后付"平台将该笔应收账款债权让予保理公司，从而使用户获得延后或分期清偿前述账款的服务。

无论是"买卖+借贷"模式抑或是"买卖+保理"模式，若消费者按期完成支付，则此时"先用后付"即可视为一款延期支付的商业产品。反之，若消费者逾期未支付，则会转换为金融产品。即"先用后付"实质为小额、轻量场景下的或有消费信贷或保理业务。平台利用先享用后付款的卖点吸引消费者，刺激消费，为商家提供拉新与引流服务，进而收取商家佣金。佣金可抵偿公司坏账成本，或用来与消费金融公司、保理公司合作向其支付或有债务费用，维持经营。

三、"先用后付"潜在的问题与风险

"先用后付"是一种消费者提供熨平收入周期、管理现金流、便利支付的有效方式，有利于商家在经济下行周期促销纳新、拓宽品牌渠道、缓和资金压力。然而"先用后付"产品究其本质位于商业产品和金融工具的交叠区域，业务模式远未成熟，其模糊的定位或为行业未来的发展带来风险隐患。

（一）干扰金融监管秩序

一是变相经营消费金融业务，涉嫌监管套利。根据《消费金融公司试点管理办法》，消费金融为行政前置许可的"持牌"经营业务。若"先用后付"企业自营垫资放贷业务，或涉嫌违规从事消费金融业务。二是资金支付过程或有支付"二清"风险。如"先用后付"企业向商户自行垫付货款，再收取消费者资金，形成"资金池"，或从事资金二次分配，则违反了中国人民银行支付结算的相关规定，涉嫌无证经营支付业务。三是影响中国人民银行征信信息的全面性与准确性。对于名为赊销、实为信贷类型的"先用后付"业务，企业仅通过对客户信息的简单审核即授信借款，在相关企业不接入中国人民银行征信系统的情况下，部分缺乏偿付能力的客户未能按时还款，无法计入征信系统，将影响征信信息的全面性、准确性。四是金融数据安全与个人信息保护不到位。随着近年来《网络安全法》《数据安全法》《个人信息保护法》等法律法规出台，金融数据安全与金融消费者信息保护标准日益严格。由于"先用后付"企业并非持牌的金融机构，合规意识与业务能力均有待提升，尤其对于初创型企业，获取大量金融支付数据，操作不当极有可能导致信息传递与数据处理的违法违规。

（二）导致债务风险向金融机构传导蔓延

除却上述监管领域，该业务模式在市场侧也可能存在风险隐患。如何增强消费者适当性管理、缩减坏账率是"先用后付"企业无法规避的核心问题。中小型企业没有金融消费等大数据积累，甚至难以获取真实的用户数据，仅通过购买第三方风控公司的数据服务即开展"先用后付"业务，若放款规模不能覆盖其坏账成本，其资金链断裂风险将大大增加，并可能传导至其合作的银行或消费金融公司。

（三）侵犯消费者合法权益

一是金融营销广告不尽规范。因国内"先用后付"行业处于发展初期，经营较为粗放，且缺乏行业广告要素的指导标准，多数不同程度存在着信息披露不充分、营销宣传不当（如诱导广告）等问题，可能侵犯消费者知情权、公平交易权等。二是消费者维权救济渠道不畅。当企业与消费者发生争议纠纷，如企业事前披露信贷产品或逾期滞纳金不到位，消费者可能误以为仅进行了赊购，嗣后发生争议，消费者难以申诉维权。三是不当的"先用后付"产品宣传可能助长不良消费观，加重低收入群体的债务负担。高度依赖"先买后付"业务的客户群体往往是缺少长期信用记录的青年人群和缺乏良好信用记录的低收入人群。此类群体进行多头借贷、过度消费的可能性也更高。如对"先用后付"业务不加规制，可能进一步助长社会不良消费观，增加低收入群体的债务负担，甚至陷入"债务陷阱"。

四、"先用后付"行业的域外监管实践

值得注意的是，欧美等西方发达国家监管当局亦对上述"先用后付"业态暴露的风险给予不同程度的关切。包括但不限于"先用后付"业务是否属于金融业务、"先用后付"从业者的前置展业条件、"先用后付"业务的营销限制，以及罚金息费是否构成掠夺性定价等。部分域外国家和地区也先行将"先用后付"业务直接纳入监管范围，相关监管思路可资借鉴。

英国政府明确表示，将制定措施监管"先用后付"行业，由英国金融行为监管局批准其准入资质，并部分借鉴消费信贷监管制度。具体而言，一是拓展业务前须进行用户适当性检测，避免消费者过度负债；二是要求将客户信息上报征信机构，加强信息透传；三是允许使用者向金融申诉服务机构投诉；四是要求"先用后付"服务商修改可能损害消费者权益的条款。

澳大利亚证券和投资委员会对"先用后付"业务进行监管，委员会有权对其平台的客户资质、服务提供方式、营销手段、信息披露等进行限制或禁止。同时，澳大利亚金融业协会在前述监管要求的基础上，对"先用后付"业务制订了更加细致的行业规则，如企业需申请成为澳大利亚金融投诉管理局成员，并接受消费者投诉等。

2022年10月，新加坡金融管理局指导新加坡金融科技协会成立"先用后付"

工作组，推出"先用后付"执业框架，包括对"先用后付"服务作出行为界定，设定基础信用额度上限，设定利息与违约金上限，禁止使用误导性广告等关键要点。该执业框架可为提供"先用后付"方案的组织推出行为指南和执行机制，降低消费者过度负债的风险，为行业营造公平道德的环境，保护消费者利益，以及建立消费者对"先用后付"服务和供应商的信心。

美国虽在"先用后付"市场发展中走在前列，但目前尚未就"先用后付"业务进行立法规制。2021年底，美国金融消费者保护局向美国5家知名的"先用后付"服务商下发调查令，要求提供平台商业模式、消费者购物行为习惯等信息。同时，在其官网对"先用后付"进行风险提示，指出行业存在消费者债务过度积累、服务商监管套利和违规进行支付数据收集等问题。

五、金融监管的对策与建议

一是严守"金融业务持牌经营"的红线，遵循"同样业务同样监管"的原则。金融活动持牌经营、金融创新必须在审慎监管的前提下进行，一直以来这也是我国金融监管方强调的重点内容。对于"先用后付"的全链条业务，应按照实质重于形式的原则，保持监管政策取向、业务规则和标准的一致性。保护合法的赊销、消费金融业务的同时，增强监管的穿透性、统一性和权威性，坚决防止利用"假包装""伪创新"等名义来进行监管套利。防范"先用后付"业务成为互联网金融新的风险源。

二是探索将"先用后付"业务纳入金融监管框架，开展审慎监管。建议顶层推动，厘清"先用后付"业务的监管定性，出台相应的管理办法，依法将金融活动全面纳入监管之中。可在商户准入、客户身份识别、合规展业、消费者权益保护等方面，对"先用后付"企业开展全方位、系统性的监管规制。

三是坚持底线思维与鼓励创新转型升级相结合。坚决守住不发生系统性金融风险的底线，是近年来我国金融业发展实践积累的经验，也是新时代金融改革发展创新必须坚持的重要方针。在暂未就"先用后付"形成配套成熟的监管机制前,应由各金融监管部门各司其职,明确其监管底线。如中国人民银行负责支付与征信业务,国家金融监督管理总局负责消费金融业务的持牌经营方面监管,地方金融办负责保理业务监管,金融监管部门合力推进金融宣传教育与消费者权益保护,引导金融消费者树立正确的消费观。在此基础上,可探索由监管部门指导成立"先用后付"行业协会,以信息披露、风险提示、行业自律规约等手段,开展柔性自律约束,并鼓励支持创新发展,为行业转型升级预留政策空间。

支付机构跨境支付业务非现场监测体系探索

文　婷　张艺严　吴雨晴①

摘　要： 近年来，随着互联网技术和电子商务的快速发展，第三方支付行业发展迅猛，跨境支付业务通过不断的创新与发展，在支付体验与支付效率方面都得到极大的提高。但随着支付机构跨境支付业务迅猛发展，需要尽快建立对支付机构多维度、广覆盖的大数据监测体系，同步跟进大数据监管，以最大限度降低信息不对称程度，避免监管的重叠与缺位。国家外汇管理局北京市分局以全国数据研判中心为依托，聚焦全国支付机构的违规行为，积极拓展数据源，探索建立专业化、立体化、精准化的支付机构非现场监测体系。

一、总体情况

（一）支付机构跨境外汇业务模式

1. 购、付汇业务

支付机构的付汇业务主要由跨境电子商务贸易及跨境服务贸易构成。支付公司与境内外商户签订支付服务协议，为互联网渠道跨境电子商户的交易双方提供交易所涉及的结售汇及跨境外汇支付服务。

在货物贸易方面，支付公司与境内外商户签订支付服务协议，一般为电子商务

---

① 文婷、张艺严、吴雨晴：供职于中国人民银行北京市分行外汇检查处。
注：本文仅为调研组学术思考，与供职单位无关。

公司或网上销售平台，如蜜芽商城、云集商城等网络购物平台。境内个人通过网上商场下单购买境外商品，平台收集客户订单信息并将购物款通过支付公司汇至境外销售商统一购买，境外销售商收款后通过境外直邮或保税区发货模式直接发货给境内个人。此类交易主要涉及母婴用品、美妆产品、食品、服饰等。

在服务贸易方面，支付机构与酒店、机票、留学教育平台签约，为境外机构及境内个人提供跨境互联网支付服务。例如，酒店信息平台负责搭建网络平台并与境外酒店签约，在其平台上展示签约酒店的服务信息，境内个人通过该平台预订将要入住的酒店并通过支付机构直接付款至该酒店。随着我国出境旅游及留学人数的不断增长，此类服务平台的支付业务持续增长。

2. 收、结汇业务

目前，支付机构与跨境出口电商的业务模式还属于探索阶段，业务规模相对较小，支付渠道不畅、资金回流困难等问题难以满足旺盛的市场需求，严重制约了跨境出口电商的业务发展。当前，支付机构与出口跨境电商的合作模式分为以下两种：

一是境外电商平台出口收结汇。国内跨境出口电商在海外平台开店，面对境外消费者销售境内商品，如亚马逊、WISH 等跨境电商。境外平台收到消费者货款后（外币），通知境内卖家发货。待境外消费者收到商品后，海外电商平台向卖家结算货款。货款统一结算至支付机构在境外银行开立的资金归集账户，通过出口收汇结汇成人民币转入境内商户人民币账户。

二是境内电商平台出口收结汇。商户在京东全球购、淘宝全球购、敦煌网等境内电商平台注册成为跨境商户，境外消费者购买商品后支付货款至境内平台（平台需与 Visa 及 Mastercard 签约合作），平台通知商户发货并与商户进行人民币结算。

（二）现有监测指标

目前，对支付机构的监测基础为支付机构集中申报的国际收支数据、结售汇数据、外汇备付金账户数据，以及在个人项下结售汇业务中，支付机构还原申报的单笔金额为 500 美元以上的大额结售汇数据。现有的主要监测手段是基于专家经验的，以支付机构、境外交易对手为主体的指标筛查。

同时，北京已收集支付清算协会的风险名单及黑名单数据，辖内支付机构每月向业务部门报送订单明细及交易明细数据，包括商户名称、收款方、付款方、证明交易完成信息等，并提交月报，包括商户存量、备付金余额及风控等总体情况，以及异常交易拦截的处置情况。

二、跨境支付业务非现场监测体系存在的难点与不足

1. 支付机构数据掌握不充分难以进行有效监测

目前，外汇非现场系统数据的交易主体集中于支付机构，或还原到实际交易个人，缺乏与支付机构签约的实际从事跨境电商业务的企业的相关信息，造成了交易主体信息的缺失，现有的指标模型筛查对象无法穿透违规主体。

2. 传统数据分析工具无法对具有大数据特征的跨境支付进行全面监测

支付机构因其单笔金额小、交易频次高的特点，交易明细数据量庞大。2021年，北京某支付机构订单明细数据达1086万条，此规模的大数据无法通过传统分析方式进行数据比对和分析，也无法有效发挥其"探测器""指挥棒"的作用。

3. 跨境支付业务边界不断拓展，传统的监管模式亟待提升

支付机构为积累客户资源，积极寻求与更为广泛的行业领域进行合作发展，实现支付业务的多元化。采用传统的监管模式对支付机构分段、片面的监测难以准确识别业务实质和风险实质。

三、建设和完善支付机构跨境支付业务的非现场监测体系

（一）建设必要性

一是随着支付机构业务的快速发展，建立全国性大数据支付机构非现场监测体

系是及时发现业态变化发展及其可能存在的风险和违规点的重要手段。国家外汇管理局已连续多年将提升非现场监管水平作为其工作的重点，并推动在全国建立5家数据研判中心，并将北京研判中心的职责定位为支付渠道研判，主要对支付机构等异常资金跨境进行监测分析，研究支付机构监测机制和监测方法，同时，也对支付机构的监测水平提出了更高的要求，不能局限于支付机构的事后监管检查，而要立足于事前、事中的及时纠偏。

二是支付机构为民众提供快捷便利交易方式的同时，也不可避免地成为地下钱庄转移资金的通道，随着支付机构跨境支付业务的发展，部分不法分子逐渐发现支付机构在跨境支付业务中存在的审核薄弱环节和资金出境的新渠道。因支付机构的跨境支付业务多为大量的小额跨境电商业务，部分支付机构仅形式审核订单相关电子数据，并未对交易背景的实质性和一致性进行审核，导致地下钱庄能够轻而易举地突破审核防线。近期发现的地下钱庄出境渠道中，钱庄资金流入全国十余家支付机构并跨境汇出，涉及金额达上百亿元人民币，资金规模十分可观，成为防堵地下钱庄的一大风险。

三是加强对支付机构监管、填补跨境支付领域监管空白的重要举措。目前，支付机构跨境外汇业务的监管仍处于起步阶段，对其具体的业务监管更多的是市场准入审批层面，对其业务的事中监管缺少连续性和主动性。现阶段迫切需要搭建起支付机构跨境业务的有效监管系统，将其具体的明细业务数据纳入外汇局的监管范畴内，建立相应的分析模型和预警指标体系，从而及时发现和识别相应的异常情况和业务风险，及时予以干预和处置。

（二）全国支付机构监测体系建设的路径设想

搭建全国性的支付机构非现场监测体系应分为前期、中期、后期，依托于全国数据研判中心平台，以北京市为试点，逐步建立全国支付机构的非现场监测体系（见图1）。

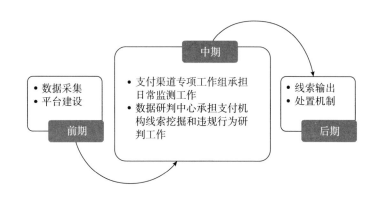

图1　全国支付机构监测体系建设路径设想

资料来源：笔者自绘。

（三）建设支付机构非现场监测体系的具体方案

1. 前期准备

（1）数据采集。一是监测体系应当以支付机构的原始数据采集作为前期准备工作的基础，以"可信、可用、可勾稽"作为基本原则，主要采集内容包括支付机构的基本信息、商户信息、境外交易对手信息、国际收支数据、交易明细数据等。二是加强与网联结算公司、中国银联的合作，采集支付机构人民币资金充值记录，推进结售汇人民币资金来源与去向数据采集落地，推进金融机构外汇风险交易报告的试点工作，进一步拓展支付机构的数据来源，实现本外币的穿透分析。

数据采集方式应当采取"先试点后推广"的模式，选取支付机构监管较为成熟的地区开展数据采集试点，以国家外汇管理局应用服务平台作为采集支付机构数据的唯一端口，试点结束后再推广至全部支付机构进行数据采集。

（2）平台建设。在获取数据的基础上，监测体系中应当包括与数据规模相匹配的监测分析工具。监测分析平台作为非现场监测的重要工具，应当具备数据查询、大数据分析、指标模型设计、关系图谱分析、自主监测预警等功能，同时能够具备响应迅速、安全保密、存储便捷、用户友好等特性，方便非现场工作人员的使用和管理。

2. 中期运转

（1）支付渠道专项工作组承担日常监测工作。在现有工作框架下，由国家外汇管理局（以下简称总局）组建的支付渠道专项工作组，承担支付机构外汇业务的日常监测分析工作，10个专项工作组分局根据成形的监测分工体系负责相应支付机构的日常监测和趋势分析，并由牵头分局统筹汇总全国支付机构外汇业务情况。专项工作组同时承担非现场指标的模型设计、评价体系构建以及舆情监测等工作。

（2）数据研判中心承担支付机构线索挖掘和违规行为研判工作。数据研判中心可根据总局赋予的职能定位，自主开展支付机构跨境资金异常渠道分析，及时准确发现可疑线索和违规行为。同时，数据研判中心应当在监测体系中发挥中坚作用，在数据采集试点和平台建设等工作中需要先行先试，以支付机构交易信息采集为基础，探索并搭建支付机构、签约商户、交易数据、验证信息"四位一体"的穿透式大数据监测分析模型，便于后续线索挖掘和违规行为研判（见表1）。

表1　现有监测指标与大数据监测分析模型对比

	现有监测指标	大数据监测分析模型（设想）
基础数据	支付机构集中申报的国际收支数据、结售汇数据、外汇备付金账户数据	支付机构基本信息
		商户信息
		境外交易对手信息
	支付机构还原申报的500美元以上大额结售汇数据	还原申报、集中申报数据
		订单明细数据、交易明细数据
	部分订单明细数据及交易明细数据	人民币资金充值记录、结售汇人民币资金来源与去向数据
		金融机构外汇风险交易报告
	支付清算协会风险名单数据	支付清算协会风险名单数据

续表

	现有监测指标	大数据监测分析模型（设想）	
指标模型	收支交易编码超范围 境外交易对手名称包含限制项目关键词 客户单笔收支超限额等九个第三方支付机构类指标	交易的稳定性	收款、付款的波动率
		业务的复杂性	交易维度的复杂性
			交易项目的集中度
		商户的稳定性	商户总量的稳定性
			商户关停情况
			商户业务量的稳定性
			商户结售汇人民币来源去向是否可疑
			商户交易项目是否可疑
		交易的合规性	已有指标
			申报数据准确性
		行政处罚情况	行政处罚案件数
			行政处罚实质性违规占比
			实质性违规金额

资料来源：笔者根据相关资料自行整理。

3. 后期成果转化

支付机构非现场监测体系应当具备高效畅通的成果报告制度和线索处置机制。一是专项工作组产出的监测分析报告和数据研判中心产出的异常渠道分析报告，应当定期上报总局以供参考和研究；二是发现敏感的舆情应当及时通报总局和支付机构所在分局及时进行处置；三是可疑线索和违规行为应当及时上报总局，由总局根据管辖权分发至各分局进行调查和查处，并及时向数据研判中心反馈其监测成效。

探索优质中小微企业培育与风险监测的有效路径

——基于企业信用贷款全流程风控模型2.0的研究

林晓东 赵 睿 杨媛媛 台 璇 吴静仪 王磊磊 高 博①

摘 要：为进一步探索如何优化需求端，培育优质中小微企业，有效监测中小微企业风险，统筹发展与安全，提升金融服务质效，课题组拟运用大数据技术、机器学习技术等，迭代升级前期研究成果——企业信用贷款全流程风控模型。从需求端发力，进一步深化中小微企业的金融服务能力，助力金融支持助企纾困和稳经济大盘工作，切实提升金融服务实体经济质效。

一、引言

为贯彻落实党中央、国务院"六稳""六保"的工作决策部署和中国人民银行的工作会议精神，充分发挥金融系统在加大小微企业纾困力度、增强经济社会发展韧性方面的关键作用，推动建立金融服务小微企业"敢贷、愿贷、能贷、会贷"的长效机制，助力稳市场主体、稳就业创业、稳经济增长，中国人民银行北京市分行深入开展小微企业金融服务能力提升工程，立足新发展阶段，贯彻新发展理念，积

---

① 林晓东、赵睿、杨媛媛：供职于中国人民银行北京市分行征信管理处；台璇、吴静仪：供职于中国人民银行北京市分行科技处；王磊磊：供职于中国人民银行中关村国家自主创新示范区分行；高博：供职于中国工商银行股份有限公司北京市分行。

注：本文仅为调研组学术思考，与供职单位无关。

极发挥征信政策工具的作用，创新打造全国首个为商业银行提供"联合建模+系统直连"嵌入式金融服务模式的"创信融"企业融资综合信用服务平台，并于2020年9月在中关村论坛发布。平台运行两年来，有效支持1万余家企业获得无抵押、纯信用贷款共计140亿元，同比增长翻了一番，其中，小微企业、首贷企业分别占比99.7%、75.7%，不良率均为0[①]。

"创信融"平台旨在提升金融机构、小微企业的金融服务能力，深化供给侧结构性改革，为进一步探索如何优化需求端，培育优质的中小微企业，监测中小微企业风险，统筹发展与安全，提升金融服务质效，课题组拟运用大数据、机器学习技术等，迭代升级前期研究成果——企业信用贷款全流程风控模型。从需求端发力，进一步深化中小微企业的金融服务能力，助力金融支持助企纾困和稳经济大盘工作，切实提升金融服务实体经济质效。

二、企业信用贷款全流程风控模型2.0

为探索替代数据对企业信贷风险预测的应用，前期项目组已运用"创信融"平台上的税务、工商等数据进行探索，分别搭建了"企业健康度"准入和预警模型与信用贷款测额模型。由于企业贷款流程主要包括贷前准入、贷中测额和贷后预警三个部分，因此，将以上两个模型统称为企业信用贷款全流程风控模型。为进一步提升模型的准确性，项目组在原有模型基础上进行优化，融合社保数据进行2.0建模。信贷专家的相关经验表明，企业社保数据与企业经营的稳定性密切相关，引入社保数据有助于提高模型预测的准确性和可靠性，助力银行提升风险管理能力。

（一）"企业健康度"准入和预警模型2.0

1. 样本数据分析

综合税务和社保数据的具体情况，课题组选定以2020年11月1日到2021年

---

① 资料来源：中国人民银行北京市分行。

10 月 31 日为观察期，2021 年 11 月 1 日到 2022 年 9 月 9 日为表现期的数据进行建模，观察期内企业样本数为 49.7 万家，正样本数量约为负样本的 3.3 倍。以在观察期内必须缴纳增值税为条件，34.0 万家企业至少缴纳过一次社保，占比 68.3%。

2. 指标设计

将观察期和表现期均正常缴纳增值税的企业定义为正样本，即健康企业（标识为 1）；将观察期缴纳增值税但表现期未能缴纳增值税的企业定义为负样本，即不健康企业（标识为 0）。通过模型输出企业是否健康的概率值分析得出，概率值越接近 1，表明企业的健康程度越高；反之越接近 0，表示企业的健康程度越低。

3. 模型设计与验证

通过对数据特征提取和降维处理，课题组共得到 15 个入模特征，其中税务特征 5 个、社保特征 8 个、其他特征 2 个。为了在输入特征有限的情况下实现较高的性能，本课题使用 GBDT（Gradient Boosting Decision Tree）作为分类算法模型，公式（1）概括如下：

$$F_m(x) = F_{m-1}(x) + h_m(x) \times \mathrm{argmin}_r \sum_{i=1}^{n} L(y_i, \ F_{m-1}(x_i) + r_{im} \times h_m(x_i)) \qquad (1)①$$

模型开发使用 7∶1∶2 的比例进行训练、验证以及测试数据的分配，并使用单棵决策树最大层深 5 层、串联 100 棵决策树的配置，进行模型训练。

4. 模型预测结果

模型在测试集数据上生成的 ROC 曲线（见图 1）较为平滑，并取得了 AUC 值约为 0.81 的效果，表明了该模型具有较好的预测能力。

根据验证数据生成的 ROC 曲线，项目组确定了定性划分的阈值为 0.76。据此阈值分析发现，模型对健康企业的识别准确率高达 0.90，召回率仅 0.72，表明在识

---

① 其中，$F_m(x)$ 和 $F_{m-1}(x)$ 分别表示 m 个和 m-1 个基模型叠加后所得的强模型，$h_m(x)$ 是第 m 个基模型，x_i 和 y_i 是第 i 个训练样本对应的输入和标准输出，r_{im} 代表根据 $F_{m-1}(x_i)$ 与 y_i 形成的损耗函数的最大下降梯度方向，$L(*)$ 代表损耗函数。

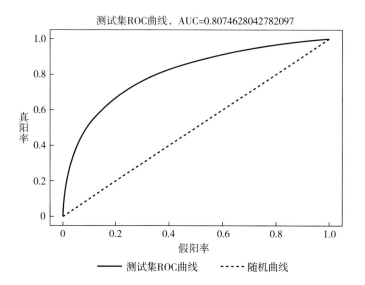

图 1 测试数据集 ROC 曲线

资料来源：笔者根据模型结果自绘。

别健康企业时模型宁可漏掉部分健康企业，也要尽可能保证识别结果的有效性，这与贷款场景中客户准入的需求相吻合。反之，对于不健康的企业，模型则更倾向于保证召回率，以确保识别出尽可能多的不健康企业，总体模型预测效果较为理想（见表1）。

表 1 模型 2.0 在新测试集上的分类指标

（阈值：0.76，整体准确率：0.73，AUC：0.81）					
0【不健康企业】	准确率	召回率	F1 值	实际样本数量	预测样本数量
	0.45	0.75	0.56	23283	38881
1【健康企业】	0.90	0.72	0.80	76151	60553
平均值	0.68	0.74	0.68	99434	99434

资料来源：笔者根据模型结果自行整理。

（二）信用贷款测额模型 2.0

1. 样本数据分析

沿用 1.0 模型中的贷款额度划分方式，课题组以 2020 年 10 月 1 日—2021 年 9 月 30 日存在缴税记录，并持有开立日期在 2021 年 10 月 1 日—12 月 31 日期间"正常"类贷款的企业为样本进行建模，各额度段贷款分布情况见表 2。

表 2　各额度段贷款分布情况

额度段名称	额度段范围（万元）	企业数量（家）	"正常"类贷款（笔）	正样本占比（%）
额度段 1	1~10	520	695	12.7
额度段 2	10~35	777	911	19.0
额度段 3	35~75	650	736	15.9
额度段 4	75~100	208	221	5.1
额度段 5	100~175	793	851	19.4
额度段 6	175~250	490	518	12.0
额度段 7	250~300	121	125	3.0
额度段 8	300~400	366	384	9.0
额度段 9	400~500	160	165	3.9

资料来源：笔者根据模型结果自绘。

2. 指标与模型设计

基于前期课题成果，课题组决定在 9 个额度段内分别建立一个基于泊松分布的回归模型。在零膨胀泊松分布模型中，通过比较企业在不同额度段对应模型中参数 λ 的大小，来决定每个企业对应的授信额度段和授信笔数，λ 的定义详见公式 (2)。其中，x_i 和 θ_i 分别代表输入特征 i 及其对应参数。

$$P(y=k \mid \lambda, \tau)^{①} = \begin{cases} \tau+(1-\tau)\times e^{-\lambda} & k=0 \\ (1-\tau)\times\dfrac{e^{-\lambda}\times\lambda^{k}}{k!} & k>0 \end{cases}$$

$$\lambda = e^{\sum_i x_i \theta_i} \tag{2}$$

3. 模型预测结果

课题组以企业实际对应的授信额度段序号与模型预测的授信额度段序号差值，来评估模型的效果。差值的绝对值越小，表明模型预测越接近现实情况。如图 2 所示，差值分布呈现以 0 值为中心，向两侧递进的类钟形分布，表明模型拟合效果良好。结合具体情况来看，实际情况与预测情况差值为 0 的击中比例最高，占比22.3%；差值范围 [-1, 1]、[-2, 2] 和 [-3, 3] 的总体击中率分别为 47.0%、61.1% 和 81.2%（见表 3），表明 80% 以上的样本落在模型在正负误差 3 以内，对于辅助授信决策有一定帮助。

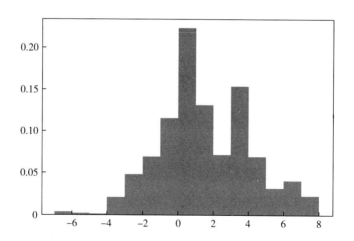

图 2　模型预测额度段与实际额度段偏差值概率分布

资料来源：笔者根据模型结果自绘。

---

① y 代表因变量，即企业所持有的"正常"类贷款的数量，λ 代表贷款数量在标准泊松分布下的数学期望值，τ 代表贷款数量中零值出现的概率。

表 3　九个贷款额度段的预测情况分布

贷款额度分段	实际企业数量	预测企业数量	完全命中企业数量
1~10	134	56	17
10~35	189	444	94
35~75	153	171	29
75~100	44	1	0
100~175	201	335	84
175~250	118	8	2
250~300	39	0	0
300~400	102	7	2
400~500	42	0	0

资料来源：笔者根据模型结果自绘。

三、模型 2.0 与模型 1.0 的对比

（一）"企业健康度"准入和预警模型 2.0 与模型 1.0 对比

1. 指标及特征选择

（1）正负样本的定义。模型 1.0 中项目组以是否缴纳个人所得税来定义正负样本。而在模型 2.0 中，为进一步优化模型的可解释度，项目组将样本定义变更为基于企业缴纳增值税的情况。从经济意义上来看，企业增值税是以生产经营过程中取得的增值额为课税对象征收的税，更能精准地反映企业的经营规模和生产经营情况，且在新的观察期和表现期内基于新定义的样本数量最多，更能满足模型的需求。

（2）入模特征比较。经过对特征降维处理后，模型 1.0 共入模 11 个特征，模型 2.0 共入模 15 个特征。其中 1.0 模型和 2.0 模型相同的入模特征有 3 个，分别为企业增值税笔数、行业和注册地。其余特征中，一期模型有 8 个税务相关特征，二期模型有 4 个税务相关特征和 8 个社保相关特征，社保特征入模较多。

2. 模型效果对比

为了更直观地比较引入社保数据前后的模型效果，项目组采用将模型 1.0 在新的观察期和表现期进行了模型复现，模型效果（见表 4）。通过对比表 1 和表 4 可发现，尽管模型 2.0 在正样本预测上的准确率下降了 0.02，但在负样本预测上的准确率却提升了 0.07。

表 4　模型 1.0 在新数据集上的分类指标

	准确率	召回率	F1 值	实际样本数量
（阈值：0.81，整体准确率：0.72，AUC：0.80）				
0【不健康企业】	0.38	0.75	0.50	10412
1【健康企业】	0.92	0.72	0.81	45169
平均值	0.65	0.73	0.66	55581

资料来源：笔者根据模型结果自绘。

项目组进一步地筛选了模型 1.0 与模型 2.0 在新测试集上的样本交集并进行建模比较。对比结果发现，模型 2.0 在正样本准确率不变的情况下，将正样本的召回率提升了 0.07；负样本的准确率提升了 0.05，召回率下降了 0.04，整体准确率提升了 0.05（见表 5）。这表明在引入社保特征后，模型 2.0 的效果有一定的提升。（见表 5）。

表 5　模型 1.0 与模型 2.0 在共同测试集上的分类指标对比

企业类型	交集数据集实际样本量	模型 2.0 （整体准确率：0.77；AUC：0.82）				模型 1.0 （整体准确率：0.72；AUC：0.80）				模型 2.0 提升比率		
		准确率	召回率	F1 值	预测样本数量	准确率	召回率	F1 值	预测样本数量	准确率（%）	召回率（%）	F1 值（%）
0【不健康企业】	2054	0.42	0.70	0.53	3369	0.37	0.74	0.49	4122	13.5	-5.4	8.2

续表

企业类型	交集数据集实际样本量	模型 2.0（整体准确率：0.77；AUC：0.82）				模型 1.0（整体准确率：0.72；AUC：0.80）				模型 2.0 提升比率		
		准确率	召回率	F1 值	预测样本数量	准确率	召回率	F1 值	预测样本数量	准确率（%）	召回率（%）	F1 值（%）
1【健康企业】	9205	0.92	0.79	0.85	7890	0.92	0.72	0.81	7137	0	9.7	4.9
平均值	11259	0.67	0.74	0.69	11259	0.64	0.73	0.65	11259	6.8	2.2	6.6

资料来源：笔者根据模型结果自绘。

（二）信用贷款模型 2.0 与模型 1.0 对比

基于现有模型的观察期，课题组复现了 1.0 模型。表 6 展示了模型 1.0 和模型 2.0 的命中情况，其中 2.0 模型差值区间为 [0，0]、[-1，1] 和 [-3，3] 的情况较 1.0 模型相比，分别提升了 5 个、2 个和 4 个百分点，模型 2.0 整体提升较为明显。

表 6　模型在不同差值区间上的命中情况

命中区间	模型 1.0	模型 2.0
[0，0]	0.17	0.22
[-1，1]	0.45	0.47
[-2，2]	0.62	0.61
[-3，3]	0.77	0.81

资料来源：笔者根据模型结果自绘。

四、政策建议

（一）建立中小微企业风险监测制度，完善融资支持长效机制

开展中小微企业综合评价工作，通过跨部门数据共享不断丰富监测维度，从企

业经营、企业资质、企业创新发展等多个维度完善企业画像模型，建立优质企业培育机制和风险监测机制，构建全流程风控管理体系。加大对优质企业的金融支持力度，动态优化政策措施，提高中小微企业融资的可得性和覆盖率。

（二）引导金融机构创新小微企业服务模式，持续提升金融服务的便利化和精准度

引导金融机构探索批量化、规模化、标准化和线上化的小微企业金融服务模式，增强小微企业金融专业化服务能力。鼓励金融机构合理运用大数据、云计算、人工智能等技术手段，提升获客、测额、风险识别和风险预警水平，不断丰富特色化的金融产品类型，拓展小微企业金融服务的场景和渠道。

（三）优化"银政担"业务合作机制，扩大中小微企业融资支持范围

在"创信融"平台信用担保融资试点的基础上，深化"银政担"合作风险分担机制，引入"信用+担保"模式作为纯信用贷款的有效补充，推广"见贷即保""见保即贷"的业务模式，优化担保流程，持续提升小微企业的融资体验感。

人工智能在金融监管领域的应用与思考

台　璇　吴静仪　巴鑫美　周珺星　文　婷　李东维　侯晓霞①

摘　要：人工智能技术在金融领域的广泛应用，全面提高了金融业的服务水平和效率，但与此同时，也促使金融业务的边界逐渐模糊，风险敞口增加，对金融监管提出了新的要求，智能化监管势在必行。通过探索人工智能中机器学习、知识图谱等技术在外汇非现场监管、反洗钱监测和国际收支统计申报等领域的应用，以人工智能技术赋能金融监管，提高金融监管的时效性、穿透性和一致性，促进监管机构监管服务、风险识别、合规性审查等方面的数字化和智能化程度，实现金融创新和金融风险防控之间的动态均衡，推进金融治理体系和治理能力的现代化。

一、搭建"反洗钱大数据分析系统"，赋能反洗钱分析能力

（一）反洗钱大数据分析系统项目背景

2019 年，习近平总书记多次就洗钱案件线索和反洗钱工作做出了重要批示，

---

① 台璇、吴静仪、巴鑫美：供职于中国人民银行北京市分行科技处；周珺星：供职于中国人民银行北京市分行反洗钱处；文婷：供职于中国人民银行北京市分行外汇检查处；李东维：供职于中国人民银行北京市分行外汇综合业务处；侯晓霞：供职于中国人民银行北京市分行国际收支处。

注：本文仅为调研组学术思考，与供职单位无关。

指出要"使所有资金流动都置于金融监管机构的监督视野之内"。中国人民银行北京市分行于2020年进一步拓展人工智能技术在反洗钱领域的应用，为高效打击违法犯罪、防范化解金融风险和维护国家经济金融安全保驾护航。

（二）人工智能技术在反洗钱大数据分析系统项目中的应用

1. 机器学习模型的应用

反洗钱大数据分析系统项目通过对历史重点可疑案例交易流水进行特征分析，再利用衍生特征进行逻辑回归（Logistic Regression，LR）模型训练，通过 LR 模型预测新案例是否应该移送，即模型的输出变量从 0 到 1 的概率值拟合成 0 到 100 的分值，分值越高，则表示该线索越可疑高危，应移送至相关部门处置。根据前期训练集移送案例的召回率与模型精度，设定分值 60 分以上具有高危移送可能性。

2. 知识图谱技术的应用

该项目采用人民银行北京市分行大数据平台中存储的全量账户交易流水表信息，通过知识图谱技术在图数据库中构建出巨大的资金流向图，业务人员在审核下游机构上报的可疑案例主体时，系统后台会从图数据库中拉取对应主体相关的资金流线图，并在分析页面展示，帮助业务人员判断交易违规风险。在可疑线索分析、专项分析过程中，借助于主体资金流向统计、业务情况分布、资金链路图等丰富的分析工具，更加精准地定义客户的行为，同时，图数据库的实时链路分析可以帮助提高机器学习的效率。

（三）反洗钱大数据分析系统的应用成果

该项目以金融机构的交易数据、重点可疑交易和行政调查为依托，高效整合了税务、公安、国安、纪委等外部合作单位，以及人民银行北京市分行相关处室的数据资源，并通过机器学习、知识图谱等技术发现交易数据中的异常资金结构，如频繁汇入/汇出、链式交易结构、集中转入/分散转出、分散转入/集中转出、环状交易结构、其他复杂异常交易结构等，结合业务人员的实战经验和对客户尽职调查结果等，能够迅速定位到异常账户和个人，从而及时高效地阻断洗钱犯罪行为。截至

2022 年 7 月，总计 639 家辖内机构接入到系统中，已上报近 800 条可疑线索，100多份举报件，打造案例发掘和模型建设等应用场景，设计了包含地下钱庄、集资诈骗等多种犯罪类型的可疑特征模型共 13 个，涉及可量化特征指标 123 个，有效提高了反洗钱调查分析的工作效率和监测识别的准确性。

二、建设国家外汇研判中心（北京），提升外汇非现场监管水平

（一）项目背景

2021 年，为有效防控跨境资金流动风险，切实维护国家经济金融安全，人民银行北京市分行着力推进人工智能与外汇管理的融合，依托技术手段提升外汇管理效能，参与国家外汇管理总局外汇数据研判中心的建设，从主体监管目标出发，通过对多方数据进行采集，搭建综合性数据处理平台，引入人工智能技术框架，建设市场主体可视化的研判平台，建立内外部监管一体化分析机制，提升打击虚假、欺骗性交易的精准度。

（二）人工智能技术在项目中的应用

1. 机器学习模型的应用

主体监管已成为外汇管理和防范系统性金融风险的重要内容。在原有的专家规则和指标评分体系基础之上，增加机器学习人工智能模型，来实现更高维度的数据特征学习与分析，从而提升对主体评分的准确性及对真实情况的判断力。利用人工智能中的机器学习技术，分析跨境交易数据，对外汇非现场监管模型进行训练，通过分析涉外主体交易行为特征，建立多层细分模型。

截至 2022 年 7 月，该系统共设置了 460 余个指标，根据业务指标设定阈值，并将 180 余个规则纳入规则库，设计轻量评分卡模型共计 20 个。在此基础上，设置正负样本集，利用人工智能模型能提升对主体的评分精准性，分析人员通过二

分类、回归分析及聚类分析三类机器学习算法，将企业聚集成若干类别，识别支付机构签约商户疑似地下钱庄控制企业的虚假贸易模型及特征，重点针对构造交易明细数据、短期大量转移资金、频繁更换签约支付机构等可疑行为进行监测。与此同时，对于聚类过程生成的孤立点进行重点分析，作为异常线索发现的重要渠道。

2. 知识图谱技术

通过多样的图算法、图挖掘及图可视化研判等关系图谱技术，实现了主体关系之间的分析与挖掘，让潜在可疑团伙直接暴露出来。关系图谱技术与机器学习模型相辅相成，不仅使得主体风险通过关系传播的路径一目了然，也使得外汇非现场检查人员对主体的分析更加全面和充分。

（三）应用成果

通过充分挖掘多样化的虚假贸易场景，设计了虚假服务贸易收汇、虚假 ODI 投资（境外直接投资）多个指标模型，重点针对可疑项目收款（涉及房地产行业、虚拟货币等）、突发大额服务贸易收款、非整数资本金异常汇出等，筛选出多条可疑线索，涉及三个主体，金额合计 3000 余万美元。其中，在虚假服务贸易收汇场景中，发现某企业以出口算力的名义构造服务贸易合同，实则是通过境外关联公司为境外企业提供加密货币矿机开展挖矿活动；在虚假 ODI 投资场景中，某企业以 ODI 资本金投资的名义，实质归还境外企业借款；同时，深挖多样化地下钱庄线索，发现若干条疑似地下钱庄线索，涉及金额超十亿元人民币，贸易类型涉及虚假货物贸易、虚假跨境电商等。

三、构建国际收支智能化体系，提升外汇管理水平

（一）项目背景

随着我国国际收支统计基础不断完善，对外金融资产负债及交易统计申报主

体覆盖面持续扩大，核查压力凸显。人民银行北京市分行通过引入人工智能技术中的机器人流程自动化技术（Robotic Process Automation，RPA），代替重复性人工，提升报表制作、数据核对等工作的效率，从而更清晰地了解我国对外货物贸易、服务、资本及金融交易状况，提升我国外汇管理和服务水平。

（二）人工智能技术在项目中的应用

1. RPA 技术

人民银行北京市分行通过 RPA 技术，实现核查路程的优化，用机器人代替人工，完成制式报表的自动收集，对规则明确的跨系统数据、直接申报系统内数据跨表、跨期等数据进行核查比对，进一步核查数据的质量。

2. 机器学习

一方面，通过使用机器学习中的异常检测识别数据报送异常，对直接投资相关数据进行预处理，将境外（境内）被投资机构的当月利润与期末资产之比、当月净利润与期末所有者权益之比等作为特征，利用 K-means 算法（也称为 k 均值聚类算法）进行聚类分析，确定离群点集合，并针对离群点中的数据再次进行数据重点核验。

另一方面，通过应用机器学习中的预测算法对核查阈值的设置进行优化。在对本外币信贷收支数据核查过程中，通过将从直接申报表中筛选出的银行机构，分别与库存现金（外币）、境外贷款、境外存款进行匹配，根据各家银行的数据特点设定阈值，减少核查的误差。

（三）应用成果

通过引入人工智能技术中的 RPA 技术，代替重复性人工，提升报表制作、数据核对等工作效率，快速完成超过 240 余万条直接申报数据和 950 余万条间接申报数据的核查对比，持续提升外汇管理和服务水平。与此同时，依托大数据平台中 2006—2021 年的代客结售汇数据和每年银行评估数据，实现银行对结售汇排名以及总额、差额占比情况的分析，定期自动输出外汇收支情况智能报告。

四、思考与建议

（一）完善人工智能顶层设计，出台相应的制度规范

随着人工智能在金融领域的快速普及，其责任主体难以界定等问题日益突出，使用人工智能做出的决策应当与人为决策遵守相同的道德标准。当前，我国暂未出台相应的制度规范，人工智能在金融领域的应用尚无明确的安全底线，亟须制定相应的制度规范明确人工智能的应用原则，规范伦理性问题，同时应界定人工智能的风险责任主体，人工智能技术的使用主体应对其负责。

（二）丰富数据维度，拓展智能化应用场景

在探索人工智能在金融监管领域的应用过程中，一方面，数据来源单一，缺少负面样本，无法完成样本训练，是各应用场景中普遍存在的问题。因此，亟须加强数据的融合应用，丰富数据的维度和深度，实现穿透式监管。另一方面，人工智能技术在人民银行北京市分行的应用范围大多集中在少数业务处室，应用范围较为局限。建议各处室积极拓展应用场景，在风险防控、金融服务、内部管理等方面提升履职效率。

（三）加强数据安全管控，提升隐私保护水平

人工智能技术的发展和应用，离不开丰富的数据基础，其中包括企业信息和个人隐私。当前，数据安全和隐私保护意识整体较为淡薄，数据使用方缺乏对相关法律法规的深入了解，而企业和个人数据保护意识不强，数据泄露和非法利用的成本较低。因此，建议在人工智能技术应用场景中加强对数据安全的管控，提升数据保护水平，防止因数据泄露引发群体事件。

（四）加强人工智能人才队伍的储备

人工智能作为新一轮科技进步和产业革命的核心力量，已经在金融领域得

到了广泛应用。为全面提升金融监管效率，应加强智能化央行的人才队伍建设，使得金融、人工智能、监管得到有机融合，提升科技赋能金融、引领金融的水平。

开放与安全：金融开放格局下的风险效应研究

——基于 TVP-SV-VAR 模型的实证分析

房媛媛 杨 赛 马艺铭①

摘 要：近年来，我国持续深化金融供给侧结构性改革，稳步扩大金融开放，金融业对外开放取得突破性进展。特别是在党的十八大后，我国大幅放宽金融服务业市场准入条件，取消银行、证券、基金管理、期货、人身险领域的外资持股比例限制；在企业征信、评级、支付等领域给予外资机构国民待遇，放宽对外资机构在资产规模、经营年限等股东资质方面的要求，大幅扩大外资机构的业务范围；积极推动金融市场双向开放，推进跨境证券市场的互联互通，启动沪深港通、沪伦通、债券通，完善合格机构投资者制度，取消对 QFII（合格境外机构投资者）/RQFII（人民币合格境外机构投资者）投资额度限制，形成涵盖股票、债券、衍生品及外汇市场的多渠道、多层次的开放格局。研究金融开放与金融安全的关系及如何在稳步推进金融业对外开放的同时，协调好金融对外开放与金融安全之间的关系，对我国资本市场的风险防范和完善涉外金融监管具有重要意义。

---

① 房媛媛、杨赛：供职于中国人民银行北京市分行资本项目管理处；马艺铭：供职于中国人民银行中关村国家自主创新示范区分行。

注：本文仅为调研组学术思考，与供职单位无关。

一、金融风险综合指数的构建

（一）指标选取与层次构建

《金融大辞典》中指出，在金融对外开放的背景下，系统性金融风险主要体现为内部控制风险和外部传染风险两种类型。本文综合考虑数据的可获得性、国际可比性和权威性，力求反映金融风险指标体系的主要特征，从宏观经济波动风险、金融系统脆弱性风险及外部风险三个维度构建金融风险指标体系。

1. 外部风险

根据蒙代尔的三元悖论，当金融开放、资本可以自由流动时，为保证货币政策的独立性，汇率波动在所难免。通常认为，经常项目和直接投资的稳定性较高，其他资金则属于"不稳定"的跨境资金流动，跨境信贷是最重要的部分。本文通过研究短期外债在外汇储备中的占比来衡量跨境信贷风险，并与汇率波动率、外汇占款增速和进出口总额占 GDP 的比重，共同构建外部风险指标。

2. 宏观经济波动风险

巴拉萨—萨缪尔森效应（Balassa-Samuelson Hypothesis，BSH）指出，在经济增长率越高的国家，工资实际增长率也越高，实际汇率的上升也越快，汇率波动会通过影响贸易品与非贸易品的相对价格，对国家经济增长产生影响。本文从政府债务风险、房地产风险、通货膨胀、实体经济发展四个方面来构建宏观经济风险指标。其中，政府债务风险以公共财政收支差额与 GDP 的占比表示，房地产风险以房地产行业指数波动率表示，通货膨胀以 CPI 指数波动表示，实体经济发展通过从 GDP 增长中剔除房地产业及金融业增加值获得。

3. 金融系统脆弱性风险

亚洲金融危机之后，学术界普遍认为，资本市场和外汇市场的开放将加剧金融系统的脆弱性，属于没有回报的风险，对不发达国家而言是更大的危机。本文将金融系统细分为货币市场、股票市场和债券市场。以 M2 同比增速/GDP 同比增速、重大的商业银行不良贷款率和金融机构贷存比来衡量货币市场风险，以上证综合指数波动率来衡量股票市场风险，以 5 年期中债国债到期收益率变化来反映债券市场风险，三者共同构建金融系统的脆弱性风险指标。

（二）指标权重赋值

本文选取我国 2003 年 11 月至 2022 年 9 月的时间序列数据，对金融风险综合指数进行测算，数据来源于国家外汇管理局、国家统计局和 Wind 数据库，包含 13 个二级指标，共计 2951 个数据，数据规模适中，但各类指标之间存在一定的关联关系，因而采用熵值法计算权重更为合适。

计算结果显示，金融系统脆弱性风险占金融风险的权重最大，高达 52.69%；其次是外部风险，占比为 28.52%；宏观经济波动风险占比为 18.79%。从单项指标来看，商业银行不良贷款率对金融风险的影响最大占比为 29.28%，其次是短期外债占比为 9.65% 和房地产指数波动率占比为 8.78%，这说明金融系统脆弱性风险和外部风险对维护金融安全具有重大威胁（见表 1）。

表 1　金融风险指标权重

一级指标	二级指标	变量名称	指标权重（%）
宏观经济波动风险	政府债务风险	defict	4.25
	房地产风险	property	8.78
	通货膨胀	cpi	3.35
	实体经济	real economy	2.41
金融系统脆弱性风险	不良贷款率	deadloan	29.28
	金融机构贷存比	dlr	8.28
	货币政策	monetary	5.91
	股票市场波动	stock	5.25
	债券市场波动	bond	3.97

续表

一级指标	二级指标	变量名称	指标权重（%）
外部风险	外汇占款增速	forex	8.75
	进出口总额权重	exdep	5.38
	短期外债占比	shex	9.65
	汇率波动	exrate	4.74

资料来源：国家外汇管理局、国家统计局、Wind 数据库。

（三）金融风险测度结果分析

自 2008 年以来，随着利率市场化稳步推进，沪港通、深港通陆续开通，人民币加入 SDR（特别提款权），我国金融开放水平不断提升，金融风险也随之加大。2019 年以来，各国积极调整财政货币政策，发达经济体超宽松货币政策外溢效应明显，叠加地缘政治因素影响，金融风险进一步上升（见图 1）。

图 1　2003—2022 年我国系统性金融风险指数变化情况

资料来源：本书测度结果，经笔者自行计算后绘制。

图 2 显示，金融系统脆弱性风险及外部风险明显高于宏观经济波动风险。自 2003 年起，国有商业银行开始股份制改革，银行不良贷款规模和银行不良贷款率实现双降。2015 年 8·11 汇改①后，人民币汇率定价机制进一步市场化，汇率双向浮动弹性增加，外部风险随之增大。自 2019 年以来，金融系统脆弱性风险增加，地缘政治冲突、国际环境不确定性带来的外部风险也在逐步上升。

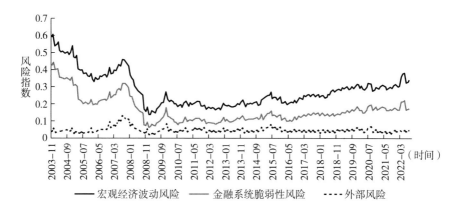

图 2　2003—2022 年我国各类金融风险指数变化情况

资料来源：本书测度结果，经笔者自行计算后绘制。

二、实证方法与建模

（一）模型设定

Sims 提出的无约束 VAR（向量自回归）模型适用于处理多变量的分析与预测，在经济金融问题的研究中被广泛应用，但由于无法考察多变量之间的同期影响，后续经济学家将结构引入 VAR 模型中，并考虑多变量的同期影响，即 SVAR 模型（Structural VAR，结构向量自回归）。最基本的 SVAR 模型设定如下：

---

① 8·11 汇改指的是 2015 年 8 月 11 日，中国人民银行宣布调整人民币对美元汇率中间价报价机制，做市商参考上日银行间外汇市场收盘汇率，向中国外汇交易中心提供中间价报价。

$$AY_t = F_1Y_t + \cdots + F_pY_{t-p} + \delta_t$$

$$t = p+1, \cdots, n$$

其中，Y_t 为 k×1 维的可观测向量，A 为维度为 k×k 的联立参数矩阵，$F_1 \cdots F_P$ 是 k×1 维度的系数矩阵，随机扰动项 δ_t 为 k×1 维的结构性冲击变量，且有 $\delta_t \sim N$ $(0, \Sigma\Sigma)$。

本文使用银行代客收付款总额占 GDP 的比重来衡量金融开放水平（open），系统性金融风险指数（risk）、外部风险（extrisk）、宏观经济风险（macrorisk）和金融系统脆弱性（finrisk）数据均来自上文测算结果。

（二）数据平稳性检验

ADF 检验（拓展的迪基—富勒检验，Augmented Dickey-Fuller test）的结果显示，除 open 和 macrorisk 外，其他原始变量序列不能拒绝包含单位根的原假设，即时间序列不平稳。进行一阶差分后，所有变量均在 1% 的情况下显著平稳，故对各数据进行一阶差分后再建立模型。

三、实证分析

（一）变量检验

格兰杰因果关系检验（Granger Causality Test）结果表明，金融开放与系统性金融风险、外部风险、宏观经济风险和金融系统脆弱性之间，均存在着显著的格兰杰因果关系。模型稳定性检验结果显示所有特征值均在单位圆之内，所有的 Modulus 绝对值均小于 1，说明模型拟合度较好且较稳定。本文综合运用多种信息准则，确定模型最终的滞后阶数。

（二）P-SV-VAR 参数估计结果

采用马尔科夫蒙特卡落模拟法（MCMC）进行 10000 次抽样对参数进行估计。结果显示，样本路径平稳且自相关系数快速收敛，时变参数的后验均值均处于 95%

的置信区间，Geweke 诊断值均小于 1.96，对应的 CD 收敛诊断值均位于 5%的临界点，无效因子 Inef 均小于 100，模型参数估计结果稳健，满足使用 TVP-SV-VAR 模型进行计量分析的条件。

（三）时变脉冲响应分析

为研究不同提前期下金融开放与各类风险之间的时变动态关系，选取滞后 3期、6 期和 12 期的脉冲响应期数，分别研究短期、中期和长期金融开放的脉冲响应特征。

（四）不同时点脉冲响应分析

为进一步研究不同时点金融开放对金融风险的影响，选取 2015 年 8 月人民币汇率改革、2016 年 12 月深港通正式开通等特定时点进行脉冲响应。

四、研究结论

金融对外开放与各风险之间存在非线性联动效应，且在不同时期具有显著的时变性和异质性。金融开放在不同时期内均会对系统性金融风险产生正向作用，且中期冲击的变动幅度明显大于短期和长期。

金融开放对外部风险的影响在不同滞后期的动态变化趋势基本一致，但短期冲击效应最大。金融开放的中长期冲击效应在 2016 年后明显减弱并趋近于 0，但短期效应仍维持在 0.8%的水平，说明汇率改革一定程度上增强了我国金融系统抵御外部风险的能力，且中长期效应更为显著。

金融开放对金融系统脆弱性的影响效应在不同时期存在显著的时变性。2016年之前金融开放与金融系统脆弱性在各个时期均表现为负相关，但这一效应持续衰减，并在 2018 年转为正向冲击，说明随着金融开放的不断加深，金融系统改革仍需不断加力。

金融开放对宏观经济风险存在长期正向关联，且短期冲击响应明显大于中长期。金融开放对宏观经济的冲击效应在 2018 年达到峰值，此后迅速下降并保持平稳。

金融开放对系统性金融风险、外部风险和宏观经济风险的影响在不同时点高度一致，但在不同时点，金融系统脆弱性风险对冲击的响应速度存在一定差异。

五、政策建议

（一）加快培育完整内需体系，合理减少国家经济发展对外依存度

外源性金融危机的导火索之一是一国的经济增长对外依存度过高。面对外部环境变化带来不确定性，必须进一步畅通国内大循环，提升经济发展的自主性、可持续性，增强经济韧性，保持中国经济平稳健康发展。

（二）探索符合中国的开放式金融保护政策

建议通过分析借鉴美国等发达国家推行的金融保护政策，保护好关键领域，在推进对外开放的过程中稳妥处理开放与保护国内市场的关系。

（三）提升涉外金融监管水平

针对国际资本流动的剧烈变化，或外国资本逐利投机导致的国际短期资本流动方向突然逆转等其他可能出现的风险，维护我国金融体系稳健运行。

第四篇

外汇管理篇

改进绩效考核，提升银行推动跨境人民币使用的内驱力

蒋湘伶　陈　岩　吴建伟　安　飒　孙　雪①

摘　要：中国人民银行北京市分行对辖内 13 家商业银行开展了本外币跨境结算对商业银行收益影响的问卷调查，商业银行类型涵盖国有商业银行、股份制商业银行、城市商业银行。调查结果显示：跨境业务手续费收入无币种差异；结售汇收益、贸易融资收益是本币与外币跨境业务显性收益差异的主要来源；跨境人民币资金沉淀的隐性收益未计入银行跨境部门绩效考核；各行外币结算岗位已形成长效考核激励机制，多数银行本币国际结算相关业务未设置专岗，要通过每年开展跨境人民币专项活动考核进行激励。建议指导商业银行改进绩效评价，细分内部资金收益，量价并重对跨境人民币业务进行单独考核激励，提升银行推动跨境人民币使用的内驱力。

一、银行跨境结算本外币收益差异主要来自于结售汇收益和息差收益

（一）跨境结算业务手续费收费标准一致，无币种差异

调查结果显示，跨境业务收益主要来源之一为结算手续费收入。银行手续费包括汇款手续费、汇款查询/修改/止付、进口代收费和出口托收费及进出口信用证开

---

① 蒋湘伶、陈岩、吴建伟、安飒、孙雪：供职于中国人民银行北京市分行跨境办。
注：本文仅为调研组学术思考，与供职单位无关。

立手续费等类型。以汇款手续费和信用证开立手续费为例，汇款手续费标准为：汇款金额的1‰，最低50元、最高1000元；汇款查询/修改/止付等业务手续费标准为100元/笔。进口信用证开立手续费标准为开证金额的0.75‰~1%，最低300元。手续费收费标准统一，不会因币种不同而产生收益差异。

（二）汇兑收益占跨境业务收益的一半以上，结售汇业务成为外币结算收益的主要来源

调查结果显示，银行售汇点差约为0.4~1.36个百分点，售汇平均点差约为0.91个百分点；银行结汇点差约为0.4~1.3个百分点，结汇平均点差约为0.82个百分点。以10亿元人民币售汇为例，银行售汇的收益区间为［61.68，209］万元，13家银行售汇收益平均值为139.91万元，以等值10亿元人民币的外汇结汇为例，银行结汇收益区间为［61.68，200］万元，13家银行结汇收益平均值为126.04万元。综合来看，等值10亿元人民币的外币业务能够给基层网点创造的汇兑收益约为130万元。

被调研银行表示，银行跨境收支过程中因结算币种不同，而导致的收益最直观的差异体现在结售汇收益方面，结售汇业务收益占银行跨境结算业务收益一半以上，是银行中间业务收入的重要组成部分。

（三）量价双重劣势导致银行外币贸易融资平均收益是人民币贸易融资平均收益的6倍

调查结果显示，银行人民币贸易融资收益率区间为［0.0046%，1.2%］，平均收益率约为0.26%，外币贸易融资收益率区间为［0.0168%，0.909%］，平均收益率约为0.33%；人民币贸易融资平均收益率比外币贸易融资平均收益率低0.07%。并且，由于人民币贸易融资规模远低于外币贸易融资规模，量、价双重劣势导致本外币在贸易融资业务上的收益差异明显。以我国进口商对外付款10亿元人民币（或等值外币）并进行3个月贸易融资试算①，以外币结算产生的综合收益约为

---

① 试算综合收益包含跨境结算手续费、贸易融资收益和结售汇收益。

1820 万元；以人民币结算产生的综合收益约为 1600 万元。因此，以等值 10 亿元人民币跨境付款试算，使用"外币结算+外币贸易融资"比使用"人民币结算+人民币贸易融资"银行收益多 220 万元，其中基于不同币种贸易融资收益率产生的收益差异约为 80 万元。

被调查的 13 家银行中仅 8 家办理过人民币贸易融资业务，人民币贸易融资规模实际发生金额合计仅为 92.52 亿元[1]人民币，银行收益区间为 [10，1000] 万元，平均收益约为 294 万元，13 家银行均办理过外币贸易融资业务，外币贸易融资规模合计为 974.30 亿元[2]人民币，银行收益区间为 [150，6000] 万元[3]，平均收益约为 1723 万元。外币贸易融资规模是人民币贸易融资规模的 10 倍，外币贸易融资平均收益约为人民币贸易融资平均收益的 6 倍。

（四）跨境人民币结算资金沉淀收益高于外币结算资金沉淀收益，但未计入银行跨境部门的收益考核

调查结果显示，在银行内部计价中人民币活期存款息差收益率[4]区间为 [2.15%，3.15%]，平均息差收益率约为 2.65%；外币活期存款息差收益率区间为 [0.02%，0.61%]，平均息差收益率约为 0.32%。人民币活期存款平均息差收益率高出外币活期存款平均息差收益率 2.33 个百分点。按此计算，同等规模的本外币跨境收支，形成境内资金沉淀所产生的人民币存款收益远高于外币存款收益。以我国出口商跨境收款 10 亿元人民币（或等值外币）并留存境内 3 个月活期存款试算，以外币[5]结算留存 3 个月外币存款银行综合收益为 78.9 万元，以人民币结算留存 3 个月人民币存款银行收益为 653.42 万元。人民币资金沉淀收益约是同期限外币资

---

① 数据统计口径为：13 家银行 2021 年前三季度的实际发生额。

② 外币贸易融资规模按外币实际规模折算成人民币金额，汇率按国家外汇管理局官方网站 2021 年 9 月 30 日公布汇率。

③ 数据统计口径为：单家银行 2021 年前三季度实际发生额。

④ 人民币/外币活期存款息差收益率=人民币/外币活期存款 FTP（内部资金转移定价）−人民币/外币对客活期存款利率。

⑤ 试算时，汇率按国家外汇管理局官方网站于 2021 年 9 月 30 日公布的人民币兑美元牌价 6.4854 进行折算。

金沉淀收益的 8 倍。资金沉淀可以产生相应的存款（活期或定期）收益、理财收益、单证保证金收益或是资金衍生品收益。

被调研的银行中有 92.3% 的银行表示跨境资金沉淀会产生相应收益，但该部分收益未被计入跨境结算考核。其中，25% 的银行表示由于存款资金沉淀由总行统一管理，分行层面并不了解该部分收益如何计算。其余 75% 的银行表示跨境资金沉淀会产生存款收益，但该部分收益未进行量化也未计入对国际业务管理部门的考核当中。

二、外币考核激励措施相对长效完备，人民币考核激励措施有待完善

（一）各行均进行外汇国际收支考核，结售汇业务计入外币结算考核，量价并重产生中间业务收入，而跨境人民币业务仅有量的考核，三成银行跨境人民币业务并入外汇业务考核

调查结果显示，各行对外币结算业务均进行国际收支考核，76.9% 的被调研银行表示除了外汇的国际收支全口径考核之外，还对跨境人民币业务进行了单独考核，其余银行实行本外币合并考核。从实际效果来看，对跨境人民币业务单独考核的银行在北京地区排名[①]均位居前列。

各行外币考核指标除了考核国际贸易结算业务外，还考核对公结售汇业务，分别考核其业务规模和规模增速。同时，对公结售汇业务量能直接计算出对应的银行中间业务收入，形成量价并重的考核模式；跨境人民币业务的考核指标主要是跨境人民币业务结算规模和规模增速。

---

① 资料来源：人民币跨境收付信息管理系统，统计口径为单家银行 2021 年前三季度北京地区银行经常和直接投资项下跨境人民币结算量。

（二）外币结算已建立长效奖励机制，人民币考核激励多为短期专项活动

调查结果显示，各家银行均已建立外币长期考核激励机制，形成固定外汇人员岗位津贴，而跨境人民币则多为阶段性、主题式专项活动奖励。其中，仅53.8%的被调研银行单独制订了跨境人民币专属的奖励激励措施。例如，部分银行对辖内机构开展跨境人民币业务专项营销竞赛，对于表现突出的支行给予额外奖励。某银行对于营销新客户办理跨境人民币业务给予计价奖励。某银行设跨境人民币业务新增创新产品激励奖金。

三、相关建议

一是进一步提升人民币作为融资货币的吸引力，缩小本外币贸易融资差异。建议适当降低人民币资金使用成本，畅通在岸-离岸人民币循环，丰富离岸市场人民币金融产品，增强在岸和离岸市场的联动性，降低人民币汇率风险的对冲成本，扩展人民币融资货币职能。商业银行建议，中国人民银行在信贷调控中应对跨境人民币给予专项支持，用于支持跨境人民币贸易融资业务；同时，在本外币贸易融资收益率差别较大时，给予人民币贸易融资业务一定的资金支持。

二是指导银行进一步细化内部考核，量化跨境人民币结算收益。银行在内部绩效评价中对跨境结算业务各项收益进行精细化核算，包括显性收益和隐性收益、短期收益和长期收益，为国际部门推动跨境人民币业务注入内驱力。建议指导商业银行总行，在内部资金转移定价（FTP）体系中，对跨境人民币业务产生的隐性收益进行适当考量。

三是指导银行制定鼓励跨境人民币结算业务发展的考核激励方案。本着"本币优先"理念，建议指导商业银行总行统筹制定更具针对性、倾向性的跨境人民币业务考核激励方案：对既有存量客户，提供综合性跨境金融服务、全

链条跨国企业集团境内外人民币结算，提升客户使用跨境人民币的实际获得感；对从未办理过跨境人民币业务的客户加强政策、产品宣传引导，寻求增量业务突破，包括拓展跨境人民币使用企业类型、境外人民币使用国家和地区。

北京市中关村示范区外债便利化
政策成效及满意度调查

毛笑蓉　陈　涛　杨长喜　于　莹　林　怡　马艺铭　穆　毓①

摘　要：为满足北京市中关村示范区"轻资产、高成长"科创企业的融资需求，助力中关村示范区世界领先科技园区建设，2017 年，中关村示范区实施了外债便利化改革试点政策（以下简称外债便利化政策或试点政策），并于2018 年和 2020 年两次完成升级。为了解试点政策效果和参与企业对政策的满意程度，2022 年 5 月，中国人民银行中关村国家自主创新示范区分行对 84 家参与试点的企业发放问卷，并回收有效问卷 74 份。课题组运用"层次分析""主成分因子分析"两种方法对企业政策满意度进行综合评价。结果表明，试点政策紧贴企业实际需求，便利企业日常经营和技术创新，助推企业快速成长，实施成效显著。

一、外债便利化政策具体成效

　　一是拓宽企业融资渠道。本次调查共有 50 家企业参与便利化额度试点业务，82%的被调研企业表示，其参与便利化额度试点所获融资规模占总融资规模比例超过 25%，其中 10 家企业占比更是超过 75%。多家企业表示，外债便利化额度试点已经成为其主要融资渠道，该项政策有效解决了企业的融资困境。

---

　　① 毛笑蓉、陈涛、杨长喜、于莹、林怡、马艺铭、穆毓：供职于中国人民银行中关村国家自主创新示范区分行。

　　注：本文仅为调研组学术思考，与供职单位无关。

二是降低综合融资成本。与未参与试点政策的企业相比，17.6%的被调查企业表示，其综合融资成本下降超过了40%；20.3%的被调查企业表示，其综合融资成本下降了20%~40%。某企业参与试点政策后，综合融资成本下降超过了80%，境外融资资金调回境内节约税费和管理成本共计约12万美元。

三是缩短资金入境时间。与未参与试点政策的企业相比，36.5%的被调查企业表示，境外融资资金入境时间缩短了40%以上；24.3%的企业入境时间缩短了20%~40%。多家企业表示，参与外债一次性登记试点等外债便利化政策后，企业跨境融资入境时间平均缩短80%左右。

四是提升业务办理效率。与未参与一次性登记的企业相比，33.3%的参与企业表示其外债业务办理效率提升了50%以上，其中16.7%的参与企业办理效率提升了约80%；另有20.8%的企业表示，其业务办理效率提升了30%左右。多家企业表示参与一次性登记试点业务后，企业外债办理效率大幅提升80%。

二、外债便利化政策满意度的描述性统计

一是超六成企业对试点政策整体满意度给出满分评价。63.5%（47家）的企业对外债便利化政策整体非常满意，给出满分评价；32.4%（24家）的企业比较满意；4.1%（3家）的企业给出满意评价。

二是在降低综合融资成本、提升资金周转效率等方面，企业评价较高。在本次满意度调查涉及的7个分项指标中，关于降低综合融资成本和提高资金周转效率方面，给出满分的企业均达47家；关于提高外债业务办理效率和支持技术创新与成果转化投入方面，也分别有46家企业打出满分。

三是试点政策有力支持了中关村高新技术企业技术创新与成果转化投入。本次调查过程中，创业期、成长期①企业合计占比高达73.0%（54家），这些企业急需

---

① 本次调查创业期、成长期、扩张期和成熟期企业占比分别为14.9%、58.1%、13.5%和13.5%。

资金进行研发投入和技术创新。外债便利化政策有力支持了试点企业的技术创新与成果转化投入，46 家企业均给出满分的评价。

三、外债便利化政策满意度的实证研究

（一）层次分析法（AHP）

1. 模型构建

运用层次分析法构建层次分析模型，将企业对外债便利化政策效果满意度的评价分成三个层次，具体指标分解情况（见图 1）。

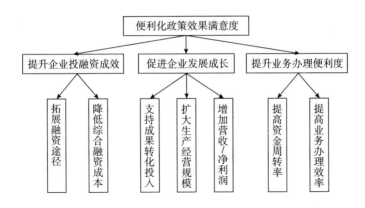

图 1　外债便利化政策效果满意度评价体系

资料来源：笔者自绘。

2. 指标权重分配

本方法基于在各指标之间建立两两评价矩阵的原理，设计专家调查问卷，综合专家意见，计算各指标权重。调查中，共邀请中国人民银行外汇业务领域的三位专家和商业银行外汇业务领域的两位专家。为充分尊重业内专家意见，在进行权重计算时，将两位商业银行专家的意见权重设为 50%，三位人民银行专家的意见权重也

设为 50%。具体计算过程中，先分别计算各位专家的判断矩阵，然后将计算得到的
排序权重均值作为各专家的群决策集结结果（见表 1、表 2）。

表 1　一级指标权重分配

一级指标	权重
提升企业投融资成效	0.5041
促进企业发展成长	0.4153
提高外债业务办理便利度	0.0806

资料来源：笔者自绘。

表 2　二级指标权重分配

二级指标	权重
降低综合融资成本	0.3606
支持技术创新与成果转化投入	0.1790
拓展融资途径	0.1338
增加营业收入/净利润	0.1239
扩大生产经营规模	0.1234
提高资金周转率	0.0519
提高外债业务办理效率	0.0273

资料来源：笔者自绘。

由表 1 可知，专家认为提升企业投融资成效是影响企业对外债便利化政策满意
度的关键，权重为 0.5041；而提高外债业务办理便利度在三方面中对企业满意度评
价的影响最弱，权重为 0.0806。

3. 便利化政策效果满意度评测

运用模糊综合评价法将政策满意度设定为 5 个级别："非常不满意、不满意、
一般、满意、非常满意"，分别对应"1、2、3、4、5"5 个不同分值。

在前文通过层次分析法计算出的各级指标权重的基础上，运用模糊评价法对问卷结果进行计算处理，得出更能客观地反映问卷结果的满意度评价得分（见表3）。

表3　模糊评价法评测结果

便利化政策效果满意度综合得分：4.5091	
一级指标	
项目	得分
提升企业投融资成效	4.5415
促进企业发展成长	4.4647
提高外债业务办理便利度	4.5457
二级指标	
项目	得分
拓展融资途径	4.5188
降低综合融资成本	4.5500
支持技术创新与成果转化投入	4.4938
扩大生产经营规模	4.4875
增加营业收入/净利润	4.4000
提高资金周转率	4.5500
提高外债业务办理效率	4.5375

资料来源：笔者自绘。

从最终结果可以看出，企业对外债便利化政策的整体满意度为4.5091，接近"非常满意"，说明外债便利化政策服务企业效果良好，企业对政策实施的满意度较高。

在一级指标中，外债便利化政策提高外债业务办理便利度分值最高，为4.5457，说明外债便利化政策在提高外债业务办理便利度表现最好，其次为提升企业投融资成效，但在促进企业发展成长方面仍有进步空间。

在二级指标中，7个指标中外债便利化政策在降低企业综合融资成本和提高企业资金周转率两方面效果满意度最高，均为4.5500分，其次为提高外债业务办理效率，得分为4.5375，而政策在增加企业营业收入（或净利润）方面效果满意度相对较低。

（二）主成分分析法

1. 模型构建

运用主成分分析法在前文AHP模型中选用的3个一级指标、7个二级指标中确定最终权重，进而计算出能够代表企业对外债便利化政策效果满意度的整体得分，变量如表4所示。

表4　主成分分析变量表

变量名称	代表符号
拓展公司融资途径	way
降低公司综合融资成本	cost
支持公司技术创新与成果转化投入	tech
扩大公司生产经营规模	size
增加公司营业收入/净利润	profit
提高公司资金周转效率	efficient
提高外债业务办理效率	time
提升企业投融资成效	invest
促进企业发展成长	growth
提升外债业务办理便利度	con

资料来源：笔者自绘。

2. 主成分分析

首先，对模型进行KMO（Kaiser-Meyer-Olkin）检验与Bartlett检验（巴特利特球形检验）。由表5和表6可知，p值显著，KMO值大于0.6，说明变量之间相关性较强，适合进行因子分析。

表 5　**Bartlett 球形检验**

Bartlett test of sphericity	
Chi-square（卡方检验）	1191. 697
Degrees of freedom （自由度）	45
p-value （p 值）	0. 000

资料来源：根据模型结果自绘。

表 6　**KMO 检验**

Kaiser-Meyer-Olkin Measure of Sampling Adequacy	
KMO	0. 902

资料来源：根据模型结果自绘。

其次，进行因子分析。由表 7 可知，对 74 家企业 10 项指标满意度的因子分析可以得出 10 个主成分，其中主成分 1 的特征值为 8.30213，其余主成分特征值均小于 1，且主成分 1 的累计贡献率为 83.02%，因此，提取 1 个主成分因子。由表 8 可知，主成分 1 的 Uniqueness 值均小于 0.6，无须剔除任何变量。

表 7　因子分析

Factor （因子）	Eigenvalue （因子特征值）	Difference	Proportion （方差贡献率）	Cumulative （累计方差贡献率）
Factor1	8. 30213	7. 68119	0. 8302	0. 8302
Factor2	0. 62094	0. 309	0. 0621	0. 8923
Factor3	0. 31194	0. 07457	0. 0312	0. 9235
Factor4	0. 23737	0. 06207	0. 0237	0. 9472
Factor5	0. 17531	0. 01783	0. 0175	0. 9648
Factor6	0. 15747	0. 08922	0. 0157	0. 9805
Factor7	0. 06825	0. 00547	0. 0068	0. 9873
Factor8	0. 06277	0. 01222	0. 0063	0. 9936

续表

Factor（因子）	Eigenvalue（因子特征值）	Difference	Proportion（方差贡献率）	Cumulative（累计方差贡献率）
Factor9	0.05055	0.03728	0.0051	0.9987
Factor10	0.01327		0.0013	1

资料来源：根据模型结果自绘。

表 8　因子载荷系数

Variable	way	cost	tech	size	profit	efficient	time	invest	growth	con
Factor1	0.8363	0.9638	0.876	0.9229	0.8343	0.9555	0.9502	0.9204	0.9033	0.938
Uniqueness	0.3006	0.0711	0.2327	0.1482	0.3040	0.0870	0.0971	0.1529	0.1841	0.1202

资料来源：根据模型结果自绘。

同时，进行主成分预测，并得出主成分矩阵表（见表9）。

表 9　主成分矩阵

Variable	way	cost	tech	size	profit	efficient	time	invest	growth	con
Factor1	0.10073	0.11609	0.10551	0.11117	0.10049	0.11509	0.11445	0.11086	0.1088	0.11298

资料来源：笔者根据模型结果自绘。

最后，通过主成分分析模型综合得分的计算公式，分别计算出74家企业对外债便利化政策满意度的综合得分（S），公式如下：

$$S = \sum \ （主成分贡献率_n \times Factor_n）／累计贡献率，n=1$$

如表10所示，74家企业中满意度得分最大值为5.48085，最小值为3.28851，均值为5.007431，中位数为5.430605，其中60.8%的企业对外债便利化政策综合满意度得分大于平均值，并且中位数与最大值接近，说明74家企业对外债便利化政策的整体满意度较高，外债便利化政策效果良好，与层次分析法所得结论一致。

表 10 外债便利化政策满意度的综合得分描述性统计

Variable（变量）	Obs（观测值）	Mean（均值）	Sd（标准差）	Min（最小值）	Max（最大值）	Mid（中间值）
y	74	5.007431	0.596572	3.28851	5.48085	5.430605

资料来源：笔者根据模型结果自绘。

四、政策建议

从企业对现已开展的外债便利化试点政策的实施评价来看，企业对其给予了较高评价，但与上海和粤港澳大湾区等其他高水平开放地区的政策相比，作为我国对外开放"试验田"，北京市中关村示范区仍有继续扩大开放的政策空间。围绕"支持中关村加快建设世界领先科技园区"的战略方向和示范区发展实际，中关村示范区应进一步深化外汇政策先行先试改革。

一是丰富政策工具箱，巩固中关村示范区对外开放政策高地地位。在中关村示范区现有外汇管理试点政策基础上，在经常项目方面继续便利优质企业经常项目收付，支持辖区银行优化新兴国际贸易结算。在资本项目方面，在核心园区试点境外放款、外债、跨境担保等外汇登记业务由辖内银行直接办理；扩大资本项目收入适用范围，试点企业资本项下本外币收入，除法律法规禁止、国家宏观政策限制和证券投资外，均可在企业经营范围内自主运用；适度调高试点企业境外放款规模上限，便利辖区试点企业资金的跨境调拨使用。

二是拓展政策适用性，进一步释放试点政策红利。目前，北京市示范区海淀园区在外债便利化改革试点、外汇管理改革试点等方面均享受了比示范区其他园区更为优惠的政策，未来在海淀园区政策试点的基础上，结合持续优化首都营商环境需求和示范区企业发展实际，将一次性外债登记等相关优惠政策扩大至示范区其他园区，允许更多具备资质、合规经营且有实际需求的企业享受政策便利，拓宽跨境融资渠道、简化业务办理程序。

　　三是提高政策协同性，推进示范区先行先试和"两区"① 政策创新"两翼齐飞"。中关村示范区多项创新试点政策（如一次性外债登记）已在"两区"复制推广，为打造"两区"对外开放"北京样板"提供了有力支持。同时，北京的"两区"建设也在不断推进中积累了大量有益的、可复制推广的经验。未来，要继续协同推进示范区先行先试和"两区"对外开放政策创新发展，实现北京高水平对外开放的"两翼齐飞"，助力首都经济高质量发展。

---

① "两区"是指国家服务业扩大开放综合示范区、中国（北京）自由贸易试验区。

中美货币政策分化对我国跨境资金流动的影响分析

——基于出口和债券资金跨境流动视角

李慧姝　朱琳琳　关孟杰①

摘　要：当前，中美货币政策加速分化，对我国跨境资金流动产生较大影响，本文简要分析了中美近两次货币政策分化对我国跨境资金的影响，并通过构建实证模型进行检验，得出三点结论：一是中美货币政策分化短期内将对人民币汇率造成一定贬值压力；二是中美货币政策分化对我国出口具有一定正向促进作用；三是中美货币政策分化一定程度上可能导致资本流出。据此，本文认为监管部门应持续完善宏观审慎工具箱，同时关注资本市场开放下的跨境资本流动宏观审慎监管政策工具适用问题。

一、中美货币政策分化对我国跨境资金流动的影响

（一）中美最近两次货币政策分化简述

1. 第一次中美货币政策分化阶段：2015—2018 年

2008 年金融危机之后，为刺激经济复苏，美联储将联邦基金利率下调至接近零的历史低位，并首次实施量化宽松，压低长期利率，以刺激经济。危机救助期间

---

① 李慧姝、关孟杰：供职于中国人民银行中关村国家自主创新示范区分行；朱琳琳：供职于中国人民银行北京市分行跨境办。

注：本文仅为调研组学术思考，与供职单位无关。

的超低利率和量化宽松等政策对于美国金融体系的稳定和实体经济的复苏起到了积极的效果。此后，美联储开始逐步退出非常规货币政策，并于 2015 年 12 月宣布金融危机以来的首次加息，之后美联储 9 次上调联邦基金利率目标区间，加息结束时联邦基金目标区间为（2.25%，2.5%）。

与此同时，我国自 2014 年起经济增速持续放缓，为了支持实体经济发展，降准降息的频率及幅度都进一步加快。为提高中间价市场化程度和基准地位，完善人民币汇率形成机制，中国人民银行发布公告，强调中间价报价将综合考虑市场供求情况和国际金融市场的变化，致使中美货币政策背离状态。

2. 第二次中美货币政策分化阶段：2022 年 3 月至今

自 2020 年以来，以美联储为代表的全球主要央行纷纷采取了史无前例的货币刺激政策，以应对经济衰退和金融动荡。在超宽松货币政策的刺激下，美国经济强劲复苏，美国的通胀水平也持续上升，货币政策随即开始转向。2022 年 3 月，美联储宣布将基准利率上调 25 个基点至（0.25%，0.5%），为其自 2018 年 12 月以来的首次加息，且美联储预计未来将缩减规模近 9 万亿美元的资产负债表。相较于美联储的加息行为，中国人民银行在自 2021 年下半年起，为保持经济运行在合理区间，连续降息降准，中美货币政策分化进一步扩大。

（二）中美两次货币政策分化对我国跨境资金流动的影响

1. 对经常项下跨境资本流动的影响

美联储货币政策变化通过汇率对我国外贸进出口差额产生间接影响。在第一次中美货币政策分化阶段，我国外贸进出口顺差与美联储货币政策呈"同向"变化，宽松时期顺差增大、紧缩时期则震荡下行。

2. 对资本项下跨境资本流动的影响

我国资本市场受美联储货币政策变化影响以"短期冲击"为主。在第一次中美货币政策分化阶段，由于"8·11"汇改之前，人民币汇率缺乏弹性且长期单边走势，汇改后人民币贬值引起了市场增加海外资产配置的集中调整。2017 年，我国通过引入逆周期因子完善中间价报价机制，促成了人民币汇率止跌反弹。自此，我国国际收支逐步恢复了经常账户和资本账户双顺差的自主平衡状态。在第二次中美货币政策分化阶段，随着美联储步入加息周期，受中美两国利差走扩、美元强势升值、俄乌冲突爆发等多重因素的影响，我国资本市场出现阶段性跨境资本流出的状况。

二、实证研究

1. 中美货币政策分化短期内对人民币汇率造成一定贬值压力

中美货币政策错位短期内对人民币汇率造成一定贬值压力，特别是在 2015 年"8·11"汇改之后一段时间影响较大。美联储加息周期的宏观背景一般为美国经济处于经济周期的过热阶段，经济发展势头强劲且通胀水平持续上行，且 2015 年及 2022 年中美货币政策错位时期，美元指数均处于走强阶段，短期内对人民币汇率造成一定贬值压力。2015 年"8·11"汇改，中国人民银行发布公告称，为完善人民币汇率形成机制，强调汇率报价将综合考虑市场因素，加之中美货币政策错位，触发人民币汇率贬值。2022 年 4 月以来，由于美国通货膨胀水平达近 40 年以来的新高，市场预期美联储将实施更为强力的紧缩政策，在美元指数强劲带动下，包括日元、韩元等主要亚洲货币对美元都出现了下跌趋势，离岸人民币汇率也受到波及，叠加部分供应链的中断，对出口及工业生产冲击显著，人民币贬值压力加大。

2. 中美货币政策分化对我国出口具有一定的正向促进作用

本文分别对中美政策分化下对美出口和总出口进行了等间隔脉冲响应和时点脉冲响应分析。在等间隔脉冲分析的响应下，美联储开启加息周期将对中国出口产生正向影响，其中对美出口正向影响要高于对总出口正向影响。时点脉冲响应分析选择 2015 年 8 月、2018 年 12 月和 2021 年 12 月分别代表着"8·11"汇改中美货币政策错位开始、美联储 2015 年加息周期结束和新的加息周期开始，三个时点没有显著的差异，当美元利率增加一单位标准正向冲击时，各分时点中国出口规模均在滞后一期时达到正向响应最大值，此后影响逐渐趋于零。新开放宏观经济学汇率动态还原模型表示，一国货币政策调整将对本国经济和外国经济产生差异化影响。关于出口方面，美联储紧缩货币政策将收紧流动性，推动利率上升，美元走强将引起中国出口产品价格相对下降等连锁反应，进而促进中国对外出口规模上升。

3. 中美货币政策分化一定程度导致资本流出，中债十年国债利率跟随美国债券利率，但更多"以我为主"

首先，对中美货币政策分化下境外机构和个人持有境内人民币金融资产债券的持有量变化，进行了等间隔脉冲响应分析和时点脉冲响应分析。在等间隔脉冲响应分析下，当美联储开启加息周期，会导致"债券通、上清所"的境外债券持有流出中国资本市场。其次，本次研究还对中债十年国债利率进行了实证分析，发现当美联储开启加息周期时，美元利率上升，也会带动美债利率上升。

三、政策建议

一是继续完善宏观审慎工具箱。目前，我国已形成了以银行外汇业务评估为主体，风险准备金、全口径跨境融资、境外放款宏观审慎系数调节等政策为补充的跨境资本流动宏观审慎管理体系。未来，建议加快宏观审慎监管政策工具储备，防范跨境资金流动风险跨市场、跨机构、跨币种、跨国境"传染"。加快类托宾税（Tobin Tax）等直接针对跨境资本流动的宏观审慎政策工具的适用性和启停机制研究，加强对宏观审慎政策工具实施效果的跟踪评估，进一步优化宏观审慎政策工具运用。

二是关注资本市场开放下跨境资本流动的宏观审慎监管政策工具适用。遵循适度、有序的原则，实施资本账户开放。一方面，加大引导跨境资本对实体经济领域的投资活动，缓解跨境资本流动对金融领域的冲击；另一方面，继续完善离岸金融市场建设，提升离岸金融市场对境外资本的吸收功能，降低跨境资本流动对金融体系的冲击效应。

碳关税对我国出口贸易的影响研究

贺 杰 叶 欢 陈 杨 翟盼盼 王 越①

摘 要： 为应对气候变化的挑战，降低二氧化碳排放已成为国际共识。"碳关税"主要由欧美等发达国家提出并倡导，旨在解决日益严峻的环境问题，征税对象主要包括中国在内的发展中国家。对于绝大部分发展中国家而言，工业化进程及其所处的经济发展阶段导致消耗大量能源，碳关税的征收将使发展中国家的出口处于相对劣势。作为世界最大的商品出口国，我国碳排放量居世界首位，在碳关税政策下首当其冲，无疑会对我国的社会福利、产出和贸易产生较大冲击。随着国际社会对气候环境的关注，碳关税可能无法避免，面对这一全新的挑战，我国应争取发展时间和空间，形成低能耗、低排放的绿色发展模式，及早应对碳关税对我国经济可能造成的影响。

一、碳关税产生的原因、发展现状及我国出口贸易现状

（一）碳关税的产生原因及发展现状

1. 欧盟委员会拟开征"碳关税"，防止低排放成本国家"碳泄漏"

2019 年 12 月，欧盟委员会发布了新的增长战略文件《欧洲绿色新政》（European Green Deal），提出实施"碳关税"制度，防止欧盟企业向减排政策更宽松的

---

① 贺杰、叶欢、陈杨、王越：供职于中国人民银行北京市分行经常项目管理处；翟盼盼：供职于中国人民银行北京市分行国库处。

注：本文仅为调研组学术思考，与供职单位无关。

国家转移，避免低排放成本的进口产品冲击欧盟市场和产业。2021 年 7 月，欧盟委员会提出建立欧盟"碳边境调节机制"（Carbon Border Adjustment Mechanism，CBAM）。根据 CBAM 相关内容，自 2026 年起，欧盟委员会将对进口的水泥、电力、化肥、钢铁和铝五个碳泄漏风险最大的产品类别征收碳关税。2022 年 6 月，欧洲议会通过 CBAM 法案修正案，将起征日期推迟到 2027 年，扩大了征收范围并纳入间接排放。

2. 美国拟对石油等高碳排放商品征收关税

2019—2020 年，美国国会共提交了 10 项碳定价和碳边境调节相关立法议案。2021 年 7 月，美国参议院民主党推出了碳边境税计划，将对减排力度不足的国家出口到美国的商品按其碳排放量征税。如果该计划得到实施，美国将从 2024 年起对进口的石油、天然气、煤等化石燃料以及铝、钢铁、水泥等生产过程中碳排放高的商品征收碳边境税，规模达到美国进口总额的 12%，预计每年将获得税收 50 亿—160 亿美元[①]。

3. 中国碳排放权交易市场启动上线交易，将继续积极参与全球碳市场相关国际谈判

2011 年，按照"十二五"规划纲要关于"逐步建立碳排放交易市场"的要求，中国在北京、天津、上海、重庆、湖北、广东及深圳 7 个省市启动了碳排放权交易试点工作。2022 年 7 月 16 日，上海环境能源交易所和上海联合产权交易所举办首届"2022 中国国际碳交易大会"。未来，我国将继续积极参与全球碳市场相关国际谈判，在《巴黎协定》的框架下不断参与完善全球碳市场。

（二）我国出口贸易现状

1. 我国出口贸易居世界第一

随着外部需求的持续增长，2021 年我国出口达历史最高位，出口金额为 3.2 万

---

① 郝天琪，潘潘. 全面考察欧盟"减碳 55%"立法改革，一些措施可能弊大于利 [EB/OL].[2021 - 08 - 05]. https：//mp.weixin.qq.com/s? __biz = MzAwMTIzNjY3OQ = = &mid = 2650986627&idx = 2&sn = 8fee8097653c7568c561686227bcf99d&chksm = 812ab32bb65d3a3dc7427079f94dc66254dcc44fcc1d35a60a7b73b9294e3063d7a7adc340fe&scene = 27.

亿美元，较 2020 年增长 28.1%。从出口占比来看，我国出口在全球市场中的份额截至 2021 年维持在 15%左右，位居世界第一。2021 年我国出口规模占 GDP 比重维持在 18%左右，较 2010 年下降 6 个百分点，我国逐渐由以外循环为主转型为以国内大循环为主体、国内国际双循环相互促进的新发展格局。

2. 我国出口产品以工业制品为主

中华人民共和国海关总署（以下简称海关总署）数据显示，2021 年，我国出口产品结构中，机电产品占比仍最高，约为 59%；其次为高新技术产品，占比29.1%；服装、纺织纱线、钢材分别占比为 5.1%、4.3%、2.4%，表明我国出口产品结构仍待进一步优化。

3. 我国钢材出口额有所回升

钢铁行业涵盖能源、化工、建材等多项工艺类型，包括燃煤与燃气发电、供热锅炉等工艺。近年来，我国钢材出口数量随着国际钢铁贸易摩擦加剧、钢材出口价格优势收窄等原因逐年递减，并在 2020 年创下 2012 年以来的最低值，而在 2021 年我国钢材出口量同比有所回升。

4. 美国是我国出口第一大贸易伙伴

海关总署数据显示，2021 年美国、欧盟、日本、韩国等传统贸易伙伴合计占我国出口比重的 41.9%；其中，美国出口占比 17.1%，位居出口贸易伙伴第一；欧盟出口占比 5.4%，位居出口贸易伙伴第二。与此同时，我国积极开拓东盟、非洲、拉丁美洲、俄罗斯、印度等新兴市场，2021 年与上述新兴贸易伙伴出口占比达30.5%，其中，东盟出口占比 14.3%，居我国出口贸易伙伴第三位。

二、碳关税对我国出口贸易可能产生的影响

（一）实证分析结论

一是我国对外出口中工业制成品占比极高，预计工业制成品出口产品碳关税近

千亿美元。经过测算，在碳关税税率为 30 美元/吨的计征标准下，碳关税合计约 687.01 亿美元，占工业制成品出口额的 2.8%；在碳关税税率为 60 美元/吨的计征标准下，碳关税合计约 1374.0 亿美元，占工业制成品出口额的 5.6%。从 2000 年以来的测算数据看，工业制成品碳关税与出口额的比例呈下降趋势，说明我国工业制成品单位能源消耗和碳排放量呈降低趋势。

二是从长期来看，碳关税对我国工业制成品出口有明显负效应。由协整关系检验结果表明，两种情景下的碳关税征收均与我国工业制成品出口存在负相关关系，弹性系数约为 - 3.68，即碳关税每增加 1%，将导致我国工业制成品出口额降低 3.68%。

三是在碳关税冲击后，我国工业制成品出口将产生负向反应，且持续较长时间。脉冲响应结果显示，在受到碳关税冲击后，工业制成品出口变量有较为明显的负向反应，即碳关税的增加，会导致我国工业制成品出口的减少，并且在中长期这一负向反应将持续存在。

（二）碳关税可能带来的影响

1. 碳关税制度短期内对我国的贸易收支顺差影响不大

欧盟和美国是我国重要的贸易伙伴，也是主要的贸易顺差来源地。2021 年，我国对欧盟和美国的贸易顺差共 6049.7 亿美元，占全部贸易顺差的 89.4%。但从欧美拟开征碳关税涉及的主要行业来看，我国对欧盟和美国出口的钢铁及制品、铝及制品、肥料、水泥及其熟料四个大类商品合计 442.5 亿美元，占对欧盟和美国出口总额的 4%，因此，预计碳关税在短期内对我国的贸易收支顺差影响不大。

2. 碳关税对不同行业的影响预计会出现分化

如水泥行业单位出口额碳排放量大，受碳关税影响程度较大。经测算，若以每吨碳征收 40 美元关税来计算，水泥行业碳关税率将高达 35%，远高于行业平均利润率。钢材和化肥等产业，出口竞争力强，长期来看受碳关税影响则较小。钢铁行业单位出口额碳排放量在四类行业中排名最低，经测算钢铁行业税率在 7% 左右，在钢铁行业平均利润率以内，从中长期来看受碳关税的影响相对较小。

3. 清洁能源行业迎来发展机遇

欧盟对碳排放的限制刺激着国内企业在生产过程中的绿电使用，利好新能源发展，尤其是光伏产业、风电产品。截至 2021 年，欧盟预计有 25.9GW 的新光伏装机容量并网，同比增长 34%。2021 年中国出口 40.9GW 的设备组件到欧洲市场，相较上年同期增长了 54%。另外，随着碳关税制度的推进，更多国家和更多产品将参与到减排的进程中，我国也提出了"碳中和""碳达峰"目标，在此背景下，新能源汽车等行业将迎来发展机遇。

三、碳关税对我国出口贸易带来的主要挑战及政策建议

（一）碳关税对我国出口贸易带来的主要挑战

我国经常项目收支顺差行业中涉及多种高碳经济成分，"碳竞争力"弱。全球"碳中和"步伐加快，以中国为主的出口型经济体将面临较大的碳减排压力。我国出口产品附加值低、碳排放高，是贸易隐含碳排放的净出口国。从短期来看，碳关税将影响我国出口商品的竞争力，尤其是冲击焦炭、石油冶炼、钢铁、纺织、服装等产业。从长期来看，碳关税大规模征收，可能会造成我国高碳商品出口的明显减少，我国在全球贸易格局中的地位和竞争力可能会下降。

绿色贸易给中小企业转型升级按下"计时键"。碳关税将倒逼大型企业通过降低碳排放和提高产品附加值获得价格优势，进而提高出口规模。一方面，单位产品碳排放低将意味着在国际竞争时获取价格优势，企业可将碳关税转嫁至消费端，从而获得优势。另一方面，在面临更高环保要求而转型升级的过程中，大企业更易获得所需的资金支持，中小企业在竞争压力下，或面临出口规模萎缩等问题。

发达国家推行碳关税或将限制包括中国在内的发展中国家的发展权。发达国家已经进入后工业化社会，其消费的高碳商品大量来源于发展中国家，而以中国为代表的新兴发展中国家仍处在工业化、城市化的关键时期，经济发展将面临收益和碳

排放量失衡的问题，对于部分有能力达标的企业，由于减排技术研发、设备投入的增加，将导致产品价格上涨，进而出口量降低。

（二）政策建议

增强产业体系的核心竞争力，不断提升产业链的韧性。面对日趋复杂的外部环境，我国应充分发挥集中力量办大事的制度优势，在核心领域、关键环节加快突破"卡脖子"问题，补齐产业链和供应链的短板，提升国内产业体系的抗风险冲击的能力，稳固跨境收支"基本盘"。

积极参与关税规则的构建，提升国际贸易话语权。新的关税规则事关我国未来长期的发展利益，我国应积极参与《全面与进步跨太平洋伙伴关系协定》（CPT-PP）、《数字经济伙伴关系协定》（DEPA）等发达经济体主导的贸易协定，提升在更高标准贸易规则制定中的话语权和参与度，有效应对排他性规则，不局限于碳关税政策，还包含广义关税措施、数字税等风险挑战，为经济高质量发展提供公平透明的制度环境。

坚持开放和区域合作，多维应对贸易保护。一方面，积极主动应对全球贸易保护主义，加强对国际税收规则的研究，合理运用贸易救济措施维护我国企业合法权益。另一方面，以国内大循环吸引全球资源要素，不断加速和深化与东盟等地区的区域经贸整合，为应对逆全球化争取更广泛的支持。

第五篇

综合管理篇

干部职工思想状况动态分析调研报告

金　梅　施玲华　梁紫燕①

摘　要：对干部职工一年以来的思想政治状况进行全覆盖式问卷调查，了解其各方面的情况、分析原因，提出需要重点关注的问题以及完善和改进路径，能够为下一步提升思想政治工作质效、制定相关制度提供依据和参考。调研发现，干部职工在政治素养、理论学习、履职和作风建设、个人成长等方面都有不同程度的提升，下一步，将通过"学讲用"结合提升理论学习深入性，"有心有新"提升宣传思想工作创新性，"跟踪管理"提升干部队伍建设的针对性等方式进一步完善和改进思想政治工作。

一、调研情况概述

（一）调研目的和意义

通过开展全覆盖式的思想状况调查，了解 2022 年干部职工在理论学习与政治素养、履职与作风建设、个人成长与身心健康等方面的情况和可能存在的问题，并通过与 2021 年的数据比较，分析变化的原因。开展干部职工年度思想状况的调查和分析，对进一步提升全行思想政治工作质效，提升干部职工的归属感和幸福感，更好地促进高效履职，具有重要参考价值和实践意义。

---

① 金梅、施玲华、梁紫燕：供职于中国人民银行北京市分行宣传群工部。
注：本文仅为调研组学术思考，与供职单位无关。

（二）调研方式

此次调研采用问卷调查的方式，设计了封闭式和开放式问题共 46 个。其中封闭式问题 45 个，开放式问题 1 个。在封闭式问题中含开放式选项的 22 个，旨在更加深入地了解干部职工的真实想法和潜在需求。本次调查对象为全体干部职工，共回收 557 份有效问卷。

二、干部职工思想状况动态分析

（一）理论学习与政治素养状况分析

干部职工充分肯定宣传思想工作成效，干事创业的精气神进一步提振。调查显示，80%以上的干部职工认为宣传思想工作"提高了政治理论水平，提升了党性修养"，干部职工精神面貌进一步提振。理论知识学习更好地融入干部职工工作生活，成效较为显著。在理论知识学习的方式上，干部职工更倾向于"沉浸式+自学"相结合的方式，与 2021 年相比，在日常工作生活中加强理论知识自学的比例增长了 21%。此外，干部职工还积极参与各项宣传活动，且更倾向于参与度高、形式多样的活动方式。

（二）履职和作风建设情况分析

调查显示，干部职工对履职成效高度认可，65%以上的干部职工认为成效较为突出的是"以落实中央巡视整改为契机、纵深推进全面从严治党相关工作""助企纾困工作"等。在落实中央巡视整改要求中，干部职工对党委垂范、逐项督导、细化措施等工作认可度较高。干部职工普遍认为通过做好巡视整改相关工作"进一步深化对金融工作的政治性、人民性、专业性的认识，捍卫'两个确立'、做到'两个维护'的政治自觉进一步强化"。干部职工充分肯定行内警示教育成效，认为其有效有度有节。调查显示，干部职工认为"在关键时间节点发布廉政提醒、要求通报警示教育案例等做法，对预防违法违规违纪等异常行为有较大的作用"。在警示教育方式的选择上，87.8%的干部职工认为"发放警示案例读本、观看警示教育片是比较有效的方式"。

（三）机关文化建设和个人成长分析

调查显示，干部职工普遍认为人际关系较为融洽，偶尔出现沟通不顺畅的情况。在组织开展的各种活动中，63.2%的干部职工更喜欢"三里河大讲堂""新思享"等沙龙，与2021年相比增长了56%，说明品牌建设有较大提升。大部分干部职工精神饱满，能够承受压力且较好完成工作任务，更希望得到职业规划、轮岗交流、挂职锻炼等方面的帮助。调查显示，87.6%的干部职工表示目前的工作状态良好，能够承受压力且较好完成工作任务，数据与上年基本持平。经交叉分析后发现，干部职工对自己的职业发展瓶颈，以及需要进一步提升的方向有较为清晰的认识（见图1）。

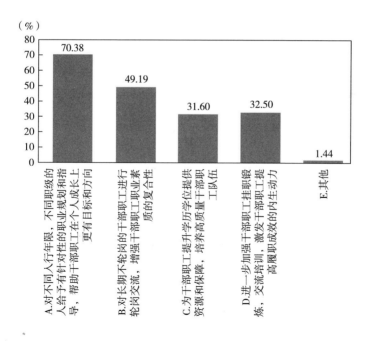

图1 干部职工希望行内提供的平台和帮助

资料来源：笔者自绘。

三、进一步完善和改进思想政治工作的建议

（一）"学讲用"结合提升理论学习的深入性和实效性

要持续深化理论武装，在"学""讲""用"上下功夫。一是突出"原原本本学""及时跟进学"，摒弃碎片化的学习模式，着力在学习的系统性和深入性上出实效。二是突出"聚焦重点讲""结合实际讲"，摒弃"高大全"的宣讲模式，把博大精深的理论体系"讲透讲薄"，做到知其言更知其意，知其然更知其所以然。三是突出"学以致用""以学促行"，摒弃"空对空""两张皮"，将学习党的创新理论同学习"四史"结合起来，同落实党中央重大决策部署结合起来，将学习成效转化为高效履行央行职责的强大力量。

（二）"有心有新"提升宣传工作的吸引力和感染力

推动宣传工作理念、内容形式、方法手段上的改进创新，针对不同群体差异，因人制宜、因地制宜、因时制宜，科学合理运用不同方法，尽可能地减少机械灌输式说理教育，更多地运用沉浸式体验和案例警示教育等干部职工易于接受的方法，寓教于乐、寓教于情，将思想工作与解决实际问题紧密结合起来，提升思想政治工作效能。

（三）"跟踪管理"提升人才培养的针对性和有效性

把了解掌握干部职工的职业规划与发展预期作为思想政治工作的重要内容，及时校正干部职工职业发展预期偏差。继续深化履职实绩导向，强化正向激励机制，为职业生涯早期、中期、后期阶段的干部职工提供相应职业指导，通过全流程培养、跟踪管理，引导干部职工找准定位，创造更多的教育、培训和成长机会。进一步完善干部职工轮岗交流的工作机制，统筹考虑处级、科级及以下不同职级干部职工的轮岗需求，结合其专业履历、工作经验等，适时予以安排。

（四）"从严从紧"提升全面从严治党的自觉性和坚定性

坚持以党的政治建设为统领，持之以恒加强作风建设，把严的要求贯彻到全面

从严治党全过程，落实到宣传思想工作各方面。强化政治机关意识教育，把坚决做到"两个维护"作为首要政治纪律，增强纪律约束，强化纪律执行。强化干部作风建设和"八小时以外"管理，坚持正面引导与反面警示相统一，加大警示教育力度，定期召开警示教育大会通报典型案例，发挥预警与警示作用。

（五）"用心用情"提升干部职工的归属感和幸福感

始终把关心关注干部职工的合理诉求和重点难点问题作为思想政治工作的发力点，依法依规解决住房、子女上学等实际问题，使干部职工充分感受到组织的关怀和温暖。建立健全干部职工思想状况反馈机制、心理疏导机制、危机干预机制，加强党办、人事、纪检、工会等部门间沟通、协作，重点关注思想状况不稳定的人员，加强对其人文关怀和"一对一"心理疏导，帮助干部职工建立正确的心理预期，营造积极进取、团结奋进的文化氛围，进一步提升干部职工的归属感和幸福感。

从需求出发浅谈做好基层央行青年工作的实践与思考

金 梅 袁 江①

摘 要：习近平总书记在党的二十大报告中指出，"全党要把青年工作作为战略性工作来抓"。这是中国共产党对青年工作在中国特色社会主义事业全局的新定位、新判断和新表达，是马克思主义青年观中国化时代化的重大理论成果。为深入学习贯彻党的二十大精神，进一步加强和改进中国人民银行北京市分行共青团和青年工作，团委采用问卷调查和走访座谈相结合的方法开展调研，依据马斯洛需求层次理论分析青年需求，总结从需求出发的青年工作实践经验，并形成工作启示与建议。

一、调研基本情况

本次调研针对全行40岁（含）以下青年开展了匿名问卷调查，共收到有效问卷333份，约占青年总人数的85%。本次调研还走访了基层团支部，采用座谈、"一对一"谈话等方式与青年员工进行交流，较为深入地了解青年员工需求，掌握青年员工思想状况。

从问卷调查样本结构看，女性青年209人，占比62.8%，男性青年124人，占比37.2%；28岁及以下青年65人，占比19.5%，29—35岁青年186人，占比

---

① 金梅、袁江：供职于中国人民银行北京市分行宣传群工部。
注：本文仅为调研组学术思考，与供职单位无关。

55.9%，36—40 岁青年 82 人，占比 24.6%。其中，女性青年占比高，29—35 岁青年占比高，与全行实际情况相吻合（见表1）。

表 1　问卷调查样本结构

性别	女性	209 人	占比 62.8%
	男性	124 人	占比 37.2%
年龄	28 岁及以下	65 人	占比 19.5%
	29—35 岁	186 人	占比 55.9%
	36—40 岁	82 人	占比 24.6%

资料来源：笔者自绘。

二、依据马斯洛需求层次理论分析青年需求

马斯洛需求层次理论是最广为人知的心理学理论之一。马斯洛指出，人的需求按从低级到高级顺序，分为生理需求、安全需求、社会需求、尊重和自我实现的需求。依据马斯洛需求层次理论模型，我们对全行青年员工的需求进行初步分析。

（一）生理上的需求

生理需求是指人为了维持基本生存所要满足的条件，包括吃、穿、住、行等方面的需求。整体来看，人民银行北京市分行绝大部分青年员工认为当前收入可以满足生理需求。调查显示，青年员工中居住在青年公寓和公租房的占比 24.3%，自己在外租房的占比 13.8%。青年日常支出排在前五位的依次为基本生活支出、房贷房租、抚养子女、个人兴趣爱好、赡养父母（见图 1）。访谈中，多位青年员工表示，"现阶段主要经济压力来自于住房需求"。客观来讲，北京这类大城市生活成本较高，青年人在住房方面遇到困难也属于正常现象。

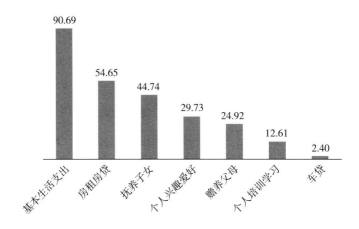

图1　青年员工日常支出排序（%）

资料来源：笔者自绘。

（二）安全上的需求

安全需求主要表现为对人身安全、健康保障、生活环境安全方面的需求。调查显示，青年员工对当前安全环境总体评价较高，认为当前环境"很好""较好"的青年占样本总数的88.6%，但也有10.8%的青年认为当前环境"一般"（见图2）。

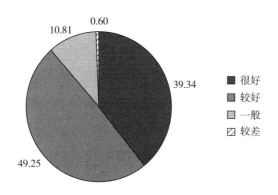

图2　青年员工对当前安全环境的评价（单位：%）

资料来源：笔者自绘。

可见，青年人对安全环境变化的感知是非常敏锐的，由此产生的情绪波动值得关注。另外，调查数据表明，大部分青年人已具备较强的健康保障意识，近50%的青年员工为自己或家人购买了补充医疗、重疾等商业保险，12.9%的青年有计划购买。

（三）社会上的需求

社会需求也称为情感和归属的需求，主要是指个体渴望得到社会、家庭、他人的关心和爱护，渴望在组织或集体中有一定的位置。调查显示，近95%的青年员工对本行有归属感。青年普遍认可党委在关爱青年员工方面所做的工作，31.8%的青年员工对此评价"非常好"，47.8%的青年员工对此评价"较好"。访谈中，多位青年员工表示，"能够充分感受到近年来党委对青年的重视和关心""工作氛围融洽，让人有归属感"。

（四）尊重和自我实现上的需求

尊重和自我实现都属于高层次的需求，我们把这两个层次的需求放在一起分析。尊重需求是指个体渴望得到他人的关注和认可。自我实现需求是指个体渴望充分发挥潜能，最大化地实现自身价值。调查显示，84%的青年表示"非常在意""比较在意"领导和同事的认可。94.9%的受访青年员工充满正能量和活力或工作态度比较积极，渴望充分发挥自己的潜能。另外，只有3%的青年员工认为自己或身边人存在"佛系""躺平"的心态，2.1%的青年员工认为身边人"抱怨较多，常常脆弱求关注"。由此可见，青年员工对尊重和自我实现的需求非常强烈，青年员工的精神面貌总体昂扬向上（见图3）。

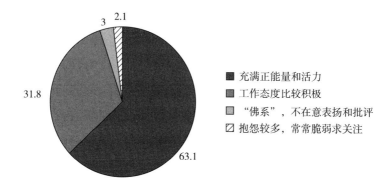

图3 青年员工的工作状态和精神面貌（单位：%）

资料来源：笔者自绘。

三、从需求出发的青年工作实践经验

由上述分析可以发现，青年员工有着由低到高的多层次需求，正确认识与合理满足这些需求对于促进青年员工的成长发展具有重要意义。实践中，我们借助马斯洛需求层次理论，从需求入手找准对青年员工的工作着力点，不断提高青年工作的精准度，并取得积极成效。

（一）正视低层次需求，用心服务青年员工，为青年员工成长发展提供保障

需求分析发现，青年员工在低层次需求中反映最迫切的主要是住房问题。近年来，人民银行北京市分行积极正视青年员工需求，想青年员工之所想、急青年员工之所急，多措并举帮助青年员工解决住房保障等难题。对于新入职青年员工，提供"拎包入住式"青年公寓，5年来累计提供住房240余套次，帮助青年员工解决初入社会的住房燃眉之急。访谈中，青年员工几乎一致认可党委在住房保障方面所做的工作，并表示在解除后顾之忧后，将全力以赴做好自己的本职工作。

（二）关注中层次需求，真情凝聚青年员工，为青年员工成长发展注入温度

需求分析发现，部分青年员工存在情绪波动的情况。人民银行北京市分行密切关注青年员工在安全感、归属感等方面的需求，开展专项心理疏导，通过"我与行长面对面"等机制与青年员工密切沟通。同时，加强对青年员工的情感关怀，连续两年开展留京过年青年保障行动，行领导带队走访慰问青年员工，各部门给青年员工的家人寄送慰问信，团委组织开展"迎冬奥"冰雪体验、"线上拜年"才艺展示、"新年新期望"立志留言、"图书盲盒"荐书阅读等活动，让青年员工留京生活既充实又有意义。

（三）导航高层次需求，坚定引领青年员工，为青年员工成长发展把稳航向

需求分析发现，青年员工的主体意识强，对实现自我价值有着强烈渴望。近年来，人民银行北京市分行打造三个"青"字号平台，持续强化思想政治引领，为青年高效履职提供坚强的思想保障。推行"青年导师制"，为新行员"一对一"配备处级干部导师，将思想引领与业务指导结合起来，帮助青年员工扣好职业生涯"第一粒扣子"。创办"新思享"青年沙龙，以"双讲互动""圆桌访谈"等学习形式开辟青年理论武装新课堂，引导青年在交流中思辨、在思辨中成长。开展"认知国情 紧跟党走"青年社会实践，组织青年员工走进企业、走进乡村，开展调查研究、政策宣讲、志愿服务等活动，引导青年员工深刻认知国情民情，培养涵养金融为民情怀。

四、工作启示与建议

调研分析和实践经验启示我们，做好基层央行青年工作，关键在于做到"六个坚持"，进一步明确青年工作的基本导向、根本任务、改进方法，持续加强团组织的自身建设，夯实青年工作的组织基础，持续加强党的全面领导，凝聚青年工作的

强大合力。

（一）坚持党的领导，凝聚青年工作的强大合力

党的二十大首次从"战略性"高度来定位青年工作，这就要求我们以更高的站位、更远的目光来谋划青年工作，进而推动青年工作落实。"战略性"定位也意味着青年工作不再简单的是部门化、事务性工作，而是跨部门、跨领域的综合性、协同性工作，这就要求我们始终坚持党的全面领导，强化统筹协调、责任分工和保障支持，建立健全党委领导、各相关部门齐抓共管的工作机制，切实形成青年工作的整体合力。

（二）坚持以人为本，明确青年工作的基本导向

理论和实践给我们最直接的启示就是，要坚持以人为本，从青年员工的实际需求出发，着力为青年员工办实事、解难事，让青年员工真切感受到党委的关怀就在身边。青年员工处于人生和事业的起步阶段，在生活保障、安全环境、情感归属、技能提升、职业发展等方面存在着多种需求，可以综合运用物质保障、人文关怀、能力培养、正向激励等手段，不断增强青年的获得感、归属感，持续激发青年员工对岗位建功的热情。

（三）坚持主责主业，明确青年工作的根本任务

调研分析和实践经验的另一个启示是，只有高层次需求，才能为青年成长发展提供更加持久的精神动力，要尤其关注和引导青年员工的高层次需求，坚持青年工作为党育人的主责主业，帮助青年员工找到正确的自我实现路径。要进一步规范和加强青年员工的理论学习小组建设，坚持不懈用习近平新时代中国特色社会主义思想武装青年员工的头脑，引导青年员工坚定不移地听党话、跟党走，把个人自我实现融入央行事业发展、融入党和人民的需要。

（四）坚持与时俱进，明确青年工作的改进方法

青年员工的需求随着时代和社会的发展不停变化。青年工作要坚持与时俱进，以创新促进工作提升，主动适应青年员工的新特点和新需求。要积极探索更加生动

活泼、符合青年思维方式和认知特点的话语体系和传播方式，加强互动式、体验式学习内容供给，把党的创新理论讲清楚、说明白。要更多地采取青年喜闻乐见的形式开展活动，把有意义的事情做得有意思，不断扩大青年工作的覆盖面，提高青年员工的参与率，增强实效性。

（五）坚持从严治团，夯实青年工作的组织基础

团组织作为党的助手和后备军，在引领凝聚青年、组织动员青年、联系服务青年方面具有天然优势，可以发挥更大作用。要坚持从严治团，结合实际对基层团组织进行优化调整，规范团支部日常管理，做到组织上严管。要将共青团和青年工作纳入到全行党建工作的整体布局，借助支部党建量化考核层层压实责任，做到制度上严格。要加强青年工作调查研究，加强团干部能力建设和青年工作品牌建设，做到作风上严肃。

"过紧日子"情况下钞票处理成本效益管控和绩效评价研究
——以北京钞票处理中心为例

王　婧　郭田田①

摘　要：北京钞票处理中心负责对北京地区银行业金融机构回笼的人民币进行处理清分、复点和销毁。近年来，"过紧日子"成为常态化趋势，在此趋势下，做好钞票处理业务成本效益管控，实现钞票处理业务提质增效尤为紧迫。本文利用北京钞票处理中心2019—2021年的数据，对钞票处理业务各成本项目进行成本性态分析，测算了单捆钞票处理成本，发现变动成本是成本控制的重点。随后深入梳理了现行成本效益管控和绩效评价措施，在借鉴德国中央银行和巴西中央银行成本管理经验的基础上，就加强成本效益管控，完善绩效评价提出了相关建议，并尝试构建新的货币发行费项目绩效评价体系。

一、成本效益管控和绩效评价现状分析

（一）成本效益分析

1. 成本性态分析

成本性态是指成本与业务量之间的相互依存关系。按照成本性态，成本可划分为固定成本和变动成本。固定成本是指在一定范围内，其总额不随业务量而增减变

---

① 王婧、郭田田：供职于中国人民银行北京市分行钞票处理中心。

注：本文仅为调研组学术思考，与供职单位无关。

动，但单位成本随业务量增加而减少的成本。变动成本是指在一定范围内，其总额随业务量发生相应的正比例变动，而单位成本保持不变的成本。

与钞票处理业务相关的成本，按照业务流程主要包括钞票处理业务生产过程发生的人工费用（含钞处员工费用和劳务外包人员费用）、业务耗材、钞票处理设备升级维护费用、能源耗费（如水费、电费）、折旧费用（设备折旧、库房折旧费用等），以及入库前调运成本。根据成本项目与业务量是否密切相关，可以分为变动成本和固定成本。变动成本随着业务量增长而增长，固定成本保持相对稳定，与业务量的变化关系不大。

根据北京钞票处理中心 2019—2021 年的业务统计数据，对单捆钞票处理成本进行测算，发现变动成本占总成本的 48%，主要为大型清分机、销毁设备维保费用、钞票处理劳务外包人员费用和钞票处理生产用电费。其中，大型钞票处理设备维保费用由钞票处设备维保服务采购的台数和使用期限长短决定，钞票处理劳务外包人员费用按钞票处理业务量与劳务外包公司进行结算，电费由钞票处理业务生产时长决定，均与钞票处理业务量紧密相关，体现了运行效率是成本控制的重点。固定成本占总成本的 52%，主要为大型清分机、销毁设备折旧、库房折旧和钞处工作人员费用。其中，折旧费用是对设备、房屋的购买（建造）成本的分摊，属于沉没成本，与钞票处理业务量大小无关；钞票处理工作人员费用由北京钞票处理中心人员岗位设置决定，人员岗位配置保持相对稳定，与业务处理量的关系也不大。

2. 效益分析

钞票处理业务生产过程是对回笼的人民币进行清点、鉴伪、分类、包装和销毁的过程。从处理对象来看，包括对完整券进行清分抽查，以检验商业银行全额清分钞票质量；对残损券进行复点销毁，以保持流通中人民币的整洁。从钞票处理业务生产过程的产出效果来看，应考虑完整券的抽查覆盖率，以及残损券的销毁计划完成率；从社会效益来看，应考虑流通中人民币的整洁度，商业银行交存中国人民银行发行库的假币夹杂率。

从北京地区具体情况来看，北京钞票处理中心连续多年均保持对回笼人民币完整券的抽查全覆盖，顺利完成总行下达的残损人民币销毁计划。北京市流通中的人民币整洁度呈现出逐年稳步上升趋势，2022 年上半年人民币整洁度达到 86.41%，同比上升 0.37 个百分点，环比上升 0.06 个百分点。2021 年北京市银行业金融机构交存发行库款项中假币夹杂率为百万分之 0.02，与上年基本持平，远低于百万分之 0.34 的全国平均水平，顺利保障 2022 年冬奥会的现金供应，成功维护了人民币的良好信誉和形象。

（二）成本效益管控分析

对于钞票处理业务成本效益管控指标的分析，包括对业务处理量、处理效率以及安全性、连续性等方面的考核。从对产出效益方面的考核要求来看，一方面，要有定量化指标，如清分机平均负荷指数、完整券抽查全覆盖率、复点工作量完成率、残损券销毁计划完成率、钞票处理业务总量，这些指标明确具体，操作性、可控性都很强；另一方面，要有对业务安全性、连续性的定性考核，如认真开展钞票处理业务自查，强化外包业务风险管控，保持钞票处理业务的连续性，做好钞票处理业务数据分析等要求，这些要求对于保证钞票处理业务安全且高效运行至关重要。

从对成本控制方面的考核要求来看，定量化的考核要求为清分机平均负荷指数，这要求使用较少开机设备产生较高生产率，直接关系清分机维保采购台数所产生维护保养费用的多少；定性化的考核要求为，深入研究"过紧日子"条件下，保障现金处理提质增效的有效措施，厉行节约，提高资金使用效益。

从以上对比可以发现，对于产出效益的控制具体明确，可操作性强，对于成本控制的考核要求，偏重于导向性要求，缺乏可操作性指标。

（三）绩效评价分析

对于钞票处理业务绩效评价指标的分析，以总行会计财务部门要求报送的项目支出绩效评价指标为准。从对产出效益方面的评价指标来看，均为具体明确可控的数量型指标。一方面，包括产出指标，如销毁计划完成率，新购设备的采购数量、检验合格率和验收及时率，在用钞票处理设备定期维护率、设备故障率及排除情况；另一方面，还包含社会效益指标，如流通中人民币票面整洁度提升百分点、残钞废料无公害处理率以及针对现金使用单位（金融机构、企事业单位）的现金需求满意度调查。从对成本控制方面的评价指标来看，仅有针对新购置设备的采购节约率一个定量指标。通过以上对比可以发现，绩效评价指标对于产出效益的评价要求更全面有力，对于成本控制方面的评价要求则显得薄弱。

二、德国中央银行和巴西中央银行成本管理经验

选择适合的成本核算方法，准确归集分配成本，是成本管理的前提与基础。德国中央银行（以下简称德国央行）和巴西中央银行（以下简称巴西央行）分别运用标准成本法和作业成本法对成本进行分类、归集和分配。

（一）德国央行标准成本法的运用

德国央行在预算管理过程中，通过设立成本中心和控制部门的方式，有效运用标准成本法，达到高效运营管理成本的目标。

标准成本法是通过制定标准成本来对成本中心进行成本核算和考核的成本管理办法。德国央行将标准成本划分为直接成本和间接成本，直接成本包括可直接归属的人员和其他营业成本等；间接成本一般根据时间进行分配，如折旧成本可以根据机器服务年限（折旧年限），计算出每台机器每分钟的单位折旧费用。标准直接成本加上间接成本就是全部成本。

在成本中心的预算编制与执行上，成本中心对预算管理有高度自主权。成本中心主管在上一年预算的基础上编制下一年预算计划，对预算计划的制定由成本中心和控制部门共同完成。成本中心的主管对成本中心的所有支出负责，在确保预算能够保障履职的前提下，各项支出都充分考虑成本效益，但不得超出预算限额，因此，必须要经常监测可用预算资金的变化，确保成本中心每项成本都能够正确列支。成本中心主管在每项开支之前，必须确认成本中心有足够的预算资金用来支付，但无须控制部门参与或授权就可以支出。

对成本中心的监督由控制部门负责，控制部门定期审核成本中心预算开支情况，对拟开展的工作及其支出发表意见，指出成本中心管理中存在的问题，对预算执行差异进行分析。

（二）巴西央行作业成本法的运用

巴西央行成本管控的特点是将作业成本法嵌入到系统中，成本分摊更加精确、细致，实现了对各成本对象的精细核算。

作业成本法是以"作业消耗资源、产出消耗作业"为原则的成本管理方法。因此，巴西央行的成本管理系统分别设置资源、作业和成本对象三个模块。资源模块是用来收集为央行生产活动而产生的各项耗费，包括如水电、动力、折旧、低值易耗品等。作业模块是根据业务流程细分的作业库，通过由咨询公司访谈梳理细分各部门的流程确定。巴西央行特有的作业就有 890 个，成本对象模块确认了四级成本对象，一级成本对象是巴西央行行使央行职能的最终产出，如制定货币政策、管理外汇、监控金融稳定、管理支付系统和货币供给、参与国库管理等。为了完成一级成本对象的目标，需要把一级成本对象细分为二级、三级和四级成本对象。

在实际应用中，巴西央行先确认履职过程中消耗的各种资源，再把消耗的各项资源按第一阶段的成本动因归集到各个作业中心，最后把各个作业中心的成本按第二阶段的成本动因分摊到各个成本对象。成本动因主要有建筑面积、工时、人员数量等，除了按成本动因分摊外，还可以采用直接分摊或者平均分摊的方法。

三、政策建议

（一）统一成本核算范围和方法，夯实成本核算基础

目前，钞票处理业务成本由各分、支行自行统计核算，由于对业务的理解不同，成本核算范围和方法各不相同，在一定程度上降低了不同机构间同类业务成本的可比性。建议总行相关部门明确分、支行钞票处理业务成本核算包含的环节、要素和分配原则，进一步强化财务与业务部门的协商配合机制，解决数据不全和数据

不准确等问题，为准确合理归集钞票处理业务成本费用，强化成本管控奠定基础。

（二）盯紧变动成本，抓住成本控制重点

以变动成本为切入点，切实落实"过紧日子"的相关要求，严格管控对钞票处理业务成本具有重大影响的大额费用项目，如劳务外包人员费用、大型钞票处理设备维保费用和电费等。同时，对小额费用项目也要精打细算，因地制宜采取切实可行措施控制好耗材、专用设备升级维护等费用。

（三）逐步完善成本效益管控指标，建立成本管控标准

建议总行相关部门在做好全国普遍适用情况调研基础上，试点发布全国钞票处理成本费用参考标准，如单捆处理成本、单捆变动处理成本、单机耗电量等，以督促各分支行做好成本控制，后续视情况逐步在业绩考核指标中增加涉及成本的管控指标，适当调整现行成本效益管控体系，进一步强化成本的管理力度。

（四）丰富绩效评价内容，探索建立货币发行费项目绩效评价指标体系

建议总行相关部门统筹规划，适时调整现行钞票处理业务相关绩效指标，进一步增加涉及成本控制的评价指标，比如单捆处理成本、单捆变动处理成本、单机耗电量等，以进一步完善绩效评价指标结构，提升资金使用效率。

关于对钞票清分设备实施联合
维保的研究初探
——以北京钞票处理中心为例

郭田田　王　婧　惠成龙[①]

摘　要： 清分机设备的正常高效运转，是保障回笼人民币正常有序处理的关键环节。本文借鉴国内外相关研究成果和其他行业大中型设备维保经验及成功案例，分析了自主维保、委外维保和联合维保等不同模式的优缺点和适用性。在"过紧日子"的大背景下，以北京钞票处理中心为例，探讨提出了中国人民银行与设备生产方联合维保的建议，以实现清分设备的长期稳定使用并降低设备维保成本，提高预算资金使用绩效。

一、研究综述

（一）国外研究情况

随着设备维保需求的发展，国外关于对设备维保进行外包的理论研究多是正面的、肯定的。一种观点是从价值链角度来研究，认为通过外包服务可从生产结构上降低成本；另一种观点认为，外包服务与管理绩效间存在着必然联系，通过外包可以在市场和内部需求变化时，提高企业的灵活性和应变力。Assaf 和 Hassanain（2011）通过问卷调查的方式，对沙特阿拉伯大学维保服务决策关键因素进行调查，

---

① 郭田田、王婧、惠成龙：供职于中国人民银行北京市分行钞票处理中心。
注：本文仅为调研组学术思考，与供职单位无关。

问卷调查内容包括 6 大类 38 个因素，最终通过统计和整体排序发现影响维保外包决策的三个因素分别是维保实施速度、维保质量要求和与承包商分担风险①。

（二）国内研究现状

对于设备维保方式，国内专家学者也从不同角度进行了分析研究。在设备维保服务外包模式方面，范体军、李宏余和刘建香（2006）通过对设备维保流程分析，总结出三种外包策略：购进型外包、选择型外包和完全型外包②。在对维保外包服务供应商的选择和评价方面的研究，惠晓峰和刘晓峰（2008）通过运用层次分析法，以供应商的技术水平、企业风险、增值服务、企业文化、服务价格、服务响应和服务质量为评价考核指标，构建层次分析模型进行定量决策，最终选择合适的外包服务供应商③。对于外包可能存在风险识别和管理方面的研究，陆亨伯、张腾和黄辰雨等（2014）通过问卷调查法识别出服务外包潜在的六种风险，并研究通过建立合理的服务商选择标准、外包过程的监控机制、服务外包商的激励措施、外包质量的考核、合同保护与弹性机制、人才引进等方式规避风险④。

二、维保方式分类与比较

按照维保主体分类，维保方式可分为使用方自主维保、委外维保、自主维保与委外维保的联合维保三种类型。委外维保主要有委托设备生产方维保和委托第三方维保两种方式。

（一）自主维保

自主维保是指设备使用方独立完成设备的维修保养工作。这种方式可以降低对

---

① Assaf S, Hassanain M A, Al-Hammad A, et al. Factors affecting outsourcing decisions of maintenance services in Saudi Arabian universities [J]. Property Management, 2011, 29 (2)：195-212.

② 范体军, 李宏余, 刘建香. 设备维护外包决策研究 [J]. 华中科技大学学报（自然科学版）, 2006 (10)：116-118.

③ 惠晓峰, 刘晓峰. 基于层次分析法的服务外包供应商选择模型与方法 [J]. 商场现代化, 2008 (7)：39-40.

④ 陆亨伯, 张腾, 黄辰雨等. 公共体育馆服务外包风险识别与规避机制研究 [J]. 北京体育大学学报, 2014, 37 (10)：26-31.

外部维保商的依赖程度，打破技术束缚，有利于使用方提高自身的维护能力与技术水平，而且从拉长时间周期来看，可在一定程度上节约服务成本。但该方式的缺点是，使用方出于自身能力储备及技术掌握程度受限等因素，尤其是对升级更新后的设备，可能会出现无法解决所有设备故障、升级维护等深度技术问题。

（二）委外维保

委外维保是指通过招标采购方式，在一定期限内将维保工作整体或分类打包，请有资质的、有能力经验的维保服务商提供质保期外的维保服务，分为原厂商维保和销售代理商维保两种方式。委外维保一定程度上降低了设备维护难度与风险，尤其是在设备出现非常规故障、问题时，维保服务商可提供系统化、专业化的技术服务。但在这种方式下，设备使用方对委外单位的依赖程度较高，不利于自身人员积累设备使用、维护的经验，易出现被外包服务单位"卡住技术脖子"的情况。

（三）联合维保

联合维保是指设备使用方与外部单位共同完成设备维护保养工作。如根据维护的难易程度、涉密级别、预算费用等因素，设备使用方选择将部分或全部设备的维保由双方共同完成。联合维保模式，一定程度上规避了技术复杂性所带来的风险与成本不可控情况，但同时也对设备使用方自身的维保能力提出了较高要求，如专业人员较难培养，涉及核心技术方面的问题难以处置，如果没有厂家技术支持和备品配件的足量储备，易发生重大故障不能及时处置或无配件更换的情况。

（四）维保方式比较

从实际应用情况来看，设备使用方通常从自身实际出发，着重考虑经济性、技术性、及时性三个维度，来决定采取哪种维保模式。三种维保方式比较见表1。

表1　三种维保方式比较

项目	独立维保	委外维保	联合维保
短期投入成本	高	低	中
长期投入成本	低	高	中
对自身技术人员要求	高	低	中

续表

项目	独立维保	委外维保	联合维保
及时性	高	视服务约定	高
适合项目	小型设备	大型设备	中型设备
典型行业	简易家电、自制设备	大型飞机发动机、电梯、汽车	高铁

资料来源：笔者自绘。

三、钞票清分设备维保现状及问题分析

（一）维保现状

目前，中国人民银行钞票清分设备的维保服务由总行统一采购，设备的具体使用仍为各分支机构，设备使用管理地点分散，采用的维保方式是委外维保中的原厂商维保模式。以北京钞票处理中心为例，采用原厂商进行维保服务的及时性、有效性、稳定性优势明显，设备运行十多年来，未出现因设备故障、维保技术问题而影响业务开展连续性和规范性的情况。目前，北京钞票处理中心形成了原厂商驻场工程师与设备操作员共同检查维护设备的维保机制。

（二）存在的问题

原厂服务商的维保服务有效地实现了降低故障率、提高使用率的设备维保目标。但因核心技术、关键零部件均高度依赖设备生产商，供应商处于强势地位，导致钞票处理设备价格及维保费用谈判定价权较小。

四、实施联合维保方式的可行性分析

（一）成功案例和经验借鉴

我国高铁动车组的维保采用的也是联合维保模式。动车组检修按时间周期和走行千米两个指标来确定，并以走行千米为主要参考。动车组的修程分为一级至五级，其中一级、二级为日常检修，三级以上为定期检修（高级修），一般三级修间隔为 3 年、四级修间隔 6 年、五级修间隔 12 年。在动车组全寿命周期内，要经历4—5 次三级修，2—3 次级四级修和 1—2 次五级修。动车检修工作由使用方铁路总公司与生产方中车公司分担：①铁路总公司下属动车运用所负责一级、二级检修；②铁路总公司下属动车检修基地负责三级修和部分四级修；③中车下属动车生产企业负责部分三级修、四级修和全部的五级修。

（二）可行性分析

1. 部分设备故障适合自行维保

从近年清分机出现的设备故障情况来看，可将故障类型分为简单故障、一般故障和严重故障三类。简单故障为容易判定处置、不会影响设备系统数据安全的故障。此类故障较易处置，经过短期理论培训，并现场观摩学习故障处置方法，获取一定实践经验的人员即可完成，例如卡钞、拒钞多、报脏、皮带断裂等。一般故障为经过排除分析可以确定故障原因，处置过程一般不会影响设备数据。处置此类故障，人员需经过专业培训，了解并掌握设备理论知识，有 1—2 年工作经验即可处置，例如传感器无法启动、全部拒钞、发射器故障、需要调整 PD 位置的卡钞等。重大故障为不易诊断和排除，处置过程存在影响设备数据安全的故障。处置此类故障，人员需经过专业培训、熟悉掌握设备运行原理，能够判定故障为调整型还是换件型，并具备较长时间的工作经验，例如硬盘损坏、看门狗故障、蓝屏、死机、BIOS 电池故障等。

2. 符合"过紧日子"背景下的成本效益原则

在全面实施预算绩效管理的情况下，花钱问效、降费增效是实现钞票处理业务绩效目标的重要原则。在联合维保模式下，只将重大故障交由外部单位维保，可节约一定预算金额的维保外包服务费。节约下来的预算可用于对中国人民银行钞处员工的培训，使员工有能力进行简单故障和一般故障的处置，提升钞票处理中心自主维保的能力，也可减轻设备完全脱保时的被动局面，更好地适应钞票处理业务转型的发展。在联合维保模式下，也可以在原有费用规模的基础上延长维保合同期限，减少脱保时间，更好地保持业务的连续性。

五、相关建议

（一）分行施策，试点先行，稳步推广

一是选取部分面临设备更新或新购置设备的地市级钞票处理中心、省级钞票处理中心作为试点，采用中国人民银行与设备厂商联合维保方式对清分机进行维保，并由中国人民银行自行采购备品备件，以防止因配件缺乏导致设备无法维保的情况。二是在试点期间，应及时评估联合维保的人才培养、设备状况和成本效益等实际效果，不断总结经验、完善方案，待条件成熟后推广到各钞票处理中心。

（二）明确联合维保方式下的外包服务内容边界和评价

在维保服务外包项目招标时，采购文件中一定要明确维保方式和双方分工，即采购人和投标人联合实施维保，采购人负责日常维保（日维护、周维护和月维护），排除简单故障和一般故障，根据业务需求自行采购备品备件。投标人派驻场工程师负责半年度维护，对采购人提供技术指导和业务培训，解决重大故障，协助采购指定备品备件采购计划，对驻场工程师解决不了的故障提供远程热线支持等。

（三）发挥信息技术作用，建立设备维保故障数据库

借助大数据方法，利用统计学分析设备使用年限、业务量与常见故障之间的关系，建立故障预测模型，及时预测设备故障，实现科学保养设备、提升设备综合效率、降低设备维保费用的目标。

职工食堂食材采购及管理模式的现状分析与思考

段宇芳　殷兆涛　于　瑶　卢　鹏　王　婧　陈　健①

摘　要：本文深入研究了中国人民银行北京市分行职工食堂采购的现状及存在问题，调研了全国有代表性的三家分行食堂食材采购和管理的模式，并以人民银行北京市分行三里河办公区食堂管理实践为例进行创新性探索。人民银行北京市分行不断探索优化路径，就规范食材采购、保证食品质量、加强内部管理提出相应措施，进一步健全采购、验收等环节管理，建立健全制度体系，完善业务流程，切实将"公开透明、绿色采购、控制成本、提升质效、完善服务"融入到食堂食材采购及日常管理工作中。

一、食堂食材采购及管理过程存在的问题

（一）服务方式选择不合理

　　食材采购通常由后勤部门负责，目前采购模式主要分为自采模式和乙采模式，自采模式优势是食品卫生安全、食材质量有保障，食品价格能控制，但也存在用工多、管理成本高、廉政等风险②。乙采模式存在食品安全不易控制、成本核算不公开透明、食材入口率较难把控等问题③。

---

　　①　段宇芳、殷兆涛、卢鹏、陈健：供职于中国人民银行北京市分行后勤服务中心；于瑶：供职于中国人民银行北京市分行会计财务处；王婧：供职于中国人民银行北京市分行钞票处理中心。
　　注：本文仅为调研组学术思考，与供职单位无关。
　　②　杨锡才．单位食堂采购应区分不同情况分类管理［J］．中国招标，2019（49）：47-48.
　　③　李启松．党校食材采购模式创新研究——以温州市委党校为例［J］．高校后勤研究，2019（9）：25-28.

（二）成本核算管理观念落后

由于餐饮团队管理水平参差不齐，如采用自采管理模式，不以自身营利为目的，提供高质量食材，在采购核算的过程中对于成本控制认识不足；而采取乙采管理模式，餐饮团队以经营利润为承包食堂的目标及动力，会提高相应的采购成本①。

（三）未建立科学的供应商体系

引入供应商时，把价格高低、送货及时性等作为首要因素，对引入的供应商没有进行尽职调查，缺少科学的评估，不能及时掌握供应商的资信状况，没有建立不同层级的供应商体系，一旦出现不可抗力的外在因素，食堂原材料供应就会处于被动局面②。

二、食堂食材管理模式调研

为充分学习借鉴其他分支行在推进和实施食堂食材管理等方面的先进经验，我们对其进行了较为深入全面的考察和学习（见表1）。三家分行均通过采用食材自采模式，做到了食材的实惠、品质、新鲜（见表2），实现采购创造价值。由此可见，选择全品类供货商或分类综合供应商，通过集中性采购可以实现价格的最大优惠。

表1　三家分、支行食堂食材采及管理情况

	河南	福建	四川
采购模式及供应商选择	食材自采，集中采购确定分类综合供应商："米、面、油、肉"协议供应商6家，"水产冻品、蔬菜、干货调料"协议供应商6家，每个品类一个固定供应商，一到两个备选供货商，同时以麦德龙、大商超市等综合型超市作补充	食材自采，选择为大型超市供货的全品类供应商	食材自采，两个办公区不同：一区通过招标选择了1个全品类供应商，二区通过分散采购确定2个食材供应商

---

① 何馨. 高校后勤食堂集中采购核算的研究与实践 [J]. 财会学习, 2021 (4)：116-117.
② 郑格娟, 程建宁. 国有企业食材集中采购优化探索与实践 [J]. 中国招标, 2022 (5)：82-85.

续表

	河南	福建	四川
采购特点	采购时分类确定食材供应商，以各类协议供应商集中供货为主，自行采购为辅，自行采购由"双人"执行	预约订餐制，采用"云闪付"App根据预订量确定食材的采购量和餐品的加工量，避免浪费	采购过程全程审核，对于超出日常使用的采购需求一律不审批
验收方式	实施采购、库房、厨师长三方验货，对食材不合格的，拒绝入库，针对自行采购不合格食材，由采购退回，每月退货超过一定次数，将对采购人员进行经济处罚	每日清晨食堂管理员与厨师长共同验货，关注质量，发现问题及时退、换货。在厨房门口设立专门的验货区，并安装探头进行全程监控	每日食堂管理员与厨师长共同验货。对于各类协议供应商集中供货，每月开展供货评估会，评估各供应商的食材质量和价格
保管方式	冻品、大米和干货等按采买保存，生鲜食材日采日清	生鲜食材入库后立即出库，无库存，冻品、大米和干货等保持一周的库存，由外包厨师按照每天使用量领取，油品、调料等保持一周库存，按3天使用量领取	对当天的剩余食材实行分类集中管理。蔬菜类、肉类均当天入库出库，如有剩余，蔬菜存入冻库第二天使用，肉类过秤标明斤两后存入冰柜上锁管理；调料等购回先入库，当天用当天领，如有剩余再交回库房管理

资料来源：笔者自行调研统计。

表2　兄弟行食堂食材采购及管理特色

	河南	福建	四川
实惠	要求供应商以郑州万邦农贸市场（全省最大农产品物流基地）大宗批发价为基准，进行比例报价，开承诺实际供货价比自身门市价的优惠比例，作为后期供货的计价依据	每15天更新食材报价，确保采购价格比大型超市优惠10%～20%	每周五甲、乙（供应商）双方进行询价后记录，乙方结合成都市居民价格服务公益平台（蓉价网）进行低于市场报价，经甲方确认后作为当月结算单价
品质	明确"米、面、油、肉"等品牌和规格，要求投标方按照既定品牌和规格进行投标，并提供样品及绿色、安全、有机证明材料，作为评审打分的依据	蔬菜、水果均为绿色优质，粮食类产品均为上年丰收的农作物，非转基因，油料、调料均为知名品牌产品	蔬菜、水果尽量选用当季、当地产品，粮食需提供质检证明，油料选择省级和国家级知名品牌

	河南	福建	四川
新鲜	对投标方的配送及时性要求、食品绿色溯源保障体系、先进物流配送方式（如"互联网+"），作为评审打分的依据	订单式采购，冻品、大米和干货等每周采买，冷鲜每天采买，早六点送货，生鲜食材日采日清	蔬菜、肉类均当天购买当天使用，如有剩余，第二天使用

资料来源：笔者自行调研统计。

三、三里河办公区食堂食材采购管理的实践

（一）食材采购管理模式的创新实践

三里河办公区食堂食材采购先后经历了自主采购模式、指定配送模式、集中采购模式三个阶段。"指定配送"模式虽然减轻了自主采购模式下工作人员的部分工作内容，但基本采取个体商户配送方式，缺少市场竞争，再加之个别供应商内部管理存在问题、资质不高，造成质价不符现象时有发生，食材安全难以把控。在此种背景下，经过充分借鉴兄弟行经验，单位食材采购也由"指定配送"模式转向"集中采购"模式，结合单位自身特点与需求探索出一套"集中采购、规范程序、严格操作、统一配送"食材采购管理模式，对食堂食材供应商进行公开采购并确定供应商库，使整项工作处在公平、公开、公正、充分竞争、安全可控的状态。

1. 采购准入环节创新

整个采购模式（见图1）创新性地分两轮进行。首先，由会计、后勤、工会、内审、宣传群工部等七部门组成的食材采购小组共同对九家报名的供应商进行资质评选、实地考察，确定部分入围供应商。其次，采取零星采购方式对入围的五家供应商在调研的基础上进行评审筛选，根据评标细则最终确定两家供应商作为我行食堂食材配送单位。创新性地开展择优淘汰过程，对供应商选择不仅是入围资格的选择，更是一个连续的可累计的选择过程，由第一轮确定的两家供应商分别配送食

材，考核小组成员不定期参与对食材质量抽检。最后，根据"货源组织、质量保障、配送服务、价格执行、财务对账及时"等考核细则进行综合评定，得分最低供应商将被淘汰。

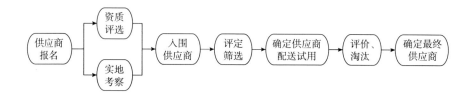

图1　食材集中采购模式

资料来源：笔者自绘。

2. 配送报价环节创新

主要通过三项创新来加强供应商配送报价环节。一是定期报价，供应商在配送月份前 15 天，向我单位单独报价作为配送当月食材价格参考，如有疑义价格须作出合理解释，并按采购人员市场调查结果进行更正；二是按需采购，外包餐饮公司制作出菜谱并列出采购清单，后勤食堂管理员根据用餐标准和每日预订量统筹安排每日采购的品种和数量，审核并下达采购订单；三是实时核价，后勤相关人员不定期走访农贸市场和查阅市场价格网进行食材询价，专人负责核对当天配送食材价格是否合理，一旦出现价格异常，立即通知供应商按市场价格进行调整。

3. 验收质量环节创新

质量是采购的重中之重。主要通过三项举措来保证质量验收环节：一是严格落实供应商责任制。供应商首先要通过自检，验收时，要求供应商提供相应农残检测报告及检疫合格证，若发现配送食材存在腐败、变质等情况，立即退回，若情节严重的，采购人员有权立即解除双方合作合同。二是严格查验菜品质量，由厨师长和库管员负责食材验收入库工作，关注质量（索票、索证）数量。三是在厨房门口设立专门的验货区，对每批配送食材进行过秤、价格比对和新鲜度等环节把控，验收区域作为"明厨亮灶"的重点区域，并安装探头进行全程监控。

4. 保管领用环节创新

食材保管领用环节是控制成本的关键一步。一是做好信息化管理，建立完善的进销存系统，实施从采购到出库全流程监督，确保食材出库量与实际消耗量相符。二是做好食材管理，生鲜食材入库后立即出库，无库存；冻品、大米和干货等保持一周的库存，由外包厨师按照每天使用量领取；油品、调料等保持一周库存，按 3 天使用量领取，确保食材新鲜。三是建立健全监督机制，不定期对库房进行抽查和监督，同时监督使用过程，对于食材边角料进一步加工，使其物尽其用，增加出成率，减少食材损耗浪费。

（二）采购模式创新的主要成效

经过一年多的运行检验，三里河办公区探索形成的创新性食材采购管理模式取得了预期成效。

1. 供应商选择更加科学，食材配送质量显著提升

采用集中采购的食材自采模式，通过集中采购，对供应商进行严格筛选和评估，重点考察供应商供货质量与及时性，确保供应商信誉较好，提供产品过硬，供货渠道可靠安全。从采购结果来看，有实力、有资质、有保障的供应商脱颖而出，入围了我单位食材配送定点单位。

2. 食材管控流程更加规范，人均每餐购菜成本明显回落

通过采取食材自采模式，避免中间商赚差价。经过改革创新，对食材采购流程进行全方位管控（见图2），一是根据定点供应商提供的食材品种和单价，优先选购物美价廉的时令蔬菜，结合食材品种和食材单价制定相应的菜谱。二是建立进销存系统，可实时清晰掌握食材的库存情况，食材出入库管理规范，极大程度降低了食材损耗。三是实施精细化成本核算，对食材采购的成本、单价、数量进行分析，适时调整食材的采购计划，并制定解决措施。据统计，2018 年三里河办公区食堂的就餐人数为 104165 餐次，经办公大楼修缮后回迁三里河办公区就餐人数为 113846

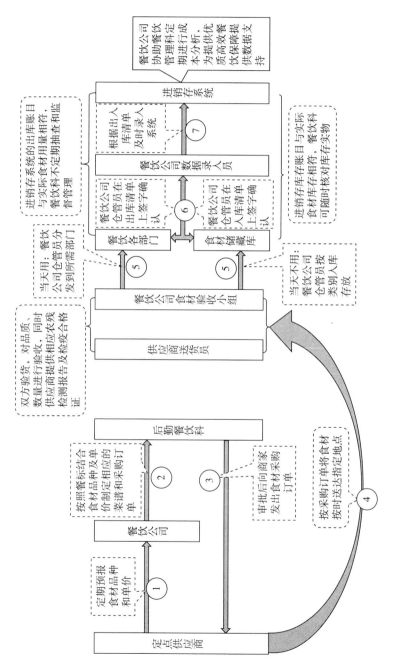

图 2　食材采购管控流程

资料来源：笔者自绘。

餐次，在不考虑物价变动因素情况下，2022 年三里河办公区食堂人均每天食材成本比 2018 年减少 2.22 元，同比下降了 7.53%。

3. 膳食搭配更加科学，食堂满意度不断提升

更多应季绿色新鲜的食材出现在餐桌上，食堂的膳食食材、菜品品种有了很大改善，菜品的营养均衡。一方面，三里河办公区餐饮服务满意度综合得分为 92 分，较改革前 85.71 分有明显提升。另一方面，通过对近两年职工体检疾病数据进行梳理分析发现，与生活方式相关的疾病发病率整体增幅呈下降趋势，2021 年高脂血症发病率较 2020 年降低了 20%，下降趋势明显，真正实现了从"吃得好"到"吃得健康"转变。

4. 采购程序更加透明，有效防范廉政风险

食材采购领域极易引发腐败现象，一直是我单位廉政风险重点布控领域和单位审计重点关注项目。改革后，通过集中采购、食材小组审评和淘汰机制，让采购程序更加公开透明，杜绝"个别人说了算"的现象。根据提前提供的食材品种和单价确定采购订单，使用进销存系统实时监管库存情况，规范的食材管控流程让资金使用和食材管理更加高效透明。

四、关于食堂食材采购和管理的建议措施

（一）严控供应商管理

1. 加强供应商的准入考核

应严格审核供应商的资质，实地考察其供货能力，对其产品的质量进行现场检验。对于使用量较大、采购额度较高的物资（如大米、食用油、面粉等），采用集中采购的方式来确定供应商。零星物资用量散、金额小、品种杂，可采用竞争性谈判或询价比价的方式进行采购。

2. 扩建供应商资源池

丰富的供应商资源池有利于供应商之间的良性竞争，保证供货的质量安全，降

低供应风险和采购成本。一是根据供应商地理位置平均分布选择，确保重大公共事件在某一地理区域发生时，有其他区域商家可用。二是要确保用量大的物资至少有三家商家入围，适时启用备选商家。三是零星物资供应商资源池扩建可到附近农贸市场、超市及网上寻找，满足应急采买需求。四是对审核通过供应商导入到资源池中，对其资质文件建档立案，并每年定期进行审核。

3. 完善供应商管理制度

与供应商建立良好的合作关系，建立考评机制尤为重要。一是在合作协议中明确双方的责任与权利，以及所承担的法律风险。二是完善供应商管理制度，严格供应商的评估、准入和维护标准，健全量化考评体系，根据供货期内提供的产品质量、成本、交货和服务等方面进行综合评价。三是建立与供应商定期的沟通机制，就供应商服务情况进行沟通交流，提出改进意见。

（二）加强验收环节的管理和监督

验收环节是否严谨关系到采购物资的质量问题，是确保饮食安全的屏障。一是制定各类食材可视化的验收标准，从产品包装、感官品质等方面进行严格规定，同时采用图文结合的方式对标准进行描述。二是建立外包公司、后勤、商家三方共同验收的工作机制。三是加强索票索证制度执行，关注票据项目、时间、结果。

（三）完善食材采购管理培训体系

采购和验收工作涉及国家法律法规、财务管理、物资质量要求标准等，对采购人员应定期进行培训：一是学习食品安全法律法规体系、食品安全行业操作规范、食堂自身制定的采购相关制度；二是定期进行廉政培训；三是了解易产生食品安全问题的食品原材料的品种，各类食材的验收标准，进货查验必须检查的项目。

（四）建立健全管理制度和监管体系

要及时修订食材采购管理相关制度，主要在制度中明确采购流程、验收标准、库存管理措施，确保采购过程和食材保管领用的规范性。建立协同共管机制，成立专门的督查小组，对日常采购、验收、出入库等过程的合规性进行监督检查，督促不良行为整改，对验收入库的物资定期进行抽样检验，确保食材安全。

（五）实施采购管理信息系统的智能化

在符合单位的实际业务模式的前提下，建立包括物资申购、生成采购订单、验收入库、物料出库和统计报表等各项环节的采购管理信息系统，形成一个有机、闭环、可追溯的流程，确保各环节信息流畅，能够及时了解当前需求和存在的问题，便于采购部门、食堂、财务部门进行数据统计分析，提高业务开展的规范性和高效性①。

---

① 马丽颖，孟童，郭亚新，邹健. 食堂采购供应链信息化建设方案与措施［J］. 食品安全质量检测学报，2017，8（1）：341-344.

提升内部审计对服务外汇管理改革政策的建议功能的研究

薛　铖　赵博文①

摘　要：近年来，国家外汇管理局及其分支机构不断深化外汇管理改革，有效缓解外汇管理领域的"三重压力"。为了促进外汇政策更好落地，审计部门不断完善政策跟踪审计方法，做好审计结果运用，充分发挥内部审计对外汇管理改革的建议功能，将传统合规性审计转向对宏观政策层面提供建设性意见，不断提升内部审计在服务外汇管理改革中的作用。

一、研究背景及现状

（一）研究背景

2021 年末召开的中央经济工作会议首次提出"我国经济发展面临需求收缩、供给冲击、预期转弱三重压力"。2022 年的政府工作报告再次强调中国经济仍将面临"三重压力"的挑战。国家外汇管理局推出一系列外汇领域改革举措，用改革的办法破解当前经济发展的"三重压力"。在此环境下，着力开展重大外汇政策落实情况跟踪审计，持续关注重大外汇政策措施的贯彻落实力度和执行效果，及时提出加强监管和改进政策的意见建议，具有重要的现实意义。

（二）研究意义

2022 年的《政府工作报告》把三重压力列为当前需要应对的主要问题和挑战，

---

① 薛铖、赵博文：供职于中国人民银行北京市分行外汇综合业务处。

注：本文仅为调研组学术思考，与供职单位无关。

探索化解三重压力的有效方式和路径，已成为当前的一项重要任务。面对新问题、新形式，国家外汇管理局的内审部门，一方面需要做好积极实施和探索国家重大政策措施贯彻落实情况跟踪审计，做好审计结果运用；另一方面需要将传统合规性审计转向宏观政策层面审计，总结提炼内部审计在应对新的外汇管理风险挑战方面的有效路径、创新经验和做法。

二、北京地区外汇管理主要试点政策和现有审计方法

（一）资本项下试点政策和措施

国家外汇管理局北京市分局于 2022 年 4 月 6 日印发《北京地区深化资本项目便利化改革试点政策实施细则》，有六项便利化改革试点政策落地实施（见表1）。

表 1　北京地区资本项目便利化政策细则

政策名称	实施时间	相关文件	政策重点
简化合格境外有限合伙人（QFLP）制度外汇管理			对 QFLP 流入规模实行余额管理等
简化境内公司境外上市外汇登记管理			允许北京地区境内公司境外上市业务由银行直接办理
简化境内上市公司外籍员工参与股权激励计划外汇登记管理	2022 年 4 月 6 日	京汇〔2022〕12 号	允许北京地区上市公司外籍员工参与股权激励计划登记业务由银行直接办理
扩大跨国公司本外币一体化资金池试点范围			扩大跨国公司本外币一体化资金池试点范围
扩大外债一次性登记试点范围			外债一次性登记试点范围扩大至北京自贸区
简化外债账户管理			允许北京地区非金融企业多笔外债共用一个外债账户

资料来源：笔者自绘。

中关村国家自主创新示范区核心区外债宏观审慎管理试点政策最早于 2015 年 3 月开始实施。2016 年，基于中关村等地区外债试点的良好效果，中国人民银行、国家外汇管理局将外债宏观审慎试点政策在全国范围推广。2017 年，在宏观审慎政策的基础上推出了中关村外债便利化政策，支持科创企业发展。2018 年，国家外汇管理局北京市分局在中关村国家自主创新示范区升级外债便利化政策并配套实施资本项目收入结汇支付便利化政策。2020 年，在中关村二次升级外债便利化政策，开展一次性外债登记试点和外汇管理改革试点。2022 年，外债一次性登记试点范围扩大至北京自贸区。

（二）经常项下的试点政策和措施

在贸易投资便利化方面，一是将货物贸易外汇收支便利化试点业务扩大至服务贸易外汇收支。二是在全国率先落地承包工程企业境外资金集中管理。三是取消企业辅导期报告。四是指导辖内银行严格落实企业自主决定是否开立出口收入待核查账户的政策。

在个人外汇业务便利化方面，一是进一步优化《个人购汇申请书》的填报项目和填报方式，提高填报效率。二是对留学购付汇、薪酬结售汇等具有连续性、周期性的业务，优化在同一银行再次办理的流程，避免重复提交材料。三是要求银行建立个人经常项目特殊外汇业务处置制度，对于"不常见、难判断"的个人真实合法经常项目外汇业务，按照"实质重于形式"的原则来办理。

（三）便利化政策审计方法

目前，外汇便利化政策审计主要关注被审计单位采取了哪些手段，取得了什么结果，有关要求和目标有没有达到。审计人员主要采取以下两种方法展开审计：一是审阅法、调查问卷或是访谈法进行信息收集。主要调阅便利化的有关文件、政策操作流程和内控制度等相关资料。通过问卷调查或访谈外部单位，了解政策执行是否真正给涉汇主体带来便利。二是信息分析评价方法。通过比较分析将收集到的内外部数据、指标等进行综合分析，衡量分析分支局便利化政策行政效率，是否给银行和涉汇主体带来时间效益或成本效益（见表 2）。

表 2 便利化政策执行评价

项目			审计指标内容	审计方法	审计评价
政策传导	人员胜任能力	岗位人员培训情况	参加上级组织的业务培训、自行开展培训情况	调阅相关培训资料	好/一般/差
		岗位人员业务素质	岗位从业人员对业务熟悉程度	通过问卷调查相关管理人员掌握的相关情况	
		外界人员评价	当地银行、企业等对国家外汇管理局工作人员整体业务能力的评价	向银行、企业下发问卷调查	
	政策传导效果	政策培训覆盖面	覆盖率是否全面覆盖	调阅培训资料	
		政策宣传情况	是否举办政策宣讲会、是否到银行、企业进行宣传	调阅相关宣传资料及下发调查问卷	
		外界人员评价	当地银行、企业等对国家外汇管理局开展政策宣传、培训的积极评价	调查问卷	
	新政策反馈	信息调研报送	是否及时开展调研并反馈政策实施效果	调阅相关调研材料，向上级局主管部门了解情况	
		信息调研采用	信息调研被上级局采用情况	上级局信息调研刊用情况	
	地方政府认定	表彰批示	获表彰、奖励、批示、表扬等情况	相关文件、证书或批示件等	
综合评价：分（总分100）				评价等级：	

资料来源：笔者自绘。

三、内部审计发现政策落实的难点及问题

（一）便利化政策"政策补丁"较多

近年来，国家外汇管理部门不断修订外汇管理改革政策，有很多政策都是通过

"政策补丁"的方式，对现有政策进行全部或局部修正，甚至在一个"补丁"内部还嵌套了若干个局部性的"补丁"。在以往问卷调查中发现，个别银行由于未能及时根据"政策补丁"变更业务办理制度依据，出现了政策错误的问题，严重影响便利化政策的落地。

（二）个别试点改革政策配套工作有待提升

便利化政策的落地同时需要做好政策宣传、解读、培训、信息系统升级等各种配套工作，例如外债便利化政策中，外汇管理部门已将离岸外债非资金划转业务备案权限下放至银行，但是离岸外债信息无法被资本项目信息系统采集，企业需频繁到外汇局办理非资金划转业务，极大地增加了企业的行政审批成本和脚底成本，信息系统升级的不及时，严重影响了该便利化政策的落地。

（三）对银行端政策传导情况审计不够深入

当前，外汇管理便利化政策审计方式主要延续传统内部审计模式，采取"内部审计+问卷调查"的方式，对政策效果开展评估。便利化政策权限多下放至银行，导致了审计部门只能关注外汇局对银行的指导情况，无实际条件深入银行开展审计检查，且鲜有银行在问卷中反馈政策问题，导致难以了解市场主体对相关外汇管理政策的可得性及满意度。

四、政策建议

（一）制定外汇便利化政策制度指南

随着外汇领域改革的不断深化，较多便利化政策通过对现有外汇政策采取打"补丁"方式进行修订，建议对各个业务条线的政策进行梳理，根据最新政策制定相关外汇政策制度指南，便捷市场主体办理外汇业务。

（二）打通外汇便利化政策"最后一公里"

制定外汇改革政策过程中，一是要加大对银行和企业的培训和调研力度，杜绝外汇便利化政策"上热下冷"，及时了解便利化政策对企业业务的潜在影响。二是要完善支持政策实施的金融科技基础设施，通过线上渠道办理业务，减少企业的脚底成本。三是在外汇改革政策发布后，要多渠道、不定期地与银行和企业进行沟通，及时发现外汇改革政策中存在的问题。

（三）建立联合审计机制，适当引入第三方审计

建立外汇管理部门和银行的联合审计机制，针对政策中已将业务权限下放至银行的业务，协调银行内部审计部门，从外汇局端及银行端就政策落实情况同时开展审计，提高审计效果。同时，适当引入第三方审计，弥补了内部审计中专业性不够、人手短缺、时间仓促以及碍于情面审计不到位等诸多问题，进而提高审计的质量。

金融部门实现自身运营碳达峰目标的规划思考

王羽涵①

摘　要：目前，西方国家出现通过碳排放构建新的服务和贸易规则的态势。2022年6月22日，欧洲议会高票通过了关于建立碳边境调节机制（Carbon Border Adjustment Mechanism，CBAM）草案的修正案，迈出了碳关税贸易体系立法程序的重要一步。我国作为世界主要工业国之一，已经建立了较为完善的产业链和较为完整的产业门类，并在新能源技术上具有领先优势。金融部门作为支持实体经济碳达峰碳中和的重要助推器，其平衡好自身碳减排与金融业发展间的关系，提前筹划自身运营的碳达峰路线图，具有较强的现实意义。

一、基于用能权和碳排放权的碳达峰施策组合

（一）我国碳排放达峰的数值模拟

限于检测技术和大气环流的影响，当前没有直接测量一国全口径碳排放量的仪器和手段。学术界通常采用工业部门煤炭、石油等化石能源消费量来测算碳排放量，或者通过GDP与碳强度（单位国内生产总值CO_2排放量）的乘积来测算碳排放量。但无论哪一种测算方式，都无法得到精确数值，相关结果更多的是表现出一种数值趋势和范围。

---

① 王羽涵：供职于中国人民银行北京市分行后勤服务中心。
注：本文仅为调研组学术思考，与供职单位无关。

在碳排放碳达峰数值预测的研究中，国内外学者通过构建预测模型和设置情景来模拟分析不同情景下我国实现碳达峰目标的时间和峰值水平，普遍预测 2030 年我国碳排放峰值平均在 110 亿吨左右。

总部设在美国的 NGO（非政府组织）世界资源研究所的数据显示，我国 2018 年碳排放数值为 96.63 亿吨。英国石油公司发布的《BP 世界能源统计年鉴 2021》显示，2020 年我国碳排放数值为 98.99 亿吨。据此推测，到 2030 年实现碳达峰目标前，我国各行业仅有约 10% 的碳排放增量空间。

（二）我国实现碳达峰目标的产业调控框架

研究经济增长模型，必须要考察稀缺生产要素的配置情况。随着我国经济的快速发展，稀缺生产要素从农耕时期的"人口"、工业化时期的"人口+生产线"、世界工厂时期的"土地指标"变化为与碳排放直接相关的"能耗指标"，具体表现为由发展改革部门审批的调控能源入口端的用能权和由生态环境部门审批的调控能源出口端的碳配额和碳排放权，由此构建了以用能权和碳排放权为手段的调控框架。

在国务院提出深化"放管服"改革和优化营商环境的背景下，中华人民共和国国家发展和改革委员会（以下简称发改委）已将调控方式由审批制向核准制和备案制转化。但在 2021 年 9 月，由发改委出台的《完善能源消费强度和总量双控制度方案》强化了节能审查下的窗口指导，其中能耗 5 万吨标准煤以上的高能耗高排放项目由发改委会同有关部门执行，能耗 5 万吨标准煤以下的高能耗高排放项目由各地区具体执行。对新建项目而言，节能审查将是碳达峰背景下产业调控的施策重点。2030 年，我国全产业碳排放量峰值即将确定，约 10 亿吨（预测值）碳排放的用能权将是后续各产业、各地区最为稀缺的生产要素。

2020 年 12 月，中华人民共和国生态环境部以部门规章的形式颁布了《碳排放权交易管理办法（试行）》（第 19 号），明确了重点碳排放单位的碳配额分配，碳排放额清缴等内容。重点碳排放单位超配额排放 CO_2 的，将被给予一万元以上三万元以下的罚款。鉴于部门规章设定罚款的限额在三万元以下，可以预计在相关规则上升为行政法规或法律时，罚款金额将大幅增加。

2021年9月，中共中央、国务院印发了《关于完整准确全面贯彻新发展理念做好碳达峰碳中和工作的意见》，提出"依托公共资源交易平台，加快建设完善全国碳排放权交易市场，逐步扩大市场覆盖范围，丰富交易品种和交易方式，完善配额分配管理。完善用能权有偿使用和交易制度，加快建设全国用能权交易市场"。存量项目确定的初始用能权和碳配额，在后续的产业升级和技术改造中核减的部分，可以在专业化市场买卖交易。除直接交易外，也有金融机构开始探索接受用能权、碳排放权的质押贷款。

可以预计，用能权和碳排放权交易的全面推行将催生新的经济发展模式，把"绿水青山就是金山银山"的理念落到实处，以市场机制推动实现碳达峰碳中和。

二、碳达峰政策对金融部门的影响

（一）碳达峰政策对中央银行自身运营的影响

碳达峰政策对人民银行履职的影响主要体现为两种不匹配：

一是央行生产服务职能与能源消耗定额标准的不匹配。行政机关普遍不承担生产和服务性职能。按照《中华人民共和国人民银行法》等有关规定，中国人民银行分支机构除具有行政机关通常的行政许可、行政监管、行政执法等职能外，还依法从事金融业务、开展金融服务。中国人民银行北京市分行承担着货币发行、钞票处理、票据清算等职能，这些职能的履行与日常办公职能相比，能源消耗巨大。2021年颁布的国家标准的《中央和国家机关能源资源消耗定额》中未对生产和服务职能作出特别规定或能耗定额豁免。伴随相关职能自动化、信息化改造升级的推行，中国人民银行分支机构的能源消耗审计压力持续增长。

二是央行生产服务职能与碳排放配额分配的不匹配。中国人民银行分支机构普遍获得的碳排放配额不足。当前生态环境部门会同统计部门每年公布重点碳排放单位和一般报告单位名单，其中对行政机关不作豁免处理。中国人民银行分支机构如被纳入重点碳排放单位后，则可能需要额外购买碳排放额用以清缴。

（二）碳达峰政策可能加剧金融行业分层

银行业金融机构是我国金融机构的主体，按照 2022 年 3 月原银保监会公布的数据，截至 2021 年末，银行业金融机构法人共计 4602 家，其中包括 6 家国有银行、12 家股份制银行、128 家城商银行、19 家民营银行、3 家政策性银行、3886 家农村中小金融机构、1 家住房储蓄银行、41 家外资法人银行以及 506 家银行业非银金融机构，行业分层现象严重。

2021 年 7 月，北京市发展和改革委员会（以下简称北京市发展改革委）公布了《关于印发进一步加强数据中心项目节能审查若干规定的通知》，明确了北京市将对新建、扩建数据中心项目进行更严格的审查（年能源消费量大于等于 3 万吨标准煤的项目，PUE 值不应高于 1.15），对能源使用效率（Power Usage Effectiveness，PUE）超过标准限定值的数据中心执行差别电价政策。2022 年 5 月，北京市发展改革委、北京市经济和信息化局联合发布了《北京低效数据中心综合治理工作方案》，提出逐步关闭年均 PUE 高于 2.0，或平均单机架功率低于 2.5 千瓦，或平均上架率低于 30% 的功能落后的备份存储类数据中心。

除国有大行和股份制银行外，绝大多数银行业金融机构在金融科技、大数据中心建设等方面尚处于起步阶段。"双碳"政策提高了新建金融科技项目的门槛，可能导致中小银行业金融机构与大型机构产生"代际"差距，在金融业价值链中长期处于低端位置。

三、金融部门实现自身运营碳达峰目标的政策建议

强化金融业碳达峰顶层设计，优化金融产业结构。研究依托《中华人民共和国节约能源法》，联合国家发改委制定部门规章或规范性文件，明确中国人民银行负责统筹为金融机构自有项目的节能审查先行提供指导性意见和产业调控。对新建和改建的金融基础设施、大数据中心、印钞造币衍生品、钞票处理等高能耗项目，在

报请发展改革部门进行节能审查前，应由中国人民银行总行或省级分支机构，按照国家金融业发展布局和产业规划提供审查意见函。协调发展改革部门为中小金融机构自身运营和金融科技发展预留能耗指标，进一步优化金融产业结构，加强我国金融业的国际竞争力，维护金融系统的整体稳定。

推出中国人民银行系统省级区域的"公物仓"试点。中国人民银行适时在省级区域内启动"公物仓"试点，对试点省份的系统内单位长期低效运转、闲置、超标准配置的资产，在所有权暂不变更的情况下，进行使用权调换，推进国有资产共享调剂使用，减少重复购置产生的资金浪费和碳排放。按照国家机关事务管理局展示的"公物仓"经验，"公物仓"分为虚拟仓和实体仓。虚拟仓即公物仓信息管理系统，具备基础信息录入、信息发布、数据分析和资产入仓退仓、调剂使用等功能，实现全流程管理业务在线办理。实体仓可利用目前闲置的系统内培训机构场地，完成进仓物资的存放。

鼓励金融部门设立碳资产管理部门。最高人民法院在《关于新时代加强和创新环境资源审判工作为建设人与自然和谐共生的现代化提供司法服务和保障的意见》中，明确了碳排放权、碳汇、碳衍生品等涉碳权利具有法律属性。中国人民银行系统可以依托现行的节能减排工作体制，在省级分支机构设立碳资产管理中心，统筹开展省域内直属机构和分支机构的碳排放统计核算、盘查等工作，并且积极探索参与碳排放交易。金融机构也可按照公司决策流程自主设立相应的碳资产管理部门。

关注用能权和碳排放配额，做好人民银行系统碳达峰工作。积极探索中国人民银行系统用能权初始配额管理，充分调研用能权有偿使用和交易试点的浙江省、福建省、河南省、四川省四省的用能权初始配额分配和交易制度，为中国人民银行生产类、服务类职能单位申请初始用能权和平价用能权积累经验。对2030年前亟须完成的关键金融基础设施升级改造等项目规划先行，积极对接省级发展改革部门，在能源消费总量控制目标的"天花板"下，保障央行履职用能。

浅谈中国人民银行京津冀区域联防协同机制

李晓玲　李怡瑶　张　伟①

摘　要： 为顺应我国"京津冀协同发展"的战略需要，落实中国人民银行在京津冀区域安全保卫工作的相关要求，中国人民银行北京市分行、天津市分行、河北省分行共同建立了中国人民银行京津冀区域联防协同机制（以下简称联防协同机制）。自联防协同机制建立以来，三地分行积极开展信息共享、情报预警、协同联动，整合区域力量，形成整体合力，在维护以首都为核心的京津冀区域的人民银行安全稳定方面发挥了积极作用。

一、联防协同机制的必要性分析

（一）从国家层面来分析

1. 北京市的重要性既是机制建立的出发点，也是落脚点

习近平总书记对首都社会治理工作高度重视，发表了许多重要论述和指示。习近平总书记强调，建设和管理好首都是国家治理体系和治理能力现代化的重要内容。北京要进一步做好城市发展和管理工作，在建设首善之区上不断取得新的成绩。作为14亿人口大国的首都，北京具有特殊重要性，首都的安全稳定在全国社会稳定大局中具有特殊重要意义，首都稳则全国稳。因此，必须将首都安全稳定各

---

① 李晓玲、李怡瑶、张伟：供职于中国人民银行北京市分行保卫处。
注：本文仅为调研组学术思考，与供职单位无关。

项工作放在重要位置，始终坚持首都意识、首善标准和"细致、精致、极致"作风，做到守土有责、守土负责、守土尽责，有效化解影响首都安全稳定的各种风险，统筹做好首都安全稳定的各项工作，确保首都社会大局的和谐稳定。

蔡奇同志在担任北京市市长时经常对首都安全工作进行强调，"首都的安全稳定再怎么强调都不过分""首都北京处在维护国家安全的最前沿""北京作为首都，做好安全生产工作极端重要、责任重大"。蔡奇同志曾强调，我们肩负着为党中央站好岗、放好哨的重大政治责任，保北京就是保首都、保卫党中央。北京作为首都，各项工作具有代表性和指向性。北京作为日益走近世界舞台中央的大国首都、超大型城市，又处于转型发展的关键期，因而其发展面临着诸多方面风险，是各类利益和矛盾的聚集地，是各种思潮的交汇地，要坚决扛起防范化解重大风险的政治责任，维护首都安全稳定。

我们要深入学习领会习近平总书记重要讲话精神，切实增强"四个意识"、坚定"四个自信"、做到"两个维护"，发扬斗争精神，树立底线思维，自觉维护首都的安全稳定。联防协同机制的中心任务就是确保首都及环首都地区的人民银行整体安全，从而，保障首都金融安全稳定和经济快速发展。

2. 京津冀协同发展既是联防协同机制建立的历史机遇，也是现实选择

何谓历史机遇？党的十八大以来，以习近平同志为核心的党中央高度重视和强力推进京津冀一体化发展，并做出一系列重要指示。2015年6月，中共中央、国务院印发实施的《京津冀协同发展规划纲要》是推动京津冀协同发展的纲领性文件。2020年10月，党的十九届五中全会审议通过了《关于制定国民经济和社会发展第十四个五年规划和二〇三五年远景目标的建议》，其中提到推进京津冀协同发展，推动形成更加紧密的协同发展格局，提升区域协调发展水平。作为习近平总书记亲自谋划、亲自部署、亲自推动的一项重大国家战略，京津冀协同发展寄寓着总书记对全国发展大局的战略考量。近年来，京津冀区域创新发展成果显现，协调发展稳步推进，共享发展让群众受益，这一切为我们开展京津冀区域联防协同工作注入了强大信心和动力。

何谓现实选择？随着京津冀城市群的联系愈加紧密，潜在风险也不可避免地随着人口、资源的转移在城市之间不断流动，"属地分割、各自为政"的公共安全管理机制显然与协同发展理念不相适应。为此，三地应急管理部门陆续签署了《京津冀应急管理工作合作协议》等文件，建立了联席会议、合作交流和联合应急指挥等机制。但在实际工作中，依然面临着一系列突出问题，如应急联动指挥机制的参与主体协同不足、队伍资源整合碎片化、保障支撑缺乏长效机制等。这些现实情况，让我们对京津冀区域的人民银行安全保卫工作有了全新的审视和思考。

（二）从履职层面来分析

1. 做好本职工作，保障首都地区现金供应

确保现金充足、及时供应是防范化解金融风险、维护国家金融安全与稳定的一项重要工作，北京的现金供应工作更容不得丝毫马虎。从地理位置上看，北京被天津、河北紧紧包围，随着京津冀一体化的推进，保障环首都地区现金供应的重要性愈加凸显。首都与环首都地区的各项安全要求和工作标准应当统筹考虑，从而发挥"外圈保内圈、内圈保核心"的重要作用。这必然需要中国人民银行在现金调运方面探索建立具有快速响应、协同联动特点的工作机制，从而发挥整体合力，防范押运风险，提升突发事件的应急处置水平，更加安全、高效地完成每一次现金调运任务。

2. 贯彻新发展理念，守护京津冀安全稳定

随着我国步入经济社会转型期，社会利益关系日渐复杂，维护首都安全稳定工作面临着许多新问题、新挑战。2017年4月，习近平总书记在主持学习时强调，金融安全是国家安全的重要组成部分，是经济平稳健康发展的重要基础，维护金融安全是关系我国经济社会发展全局的一件带有战略性、根本性的大事。中国人民银行必须以高度的政治自觉和责任担当，坚持"下先手棋、打主动仗"，坚决把金融安全问题预见于未发之时、解决在萌芽之中，做到万无一失。在总体国家安全观指引下，我们积极贯彻落实全面安全、共同安全、合作安全的理念，通过建立以信息共

享机制、情报预警机制、协同联动机制为基本内容的联防协同机制，促使保卫管理工作从坐享情报的被动型防御向以情报收集研判为指导的主动型防御转变，在自身职责范围内最大限度地为筑牢首都安全稳定屏障做出贡献。

3. 具备实践基础，有利于提升区域整体安全工作水平

近年来，在中国人民银行货币金银局（保卫局）的指导下，三地人民银行精心谋划、统筹安排、密切配合，已经在发行基金押运、维护地区稳定、上访应急处置等方面形成了协调机制，为区域联防协同机制奠定了实践基础。一是三地多次联合开展应急演练。2019 年 7 月，中国人民银行北京市分行会同中国人民银行河北省分行组织了汽车长途押运应急处置演练。二是积极与属地公安部门建立信息共享与应急响应机制。2019 年 11 月，中国人民银行承德市分行在执行"承德—石家庄"运钞任务时，途经北京检查站受阻形成僵持，中国人民银行北京市分行第一时间启动应急预案，迅速联系市内保局妥善解决。三是在重要敏感时期实行"日报告"制度。全国两会、国庆期间，三地人民银行每日互通互联驻地安全保卫情况，有效地防范化解了突发事件和群访事件。

综上所述，联防协同机制围绕着信息共享、情报分析、整合力量，大力推进区域安全保卫一体化，变被动防御为主动防御，是贯彻落实党中央、国务院重大决策部署的必要举措，对共同保障首都及环首都地区政治安全和经济社会稳定具有重大意义。

二、联防协同机制的难点分析

（一）安全要求高

首都工作无小事，一举一动都是在"聚光灯""放大镜"下开展，安全、稳定是压倒一切的政治任务。同时，首都地区每年召开的重大会议、庆典及活动较多，除去全国两会，2019 年以来就有新中国成立 70 周年、中国共产党建党 100 周年庆祝活动、北京冬季奥林匹克运动会（以下简称冬奥会）等大事。但"逢会必闹"

"逢喜必扰"一直是境内外敌对势力的一贯伎俩,因此,北京面临的政治安全风险更加敏感、更加直接。同时,涉众维稳风险、公共安全风险相互交织叠加,导致北京及周边地区安保形势更加严峻,做好安全稳定工作要求更高、任务更重。

(二) 参考对象少

实践中,京津冀协同发展主要涵盖交通、生态、产业发展、公共服务、城市人口、科技创新等方面,但单独针对安全方面的联防协同案例少之又少。可以说,联防协同机制不仅在中国人民银行范围内是"零的突破",在金融系统乃至全国范围内也是先行者。2020 年 5 月,全国货币金银和安全保卫工作会议提出"探索建立京津冀区域联防协同机制"的任务要求后,为了确保联防协同机制的专业性和可行性,三地人民银行成立联合调研组,多次通过视频会议、电话等方式进行交流讨论,历经半年时间广泛开展调研工作,包括海量研阅安全保卫相关专业学术资料和历史文献;邀请中国公安大学多位教授进行辅导;实地走访中国银行总行、中宏网等单位;与招商银行、光大银行、大兴国际机场等单位保卫部门现场座谈,充分调研和交流大数据、人工智能等技术在情报收集、分析研判、行动指挥等领域的应用。最终成功建立了以"总体国家安全观"为指导思想,以"信息共享、情报预警、协同联动"为核心要求的联防协同机制。

三、联防协同机制的实践成果

(一) 有效保障了京津冀地区现金供应

通过建立健全突发事件应急预案,强化协同处置实战演练,有效地提升了三地人民银行在发行库守卫、发行基金押运、库区安防管理等方面的风险防控与危机处置能力,从而发挥整体合力,防范押运风险,提升突发事件应急处置水平,更加安全、高效地完成每一次现金调运任务,共同保障京津冀区域现金充足、及时供应。

(二) 有力维护了京津冀地区金融稳定

通过开展安全隐患排查、社会信息监测、情报分析研判等工作,发现可能影响中国人民银行安全和金融稳定的苗头倾向，第一时间互通信息，统筹协调，及时消除不稳定因素。

（三）成功建立了区域联防协同平台

基于联防协同机制丰富的实践经验，于2021年12月建成了"中国人民银行京津冀区域联防协同平台"，现已正式运行。该平台能够实现区域安全保卫资源的有效整合、情报信息的专递专享、预警与应急的闭环监测，并且还将继续开发完善情报信息的海量获取、精准抓取和智能研判功能，推动区域联防协同工作提档升级。

中国人民银行京津冀区域联防协同机制对中国人民银行及金融系统其他单位探索开展区域间的联防联控工作具有一定的借鉴意义，有助于抓好风险源头防控，破解"孤岛效应"难题，变被动防御为主动防御，更高质量地服务首都及环首都地区的经济发展，维护区域金融稳定大局。

关于《工会预算管理办法》的认识与思考

李梦圆①

摘 要： 由中华全国总工会办公厅颁布的新《工会预算管理办法》（以下简称《办法》），自 2020 年 6 月 1 日起由各级工会组织开始执行，而 2009 年颁布的《工会预算管理办法》予以废止。新《办法》的实施，高度契合了新形势下工会工作内容和方向的发展变化，为各级工会开展预算管理工作提供了更加科学、合理的政策依据。中国人民银行工会随之印发了《中国人民银行工会预算管理办法》，促进了《办法》在人民银行系统的落实。结合自身实际，我们制定了《中国人民银行营业管理部工会预算管理办法》，为工会预算管理工作的开展提供了有力抓手。本文通过对总工会所颁布《办法》的意义和内容进行分析，借鉴总工会在工作中落实《办法》的具体实践和成效，由此提出关于加强央行工会全面预算管理工作的思考。

一、《办法》出台的背景和意义

随着总工会财务预算管理的不断推进，十余年前颁布的原《办法》已无法适应工会预算管理的工作需要，特别是 2014 年《中华人民共和国预算法》修订以后，对总工会预算管理提出了更多新要求，因此急需对原管理办法进行修订完善。

---

① 李梦圆：供职于中国人民银行北京市分行工会办公室。
注：本文仅为调研组学术思考，与供职单位无关。

一是贯彻落实党的十九大和党的二十大精神的客观需要。党的十九大报告对新时代坚持和完善中国特色社会主义重要制度进行了全面部署，党的二十大报告进一步提出了以制度建设为引领和推进中国式现代化的要求。作为全国总工会财务管理制度体系的重要组成部分，《办法》的修订对进一步健全完善工会财务管理制度体系、提高工会系统财务管理水平具有重要作用。

二是落实《中华人民共和国预算法》的客观需要。《中华人民共和国预算法》（以下简称《预算法》）是规范国家预算行为的基本法律制度，包括总工会在内的各级党政机关、事业单位、社会团体的预算行为都必须遵循《预算法》。全国人民代表大会于2014年和2018年分别对《预算法》进行修订，因此有必要按照新要求，充分借鉴财政预算管理的先进理念和成熟做法，对工会预算制度予以完善。

三是将总工会财务预算改革成果转化为制度的现实需要。近年来，全国总工会在实施全面预算管理、预算绩效管理、决算报告制度等方面进行了一系列改革。《办法》将这些经过实践检验，行之有效的改革举措上升为制度规定，使工会预算管理制度更加符合现实需要。

四是进一步提升工会预算管理水平的必然要求。当前工会预算管理中仍存在需要解决的问题和薄弱环节，其中既有一定主观原因，也有既往规定不够明确的客观因素。聚焦工会预算管理的薄弱环节和突出问题，新《办法》明确了预算管理的权限、程序和要求，有利于进一步规范总工会对预算的编制、审批、执行与监督，从而提升工会预算管理的整体水平。

二、新《办法》的内容与特点

新《办法》共分为八章六十七条，包括总则、预算管理职权、预算收支范围、预算编制与审批、预算执行和调整、决算、监督和法律责任、附则。修订后的《办法》有以下三个特点：

一是贯彻《预算法》修订精神并吸收财政预算管理和改革经验。修订后的

《办法》引入了"总预算""转移支付预算""预算稳定调节基金"等财政预算概念，采用政府收支分类科目，区分基本支出和项目支出，细化预算调整和调剂事项，深入贯彻了《预算法》，借鉴学习了财政管理的思路，进一步细化和规范了总工会预算管理制度，搭建起新时代工会预算管理的制度框架。

二是充分体现工会组织和工会工作的群众性特点。如修订后的《办法》第四条规定乡镇（街道）工会、开发区（工业园区）工会是否明确作为一级预算由各省级工会结合实际确定；第十九条至第二十一条对工会预算收入和支出范围的划分，充分考虑了工会业务活动的特点，并针对县级以上工会和基层工会的不同情况分别细化；第五十九条至第六十一条在制度上明确了财务监督、审查审计监督和国家审计监督，形成了具有工会特色的多层次立体预算监督体系。

三是完善制度顶层设计，为工会预算管理提供制度保证。针对部分基层工会单位因行政不能足额保障经费，而影响作用发挥的实际情况，本着实事求是的原则，《办法》第三十条明确规定，允许基层工会根据需要从严编制基本支出预算。考虑到各级工会在预算编制时无法精准确定上级拨入款项，也不宜频繁调整预算，因此，第四十八条规定各级工会因上级工会和同级财政增加，不需要本级工会提供配套资金的补助而引起的预算收支变化，不属于预算调整。

三、工会预算管理工作中的实践及成效

2022年7月，根据总行下发的《工会预算管理办法》，结合实际制定了《中国人民银行营业管理部工会预算管理办法》，自印发之日起施行。其规定更加明确、细致、具有可操作性，为工会预算管理工作提供了抓手和指南。在半年多的具体实践中，修订后的《办法》在进一步完善工会预算编制、规范预算管理等方面取得了一定成效，主要体现在以下几方面：

（一）明确沿用以往的预算编制、审批、执行、调整等要求

工会作为预算归口管理的职能部门，每年初会根据实际情况来编制年度收支预

算，经工会经费审查工作委员会审查后，由工会委员会审批，审批通过后及时报送总行工会备案。年内工会根据年度预算和用款计划安排支出，一经审批，原则上不再作调整。如遇规定的相关事项，可对预算进行调整且只能调整一次，调整程序按照编制的审批程序执行。严格控制不同预算支出科目、预算级次或项目间预算资金调剂，确需调剂使用的，提交工会委员会审议，审议通过后报总行工会备案。

（二）根据制度变化及时调整具体科目预算内容

2021年4月，新修订版的《工会会计制度》正式发布，新旧制度对会计收入及支出科目设置进行了一定调整。新修订的《工会会计制度》取消了"事业收入""事业支出"科目，增加了"附属单位上缴收入""对附属单位的支出"科目，将原来的"职工活动支出""业务支出"核算内容在县级以上工会和基层工会中区分不同科目使用。预算编制工作也据此做出相应的调整，将原本计入"业务支出"科目的劳动和技能竞赛活动支出、职工创新活动支出、建家活动支出、职工书屋活动支出等科目均纳入"职工服务支出"预算，避免科目的误用。

（三）进一步明确报送时点及预算调整等要求

《办法》关于年初报送预算及年中调整预算的时点规定更加明确，要求全年预算原则上应于当年2月20日前完成，并报给总行工会进行备案，预算调整时间原则上不得迟于当年的10月31日。同时，《办法》还明确了工会应做出预算调整的具体情形，即需要增加或减少预算总支出，以及需要调减预算安排的重点支出数额等，其他情况在当年初一经批准，原则上不再作调整。

2022年的工会经费收支决算的结果，较好地印证了《办法》的具体实践。2022年工会经费预算执行情况良好，年度结余仅0.4万元，实现了统筹兼顾、讲求绩效、收支平衡的预算目标，圆满完成了当年的预算任务。

四、关于加强央行工会全面预算管理的思考

《办法》第五章第五十一条指出，"县级以上工会和具备条件的基层工会应全

面实施预算绩效管理"。根据《中华全国总工会关于全面实施预算绩效管理实施意见》（总工办发〔2019〕25 号文印发），全面预算管理是指全方位、全过程、全覆盖的预算绩效管理体系，有利于实现预算和绩效管理一体化、提高工会资金的配置效率和使用效益。但目前各级工会人员配备相对薄弱、对于绩效管理的重视程度普遍不高，实施全面预算管理尚具有一定困难。如何在现有情况下，逐步建立实施全面预算管理的意识、方法和能力，本文结合我行具体实践总结出以下建议。

（一）深入了解工会全面预算管理的内容

将全面预算管理的理念融入央行工会工作，需要紧密联系实际，了解全面预算管理应包括的具体内容。在工作中，央行工会预算管理主要包括以下几类：一是业务预算，是指利用工会经费开展各类职工活动的预算，如"暖心工程"职工慰问、困难帮扶、文体活动、"职工之家"建设等，需要联系本年度常规工作和重点工作，将相关业务及经费收支情况进行量化。二是专门预算，如购置固定资产、无形资产的资本性支出预算等专项资金，或其他一次性专项业务发生的费用。这部分的预算一般数额较大、用途确定或比较重要，需要在执行过程中加强长期管控。三是财务预算，即对现金收支及报表情况的预算，是将业务预算和专门预算落实于纸面上，更侧重于用价值指标和数字形式进行衡量，需要对比前几年的经费收支情况，做出更科学合理的预算。

（二）不断探索开展工会全面预算管理的思路

一是加强与预算具体项目人员的沟通。每项预算的编制都应与具体工作相匹配，需要上下级反复交换意见最终协商一致，体现了预算管理交互性的特点。二是配备对预算全局性工作较为熟悉的人员。无论是零基预算还是增量预算，专业财务人员对预算的整体把控都不可或缺，尤其是在开展全面预算管理的初期。三是构建一个全流程信息系统。传统的单机版电子表格仅能做到收集和整理数据，各预算项目的执行、反馈和调整还需要更加强大的系统处理功能。四是探索使用绩效评价工具。如构思一个以提高工会资源使用效率的战略目标为核心的平衡计分卡工具，从财务、客户、内部运营、学习与成长四个角度来建立基本框架，将非财务指标引入评价体系，避免仅由数字评价带来的片面性。

（三）持续强化工会全面预算管理结果的应用

全面实施预算绩效管理工作，要强化绩效管理的组织领导，明晰责任，加强审计监督和考核应用。对于预算管理中得出的数据指标，要及时、定期、准确地进行统计分析，针对有代表性的、执行效率较低的、实际情况与预算差异较大的开展调查研究，关注资金使用质效，弄清预算执行情况高低的具体原因，做到有计划、有反馈、有提高。探索建立工会预算管理考核机制，系统工会可将各基层工会预算管理考核结果纳入常态化管理当中，必要时作为考核评价的相关依据，调动广大工会干部干事创业的积极性和主动性，提高对工会全面预算管理工作的重视程度，切实发挥好工会经费保障工会事业健康发展的重要作用。

干部职工压力与心理健康情况的分析及建议

李梦圆　王宇峥　陈　静　王鼎方①

摘　要： 为深入了解和掌握干部职工压力和心理健康状况，建立科学的心理健康促进方案，中国人民银行北京市分行于2022年初组织开展了干部职工心理健康测评，进一步了解干部职工当前心理健康水平，关心关爱职工身心健康，促进员工以昂扬的状态高质量履职。

一、测评情况概述

（一）测评的目的和意义

随着我国社会不断发展，心理健康工作的重要性逐渐凸显。国家卫生和计划生育委员会（以下简称卫计委）联合中共中央宣传部（以下简称中宣部）等22个部门出台《关于加强心理健康服务的指导意见》后，中国人民银行于2022年发布《中国人民银行分支机构员工健康管理暂行办法》，要求持续完善员工心理健康关爱和服务机制，对心理健康服务工作提出了新要求。

中国人民银行北京市分行党委高度重视干部职工身心健康，"关心关爱职工身心健康"连续多年被纳入党委重点推动工作之中。工会办公室每年都会开展压力与心理健康问卷调查，对干部职工的压力、心理健康状况、心理灵活性水平、工作生

---

① 李梦圆：供职于中国人民银行北京市分行工会办公室；王宇峥、陈静、王鼎方：供职于中国人民银行北京市分行人事处。

注：本文仅为调研组学术思考，与供职单位无关。

活满意度等进行全方位测评。

（二）测评方式

此次测评由工会办公室与中国科学院心理研究所联合开展，通过公务员压力与心理健康测评系统，采取在线问卷匿名调查的形式进行，共设计问题 86 道，主要调查职工压力来源、身心健康状况、应对资源状况、工作生活质量四个方面的问题，并增设了反映职工思想动态、社会交往和投资消费方面的题目。干部职工完成所有测评题目后，系统会生成各项评分并适时反馈相应建议，便于职工了解当前自身心理健康状况。

（三）测评对象基本情况

全行共计 600 余人参加了本次测评，根据问卷中设置的效度题答案对数据进行了剔除，最终得到有效数据 426 份[①]。从有效的被测评人员信息来看，数据呈现出以下特点：一是女性比例高于男性，约占总人数的六成；二是年龄结构以中青年为主，40 岁及以下占比接近 70%；三是文化程度较高，硕士及以上学历占比六成以上。

二、干部职工心理健康情况分析

（一）近九成干部职工总体压力水平处于中等及以下

测评考察了干部职工感受到的压力水平，结果表明：在 426 名干部职工中，有 132 人（占比 30.99%）感受到较低压力，有 248 人（占比 58.21%）感受到中等水平压力，有 46 人（占比 10.8%）感受到较高水平压力。与 2019 年测试数据相比，职工的总体压力感受有小幅度提升。测试进一步对压力来源进行区分，参与测评干部职工的工作压力主要来自于工作时间紧迫、任务量大等方面，生活压力主要来自于家庭经济状况、自身健康状况、子女教育等方面。

---

① 本文中提到的测评相关数据均来源于 2022 年初干部职工测试数据。

（二）干部职工焦虑及抑郁情绪相对较低

焦虑情绪不同于焦虑症，是指当遭遇心理压力和受到刺激时产生的负面情绪，表现为提心吊胆、紧张烦躁等。测评结果表明，91.31%的干部职工焦虑水平较低，没有明显焦虑感，心理状态良好；6.81%处于轻度焦虑水平；1.88%处于中度焦虑水平，注意力可能降低，但能够及时进行自我调整。

抑郁情绪是遭遇刺激和内在压力而产生的负面情绪，主要表现为情绪低落等。测评结果表明，逾九成干部职工的抑郁情绪处于中等及以下，大多数员工即使有一定抑郁情绪，也能够通过自我调节及时缓解，属于正常的心理波动。干部职工当下最烦心的事情主要集中在经济状况（占比45.16%）、健康状况（占比25.81%）及婚恋状况（占比9.68%）等。

（三）干部职工心理灵活性处于中高水平，心理调适能力较好

心理灵活性是衡量心理健康的重要指标之一，它关注人们如何对待自己消极的想法、情绪和记忆。心理灵活性包含接纳与解离、活在当下和价值与行动三个维度。"接纳与解离"评估个体对消极经验和不愉快情绪、想法及感受的接纳程度，以及能否让其自由来去而不陷入其中；"活在当下"评估个体做事的专注程度以及能否对所做事情保持觉察；"价值与行动"评估个体对自己的价值方向是否有清晰的把握并能够为之全力以赴。测评结果表明，综合三个维度，能够达到中高水平的员工占比98.12%，干部职工的心理调适能力整体较好。

（四）九成半干部职工对于工作的满意度处于中高水平，归属认同感较高

工作满意度包含对工作性质、与上级的关系、与同事或平级的关系、工作收入、晋升机会以及工作整体这六方面的评价。测评结果表明，中高等工作满意度水平的员工占比超过总测评员工的95%。针对提高工作质量的方法，参与测评的职工期望领导在工作中更多地了解员工的实际需要，加强对员工的培训与鼓励等。

三、关于构建心理健康服务长效机制的探索

关注员工心理健康状态，积极干预、及时处理发现的异常情况，是切实关心关爱职工、营造和谐工作氛围的有效举措。根据员工新情况、新问题，多部门协同强化员工心理健康管理，及时全面掌握员工动态，常态化会商、处置异常情况，有效疏解员工因情绪宣泄不当、心理压力得不到正确疏导等原因所产生的各方面问题。

一是及时摸清员工底数。自 2018 年以来，行内先后研究制定多项制度文件，将员工异常情况早发现早处置作为从严管理干部、关心关爱干部的重要抓手，在全行范围内常态化开展员工异常情况排查并形成长效机制，有效摸清员工的异常情况。依托党建工作部门建立会议机制、大监督工作机制、干部监督联席会议机制，多部门联动，及时掌握包括员工心理健康等在内的各方面异常情况，及时关注和妥善解决员工因遭遇疾病、家庭变故、受处理处分等原因产生的心理问题。目前，已基本实现对全行存在特殊情况员工的底数清、情况明，为提早发现倾向性、苗头性问题，早干预、早处置打下坚实基础。

二是建立积极的干预机制。在日常工作中，发现有员工因亲人过世，父母、孩子突发重大疾病等变故，短期内精神压力过大，进而引发焦虑、抑郁等情绪。初为父母的干部职工，除了社会经验和育儿经验不足外，照顾和教育子女的费用陡增，父母的陪伴和健康问题也占据一定的开支，导致心理压力显著提升等问题。中国人民银行北京市分行开展积极心理学课程，邀请清华大学和北京市广安门中医院的知名专家学者，面向全行员工做心理健康专题讲座，开展减压互动游戏，积极做好心理疏导。同时，加强健康管理与预防保健知识的宣传教育，定期组织员工进行健康体检，探索建立员工健康档案，加强对罹患重大疾病员工的关心关爱。

三是树立正确的心理健康意识。受传统认知影响，部分职工产生心理健康困扰后，担心因为出现心理健康问题，其工作能力将被重新审视甚至遭到质疑，即使察觉到心理存在不良信号，也会隐而不谈，较少主动寻求专业帮助。针对上述情况，

通过组织开展积极有效的心理疏解工作，通过心理评估、"一对一"心理咨询、专题讲座等方式，引导员工建立对心理健康的正确理解。协同员工所在部门，对掌握的需要关注心理健康的员工，主动邀约其参加心理咨询、讲座等活动，取得了较好成效。

四、下一步工作建议

（一）持续深耕细作，转变聚焦少数为分类管理，提高心理健康服务的针对性、系统性和实效性

加强组织领导，进一步健全"党委领导、工会牵头、员工参与"的工作格局。做好分类管理，对于需要重点关注的员工，通过疏导、咨询和转移等手段实施心理干预，提高心理健康服务的精准度。进一步巩固"心理咨询、培训教育、定期测评"三位一体的心理健康服务机制，帮助职工科学认识和正确对待心理健康问题。针对职工所关注的健康问题、亲子关系、婚恋问题，通过组织讲座、参观、志愿活动等方式，为干部职工提供解决问题的方法渠道，缓解因此类问题所产生的焦虑情绪。

（二）坚持严管厚爱，由事后应急转为事前预防，提振干部职工干事创业热情

各部门负责人切实承担起员工日常管理直接责任人的职责，开展经常性谈心谈话，对员工的思想认识、家庭状况、精神状态等做到心中有数，及时发现苗头性问题，积极采取措施给予帮助和疏导。充分发挥党、团、工会联系职工的桥梁纽带作用，将严管与厚爱协同推进。认真落实健康体检、带薪休假等制度，做好重大事项慰问工作，帮助有困难的干部职工解决困难，激励干部职工踊跃干事创业。

（三）重视教育引导，化负向治疗为正向赋能，巩固和谐健康的工作氛围

充分发挥模范人物的示范带头作用，引导广大干部职工坚定理想信念，增强宗

旨观念，培养高尚情操，锤炼坚强意志。锻造乐观豁达的良好心态和坚忍的意志品质，引导干部职工树立"终身学习"的理念，增强适应新时代发展要求的本领能力。落实好干部队伍建设的五年规划，加强干部职工的工作历练，以个人能力提升助力自我认同度和价值感提升。组织开展丰富多彩的群众性文体活动，促进积极情绪体验，构建良好工作环境，打造和谐健康、积极向上的组织氛围。